# 청년심리학:

# 일과 사랑

이 명 조

HUFS BOOKS

“본 저서는 2010년도 한국외국어대학교 교내 학술연구비 지원에 의하여 작성되었습니다.”

# 머리말

최근 몇 년 사이 20대 청년에 대해 묘사하는 말이 부쩍 늘어났다. '아프니까' 청춘, '흔들리는' 20대, '일자리 없어 좌절하는' 청년, '가슴 뛰는' 청춘, '혼돈의' 20대, '피 끓는' 청춘, '알바로 전전하는' 20대, '불안한' 청춘 등등... 세상을 향해 나아가기 위해 몸부림치고 있는 20대 청년들의 바로 그 모습들이다.

필자는 지난 수년 동안 학생생활상담연구소에서 학생들의 내면을 들여다 볼 수 있는 기회가 있었다. 놀랍게도 많은 학생들이 자신의 삶을 힘들어 했고, 억압되어 있었고, 위로받고 싶어 했었다. 학업과 진로문제나, 친구나 이성간의 문제나, 경제적인 문제나, 가족과의 문제 등등으로... 그것도 이제 막 인생을 계획하고 준비하기 위해 온 열정을 바쳐야 할 소중한 시기에 말이다.

하지만 어찌하랴. 삶이 치열할지라도 그 어느 누구도 대신해 줄 수는 없다. 나의 삶을 내가 살아야 하고, 그것도 보람 있게 살아야 한다. 사람은 어려움을 극복하는 과정에서 더욱 강해지는 법이다. 그동안 대학을 들어오기까지 숫한 싸움에서 이겨왔는데 왜 또 다시 이겨낼 수 없겠는가. 지금의 여러분이 되기까지 많은 관심과 사랑을 받아왔고, 그 관심과 사랑의 힘으로 지금-여기에 여러분이 있는 것이다. 힘든 일도 많았지만 잘 버티어 잘 살아 왔다. 이제 또 다시 자기 내면을 들여다보고 또 들여다보면서 자기 자신에 대한 이해의 수준을 드높여야 할 것이다. 그리고 남과 다른 독특한 재능 또한 분명히 있을 게다. 이를 발견하고 갈고 닦는 일을 게을리 해서는 안 된다. 앞으로 살아가는데 충분한 자원이 되어 줄 것이고, 성공적인 미래를 약속 할 수 있는 에너지원으로 작용할 것이다. 내 인생의 청사진에 꿈을 담아 도전하고 또 도전하라. 분명 승리의 삶을 안겨 줄 것이다.

이 책은 대학생활을 시작하는 학생들이 삶의 승리자가 되기 위한 동반자가 되어 주리라 본다. 우선 자기 자신이 누구인지를 이해하는데 도움을 줄 수 있을 것이고, 그리고 이러한 자기이해를 기반으로 해서 청년기 삶의 최대 과제인 일(진로와 학업)과 사랑(사랑과 성, 결혼)에 대해 깊이 있게 생각해 보게 하여, 자기 나름의 문제에 대한 해결 방안을 찾고 자신의 미래를 계획·실행하는데 도움이 되어 줄 수 있을 것이다. 무엇보다 이 책을 통해 어둠 속을 헤매고 있는 학생들에게는 그 아픔이 달래지고 격려와 지지의 메시지가 마음속에 전달되어 미래의 꿈과 소망들을 펼치려는 열정에 힘이 보태어질 수 있기를 바란다.

이 책은 관련 교양과목이나 사이버 강좌의 교재로, 대학 신입생을 위한 '신입생 세미나'나 '대학생 포트폴리오'와 같은 수업에 활용될 수 있을 것이다. 또한 학생 스스로 책 내용을 근거로 해서 매 장마다 제시되는 연습과제에 대해 고민해보고 응답해가면서 청년기 과제를 해결할 수 있는 힘을 기를 수 있을 것이다. 책 내용의 미흡한 점은 기회가 되면 앞으로 계속 보완 하려고 하니 많은 조언을 부탁드린다.

그동안 이 책이 나오는 계기를 마련해 준 여러 사람들에게 감사의 마음을 전하고 싶다. 우선 나와 상담한 학생들이 고맙다. 그리고 학생생활상담연구소 정영선 상담교수와 김정수 상담교수, 연구원들이 고맙다. 또 이 책 출판을 기꺼이 맡아주신 한국외국어대학교 출판부 탁경구 선생님께 감사를 드린다.

2012년

저자 **이 명 조**

# 차례

## 1부 청년 심리의 기초

## 2부 청년의 진로와 학업

## 3부 청년의 사랑

# 1부

# 청년 심리의 기초

# 대학생, 나는 누구인가?

대학생을 청년이라고도 한다. 청년이란 역사적으로 볼 때 20세기 이후 인간발달에 대한 연구가 폭넓게 이루어지면서 생겨난 용어이다. 오래 전에는 아동과 성인이라는 용어만이 존재했었다. 중세에는 말로 의사소통이 가능한 7세를 기준으로 그 이전은 아동이고 그 이후는 성인이었으며, 르네상스 이후 16, 17세기는 글을 읽고 쓸 수 있는 문해(文解)능력을 기준으로 그 능력이 없으면 아동이고 그 능력이 생기면 성인이라 했었다.

이 장에서는 근래에 그 용어가 생겨난 청년이란 인간의 삶에서 어떤 시기에 속하고, 청년기 대학생의 특징, 자기이해, 자아정체감 형성에 대해 살펴볼 것이다. 구체적인 소제목은 다음과 같다.

# 1장 대학생, 나는 누구인가?

## 1. 청년기와 대학생의 의미

청년기란 인간 생애의 어느 시점이고, 그 특징은 무엇인가? 흔히 중고등학교의 청소년 시절 이후부터 성인이 되기 이전 시기라고 한다. 인생의 발달을 유아기, 아동기, 청소년기, 성인기, 중년기, 노년기의 단계로 진행하는 것으로 본다면 청년기는 청소년기에서 성인기로 넘어가는 시기라 할 수 있다. 즉, 뚜렷한 단계에 끼이지 못하는 애매모호한 전환의 시기이다. 청년기를 전통적인 관점과 현대적 관점에서 살펴보기 위해 우선 Levinson의 인생의 사계절 이론부터 제시해보도록 하자.

### 1) Levinson의 인생의 사계절 이론

Levinson(1978)은 인생의 주기를 성인 이전기, 성인 초기, 중년기, 노년기로 나누었다. 그리고 이들 주기를 봄, 여름, 가을, 겨울의 사계절에 비유해서 '인생의 사계절(seasons of life)' 이론을 제시했다. 성인 이전기의 아동 및 청소년기는 만물이 소생하는 봄처럼 성장하는 시기이고, 성인 초기는 성장이 절정에 이르는 여름처럼 인생의 목표와 꿈을 실현하기 위해 열심히 노력하는 시기이며, 중년기는 결실을 거두는 가을처럼 성취의 절정에 서서 지나온 삶을 되돌아보고 잘못된 것들을 수용하면서 삶의 균형을 찾으려 한다. 그리고 노년기에는 휴식과 재탄생을 준비하는 겨울처럼 지난 삶을 정리하면서 다가오는 죽음을 준비하며, 자신의 삶을 좀 더 값있고 의미 있는 것으로 만들기 위해 마지막으로 노력하는 시기로 본다.

이와 같은 인생의 사계절 구조, 즉 봄(성인 이전기), 여름(성인초기), 가을(중년기), 겨울(노년기)의 각각의 시기는, 다음 [그림 1-1]에서 볼 수 있듯이, 대략 20년 정도 지속되며 매우 안정적이다. 그러나 마치 계절이 바뀔 때마다 환절기가 찾아오듯이 인생의 사계절도 전환기를 맞이한다. 전환기는 현재의 인생구조를 재평가하여 종결하고 그 다음의 새로운 인생구조를 구축하기 위해 준비하는 시기이다. 다시 말해, 각 전환기마다 그 다음의 안정적인 인생구조를 준비하기 위한 독특한 과제에 대해 다양한 가능성과 대안을 탐색하게 된다. 따라서 전환기는 갈등이나 혼란을 겪을 수 있는 불안정한 시기이며, 그만큼 어려운 시기라 할 수 있다. 이렇게 인생의 구조는 안정기와 전환기를 반복하는 4개의 안정기와 3개의 전환기를 포함하는 인생의 주기를 Levinson은 다음과 같이 간단하게 그림으로 제시하고 있다.

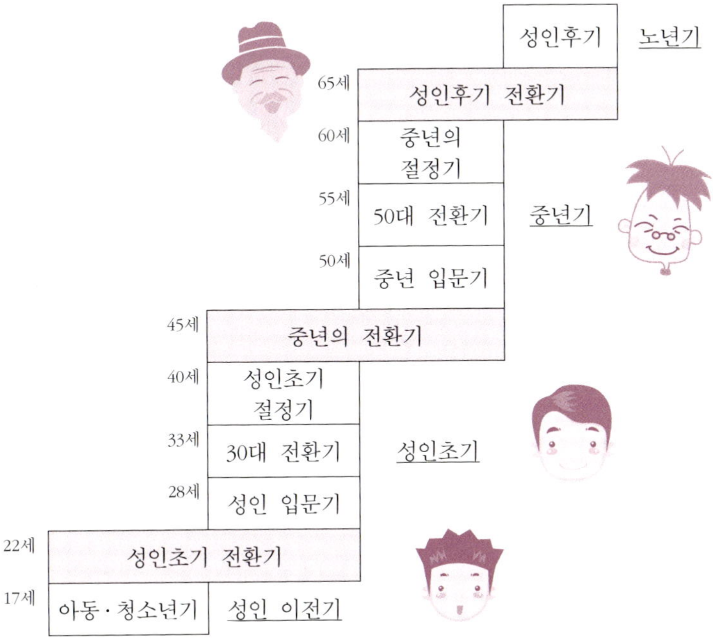


[그림 1-1] Levinson의 인생의 사계절

### 2) 청년기의 전통적 관점

Levinson에 따르면, 청년기는 인생의 사계절에서 '성인초기 전환기'에 해당된다. 17~22세에 해당하는 성인초기 전환기는 성인 이전기와 성인초기 사이에 걸쳐있는 교량적 위치에 있어 과거와 미래를 연결하는 동시에 두 시기 모두에 부분적으로 속한다. Levinson의 전통적 관념의 청년기를 이해하기 위해 청년기와 인접한 청소년기, 청년기(성인초기 전환기), 성인초기의 특징을 간단히 살펴보도록 하자.

#### (1) 청소년기

청소년기의 기점은 2차 성장급등기[1]인 사춘기라 할 수 있다. 여아의 사춘기는 10~11세, 남아의 사춘기는 12~13세이다. 사춘기 청소년의 성장의 주된 특징은 신장의 급격한 증가와 곧이어 나타나는 여아의 초경, 남아의 정자생산과 같은 성적 성숙이다. 이러한 급격한 신체 발달로 인해 청소년들의 정서나 행동은 불안정하고 혼란과 긴장을 경험하게 되어 소위 말하는 질풍노도(疾風怒濤)를 지닌 존재가 된다. 이러한 질풍노도의 정서나 행동은 청소년을 통제하려는 부모와의 갈등을 통해 점차 독립을 성취하려는 신호라 할 수 있으며, 이러한 신호는 개인의 성장을 위해 필요한 자연스러운 보편적 현상이라 본다. 많은 청소년들은 대학입시경쟁으로 인한 학업문제와 맞물려 이를 억누르고 대학입학만을 기다리고 있는가 하면, 일부 청소년들은 억압된 정서를 실제로 발산하기도 한다. 특정 가수나 연예인을 열광하고 동일시하는 행동이 바로 그것이다.

대체로 청소년은 중고교생을 말하며 좀 더 쉽게 포괄적으로 '10대', 혹은 '10대 청소년'이라고 일컬어진다.

### (2) 청년기

청년기는 Levinson의 인생의 사계절에서 성인 이전기와 성인기 사이에서 교량적 역할을 하는 '성인초기 전환기'에 해당된다. 여기서 전환기란 지난 날의 자신을 변화시켜 미래의 성장을 모색하는 준비의 시기를 말한다. 성인초기 전환기 청년이라면 지금까지의 아동 및 청소년기의 삶에 대해 의문을 던지고 버릴 것은 버리고 유지할 것은 유지하면서 마

---

1) 2차 성장급등기가 사춘기라면 1차 성장급등기는 생후 2년 동안을 말한다. 생후 2년 동안 몸무게와 신장은 급격하게 성장한다. 즉, 출생 시 3.3~3.4㎏의 몸무게는 첫 1년 동안 3배로 증가하여 10㎏내외가 되고, 출생 시 50㎝의 키는 생후 2년 동안 2배로 성장하여 성인의 1/2이 된다.

무리를 짓고 새롭게 자신을 가다듬어 성인기로의 입문을 준비한다. 즉, 청년기는 성인 이전의 자아를 정리하고 성인세계로의 안전한 진입을 준비하는 과제를 지니게 된다.

Levinson은 청년기의 발달과제를 부모로부터 독립해서 성인초기를 살아갈 첫 인생구조(life structure)의 설계를 준비하는 시기로 본다. 여기서 인생구조란 삶의 구성요소, 예컨대 가족(부모)관계, 학업, 우정, 이성관계, 직업, 결혼, 종교 등과 같은 다양한 삶의 요소들로 구성되며, 생애주기마다 주된 구성요소들을 달리한다. 만약 청소년기라면 학업과 우정, 청년기라면 직업과 결혼을 핵심 구성요소들로 다루게 된다. 따라서 청년기란 그동안 의존했던 부모로부터 독립을 지향하면서 직업과 결혼을 탐색·준비하는 과정이라 할 수 있다. 그런데 이러한 변화와 성장을 촉진하는 시기인 전환기는 혼란과 갈등이 따르기 마련이다. 많은 청년들은 슬기롭게 극복하지만 허송세월하는 청년들도 있다.

### (3) 성인초기

전통적으로는 성인이 된다는 것은 학교를 졸업하면서 취업하고, 결혼을 하고, 부모가 된다는 것을 의미한다. Levinson에 따르면 성인초기야말로 신체 활력, 정신적 특성, 본능적 욕구 등이 최고조에 이르고, 사회적 위치를 확립하려 애쓰면서 심리적 갈등과 긴장 또한 최고 수준에 달한다고 본다. 성인초기를 '인생의 절정기'라 본 이유다. 그런데 이러한 성인초기를 Levinson은 다시 세분화하여 '성인 입문기', '30대 전환기', '성인초기 절정기'로 나누고 있다. 성인 입문기의 23-28세 청년은 일과 사랑에서 다양한 가능성을 탐색하여 결혼을 하고 직업을 선택하는 시기라 본다. 30대에 이르면 이전의 성인 입문기 단계의 선택들을 평가하고 새로운 가능성을 탐색하고 다시 선택하는 조그만 전환기를 맞이한다. 성인초기 절정기에 이르면 사회 속에서 자리를 잡고 인생에서 의미 있는 것을 성취하기 위해 노력하며 진정한 자기 자신이 되어간다.

이와 같이 성인초기는 부모로부터 여러 가지 측면에서 독립하는 시기이다. 직장 마련, 배우자 선택, 가정 형성 등으로 직업인으로서 남편 혹은 아내로서 자녀양육자로서 역할과 책임을 수행하기 위해 노력하는 시기인 것이다.

이와같이, 전통적 관점에서 청년기란 Levinson의 인생의 사계절에서 17~22세의 '성인초기 전환기'에 해당하는 청소년기와 성인초기 사이에서 교량적 역할을 하는 시기, 직업과 결혼을 준비하는 탐색의 시기라 할 수 있다.

### 3) 청년기의 현대적 관점

현대적 관점에서 청년기는, 이전처럼 성인 이전기와 성인기 사이에서 교량적 역할을 하는 시기지만, 사회적 변화로 인해 그 기간이 길어지게 된다.

#### (1) 성인이행기

최근 후기지식산업사회로 진입하면서 성인 이전기에서 성인기로 전환하는 과정은 시간이 많이 소요된다. 고등교육의 일반화, 평생교육의 증대, 초혼연령의 상승 등과 같은 전 세계적 현상으로 인해 성인이 되는 시기가 늦추어 지기 때문이다. 그리하여 청년기를 의미하는 새로운 '성인이행기(Emerging Adulthood)'라는 용어가 나타났고, 이 시기는 대략 20대 전반에 걸친 시기를 뜻한다(곽금주, 2010). 이는 얼마 전까지 여겨왔던 청년기의 기간을 재해석하여야 한다는 것을 의미한다. 즉, 전통적 의미의 청년기라 할 수 있는 Levinson의 인생의 사계절 이론에서 말하는 17~22세의 성인초기 전환기뿐만 아니라 시기적으로 성인 초기의 성인 입문의 시기까지 포함한 기간이어야 한다는 것이다.

이와 같이 산업사회의 진전은 사회문화의 변화를 가져왔고, 그리하여 성인이 되는 과정이 그만큼 길어지게 된 것이다. 20대 전체를 청년기로 보는 현대적 관점의 청년기가 대두된 것이다. 즉, 청년기란 직업과 결혼을 준비하기 위해 청소년기와 성인기 사이에 위치하는 성인이행기에 와 있는 20대로 보면 될 것이다.

### (2) 대학생 시기

우리나라 대학생의 시기는 인생의 어느 시점에 해당하는 것인가. 대부분의 고등학생들은 대학을 진학하여 대학 진학률은 72.5%에 이른다(통계청, 2012). 이들은 만18~19세에 대학 1학년이 되지만 4년 만에 졸업하는 학생이 드물다. 휴학, 해외연수, 군복무, 취업의 어려움 등과 같은 여러 가지 사유로 제때에 졸업하는 경우가 많지 않고, 대학을 졸업하더라고 대학원 진학률 또한 증가하고 있으며 취업을 준비하는 경우도 많다. 따라서 결혼 연령은 늦추어져서 남자는 평균 31.8세, 여자는 평균 28.9세에 결혼하며, 출산율 또한 저하하여 국가적인 고민이 되고 있다(통계청, 2011a). 이렇게 10대 말기에서 20대의 상당 기간 동안 학생신분이나 대학졸업생으로 성인의 역할을 준비하면서 청년기를 보내게 되어 성인이 되기 위한 준비 기간이 과거에 비해 그 만큼 길어진 것이다. 이는 앞서 언급한 '성인이행기'에 해당된다고 할 수 있을 것이다. 따라서 이 책에서는 청년기, 20대, 성인이행기, 대학생 시기, 청년기 대학생 등은 유사한 의미를 지닌 용어로 보고 뚜렷한 구별 없이 사용할 것이다.

## 2. 청년기 대학생의 특징

과거보다 길어진 청년기의 특징은 무엇일까. 20대 청년들은 Levinson이 말하는 17~22세의 '성인초기 전환기'와 23~28세의 '성인 입문기'의 특징 대부분을 지니게 된다. 구체적으로 살펴보기로 하자.

### 1) 자아정체감 형성의 시기

대학 청년들은 입시경쟁에서 해방되면서 그동안 누려보지 못했던 자유로운 대학 분위기 속에서 자기 자신에 대해 여러 가지 생각을 할 수 있는 여유를 가지게 된다. 지금껏 해보지 못했던 자기가 누구인지에 대해서 깊은 탐색을 해 볼 수 있는 좋은 기회를 가지게 된다는 것이다. Erikson(1963)은 이러한 자아정체감 탐색과 형성의 시기를 청소년기로 보지만, 우리의 경우 청소년기는 대학입시공부가 걸림돌이 되어 그러한 여유나 기회를 가지지 못하는 것이 일반적이다. 심지어 대학 진로를 선택하기 위한 자기 탐색조차 하지 않아 대학 전공이 적성과 엇갈려 고민하는 학생들도 적지 않다.

그러나 일단 대학생이 되면 부모의 간섭이나 영향뿐만 아니라 성인의 의무와 책임에서도 다소 자유로워지게 되어 자기 자신에 집중할 수 있는 여력을 가질 수 있게 된다. 자연스럽게 자기 탐색을 할 수 있는 적절한 시기를 맞이한 것이다. 다양한 활동(예: 학업, 동아리활동, 군복무, 휴학, 배낭여행, 봉사활동, 학회활동, 아르바이트 등)을 통해 자신의 역할을 실험하면서 나는 누구인지에 대해 깊은 탐색을 통해 자기를 이해하게 된다. 이러한 자기탐색과 자기이해는 앞으로 다가올 직업 및 결혼과 자연히 연결되면서 그 전제조건으로 작용하게 된다.

### 2) 직업 및 결혼의 탐색·준비·선택·결정의 시기

청년기는 앞으로의 성인의 삶을 어떻게 살아야 하는지 그 가능성을 타진하는 탐색의 시기이자 준비하는 시기이고, 선택과 결정까지 내려야 하는 시기이다. 청년들은 그동안 의존했던 부모로부터 독립을 지향하면서 이전의 아동 및 청소년의 자기를 정리하거나 확장시켜 자아정체감을 형성하면서 성인세계로의 진입을 대비하게 된다. 다가오는 성인의 삶을 살기 위한 이들의 최대 과제가 바로 일(진로와 학업)과 사랑(연애와 결혼)이다. 청년들은 이들 핵심과제에 대해 탐색하고 준비하고, 그리고 선택하고 결정해야 한다.

### 3) 기대와 희망의 시기, 미숙과 불안정의 시기

청년기가 직업과 결혼을 준비하는 탐색의 시기라는 것은 직업이나 결혼에 대한 자기 나름의 인생의 목표를 설정하고 그 목표를 달성하기 위한 다양한 계획을 세워 실천해보고 수정하면서 한걸음씩 나아간다는 것을 의미한다. 다시 말해, 목표설정하기 → 계획세우기 → 실천하기 → 수정하기 등의 지속적인 과정을 밟으면서 미래에 대한 기대와 희망을 향해 조금씩 전진하게 된다는 것이다. 그런데 이러한 탐색과 준비의 과정에 있는 청년들은 머지않아 이에 대해 선택도 해야 하고 합리적인 결정까지도 내려야 한다. 그런데 그게 쉬운 일이 아니다. 성인들도 생의 중대한 과제가 발생하면 이를 해결하기 위해 그들의 오랜 삶의 지혜나 판단력을 동원해서 고민하고 고민하게 되는데, 하물며 인생의 경험이 부족한 20대 청년들에게는 오죽하겠는가. 과거 어떤 일보다 뚜렷한 확신이나 자신감도 생기지 않고, 청년 혈기의 충동과 무의식적인 동기에 이끌리고, 그리하여 많은 시행착오를 겪게 되는 미숙한 자신, 혼돈스럽고 불안정한 자신의 모습을 발견할 수 있을 것이다. 이들은 지금까지 대학입시이외 별 다른 생각 없이 살아온 자신에 대해 회의를 느끼기도 무력해지기도 한다. 이렇게 청년들은 직업과 결혼의 탐색·준비의 과정에서 기대와 희망을 갖기도 하지만 동시에 선택·결정의 미숙함으로 인해 불안한 마음을 어쩔 수 없이 가지게 된다.

## 3. 청년기 대학생의 자기이해

청년기는 직업과 결혼을 준비하기 위한 탐색을 하고, 그에 대한 결정 또한 내리는 중요한 시기이다. 이렇게 탐색과 결정을 위한 전제 조건은 청년 자신이 누구인지의 자기이해부터 시작해서 자아정체감을 새롭게 정립하는 일이다. 자기이해와 자아정체감 정립에 기초가 되는 자기개념, 자기존중감, 자기효능감에 대해 살펴보도록 하자.

### 1) 자기이해의 중요성

사람들은 타인에 대해서는 알려고 애쓰면서 정작 중요한 자기에 대해서는 알려고 하거나 이해하려고 하지 않는 경향이 있다. 자기를 이해하는 일에는 자신의 지적인 면, 성격적인 면, 사회적인 면, 신체건강적인 면 등 총체적인 자기 특성에 대한 이해가 포함된다. 그런데 이러한 자기에 대한 이해가 부족하면 직업을 선택하거나 문제를 해결해야 하는 상황이 닥치거나 대인관계를 맺고자 할 때 적절하게 대처하는 일이 어려워진다.

특히 사회적인 인간관계에서는 자기 이해를 기초로 해서 상대방을 있는 그대로 바라보고 수용하고, 자신을 개방하는 것은 필수적이다. 그런데 이 일은 쉽지 않은 일이다. 대부분의 사람들은 자기의 일정 틀이나 기준을 가지고 상대방을 대하기 때문이다. 가령, 자신의 부모로부터 예절과 성실의 중요성에 대해 가르침을 받아 와서 내 삶의 기준이 되었다면 자유분방한 성격의 소유자에 대해서는 부정적으로 평가하게 될 것이다. 상대방에 대해 평가 없이 있는 그대로 인정해주어 좋은 관계를 맺기 위해서는 나 자신의 어떤 틀이나 기준에 맞추어 왜곡되게 상대방을 바라볼 수도 있다는 나 자신에 대한 이해가 필요한 것이다.

인간관계에서 필수적인 자기개방 역시 자기이해가 전제되어야 한다. 있는 그대로의 자기 자신, 즉 자기의 강점뿐만 아니라 약점까지도 지닌 인간이라고 자신을 이해·수용하고, 이를 개방하게 되면 상대방 또한 진실한 나의 모습을 보고 신뢰하면서 솔직해지고 진실하게 대하게 된다.

### 2) 자기개념

자기개념과 관련되는 자기에 대한 여러 관점부터 우선 살펴보도록 하자.

#### (1) 자기에 대한 관점

자기에 대한 관점을 크게 세 가지로 분류하고, 세 가지를 8가지로 나누어 간단히 설명하면 <표 1-1>과 같다

〈표 1-1〉 자기에 대한 관점

<table>
<tr><th colspan="2">분 류</th><th>관 점</th></tr>
<tr><td colspan="2">현실적 자기</td><td>현재 살아가는 실제 자기</td></tr>
<tr><td colspan="2">이상적 자기</td><td>소망하고 기대하는 이상적인 자기</td></tr>
<tr><td colspan="2">당위적 자기</td><td>자기가 가져야 할 책임이 있다고 느끼는 자기</td></tr>
<tr><td colspan="2">있는 그대로의 자기</td><td>장점과 단점을 모두 소유한 있는 그대로의 자기</td></tr>
<tr><td colspan="2">가식적인 자기</td><td>남에게 보이기 위해 꾸며진 자기</td></tr>
<tr><td rowspan="3">가능<br>자기</td><td>희망하는<br>가능자기</td><td>미래에 대한 막연한 꿈이나 환상을 지닌 자기로서 반드시 실현되거나 성취되지 않더라도 큰 상실감을 느끼지 않는 자기</td></tr>
<tr><td>기대되는<br>가능자기</td><td>성취할 가능성이 있고, 성취를 위한 적절한 전략이 함께 갖추어져 있는 긍정적인 가능자기</td></tr>
<tr><td>두려운<br>가능자기</td><td>회피하고 싶지만 회피하지 못하고 실제로 그렇게 될 것처럼 여겨지는 자기</td></tr>
</table>

① **'현실적 자기', '이상적 자기', '당위적 자기'**

사람마다 자기 자신에 대한 '현실적 자기(actual self)', '이상적 자기(ideal self)', '당위적 자기(ought self)'를 가지고 있다. 그런데 이들 자기가 일치하면 심리적 안녕감을 가져오지만, 일치하지 않을 경우 심리적 스트레스에 직면하게 된다. 예를 들어, 중요한 타인, 특히 어머니에 의해 형성된 '이상적 자기'(예: 의사가 되어야만 하는 자기)는 자신의 욕구를 반영하는 '현실적 자기'(예: 아이돌이 되기 위해 노력하는 자기)와는 차이가 날 수 있어 낙담, 불만, 우울 등을 겪게 된다. '현실적 자기'(예: 부모를 보살필 수 있는 경제적인 능력이 없는 자기)와 '당위적 자기'(예: 부모님께 꼭 생활비를 드려야만 하는 자기)의 불일치도 역시 불만, 불안, 방어기제를 가져오게 된다(Higgins, 1987).

② '있는 그대로의 자기', '가식적인 자기'

사람들은 대개 '있는 그대로의 자기'와 '가식적인 자기' 모두를 가지고 있다. '있는 그대로의 자기' 이기보다 남에게 잘 보이기 위해 꾸며진 '가식적인 자기'가 지나치지는 않는지 자신을 들여다보는 노력이 필요하다. 가식적인 자기로 살아가게 되면 상대방과의 관계에서 거리감을 느끼고, 자신을 방어하기에 급급해서 많은 정신적 에너지를 소모하게 되는 반면, 가식 없는 진실한 모습으로 살아가면 자신의 마음이 편하고 자신과 관계를 맺고 있는 상대방 또한 자기를 신뢰하면서 자기에 대해 솔직하고 진실하게 대하게 된다. 있는 그대로의 자기 모습이 어떤지 이해하려고 노력하고 또 그 이해가 명확할수록, 상대방과 서로 존중하게 되고 서로 수용할 수 있게 되는 진정한 인간관계를 맺게 된다(Higgins, 1987).

③ '가능자기'

'가능자기(possible self)'란 자신의 미래 가능성에 대한 자기개념으로 미래의 행동을 이끌어내는 데 기본적인 요소가 된다. 가능자기 가운데 '기대되는 가능자기'와 '두려운 가능자기'가 균형을 이루면 동기부여의 효과가 가장 높지만, 균형이 깨지면 비행행동에 빠질 수도 있다. 가령, 좋은 학점을 받고 있고, 학생단체에서 리더역할을 잘 수행하고 있으므로 요즘 같은 취업난에도 원하는 기업에 취업할 수 있으리라는 기대되는 가능자기와 취업을 하지 못해 졸업이후에도 취업준비를 하면서 도서관을 다니는 두려운 가능자기가 균형을 이룬다면 동기유발이 될 수 있다는 것이다.

연령에 따라 가능자기의 활성화 영역은 변한다. 예컨대, 청년들에게는 취업문제와 결혼문제, 성인초기는 사랑하는 사람이나 어린 아이를 돌보는 문제와 직장 내 승진문제, 중년에는 청년이 된 자녀를 포함한 가족문제와 퇴직문제, 노인들에게는 건강한 삶이나 경제 문제 등의 영역이 가능자기의 상에 포함될 수 있을 것이다(Hooker, 1999).

### (2) 자기개념의 발달

자기개념(self-concept)이란 개인이 자기 자신에 대해 갖는 지각, 생각, 평가 등을 말한다. 예컨대, 자기의 외모, 타인에 의한 수용도(인기도), 학업, 운동, 품행 등이 어떠한지 총체적으로 갖는 지각이고 생각이자 평가이다.

이러한 자기 자신에 대한 이해의 기반은 어릴 때는 자녀를 대하는 부모나 가족구성원의 태도에 달려있다. 어린 아이는 자신에 대해 이해하는데 한계가 있기 때문이다. 하지만 자기개념은 점차 성장해 감에 따라 또래와 교사의 언어적 비언어적 반응, 자기가 수행한 성취의 정도, 성취에 대한 타인과의 비교 등과 같은 요인들에 의해 영향을 받는다. 이렇게 자기개념은 주변의 사회적 접촉이나 상호작용, 학업성취도 등을 통해 발달하며 이후 자기존중감, 자기효능감, 자아정체감의 형성과 관련된다.

청소년기 이후의 자기개념의 발달은 시기에 따라 다른 경향을 보인다(Marcia, 1996). 초기의 청소년기에는 또래와 있을 때와 가족과 있을 때 각기 다른 태도와 행동을 보이는 다소 혼란스러운 자기개념이 나타나 역할 갈등을 겪게 된다. 중기에는 이러한 모순을 해결하기 위해 노력하고, 후기에 이르면 분화되고 모순된 자기개념 속에서 통합된 자기개념을 찾는 것이 가능해 진다. 그리하여 또래 상황과 가족 상황에서 다르게 나타나는 자신의 모습을 인정할 수 있게 되며, 타인도 상황에 따라 달리

행동할 수 있다는 것을 점차 이해하고 깨닫게 된다.

### 3) 자기존중감

자기에 대한 인지적 구성개념이 자기개념이라면 자기에 대한 정서적 평가개념이 자기존중감이다(Simmons & Blyth, 1987). 따라서 자기개념이 어떤가에 따라 자기존중감(자존감, self-esteem)의 수준이 결정된다. 긍정적으로 자기를 평가하면 자기존중감이 높은 반면, 부정적으로 평가하면 자기존중감이 낮다. 자신에 대한 이러한 평가는 특히 청소년기나 청년기의 정서나 행동에 영향을 미친다. 자기존중감이 낮으면 보다 충동적이고, 타인에 대한 적대감이 높고, 스트레스 상황에서 쉽게 우울해진다. 낮은 자기존중감은 또한 의사결정에서 의존적이며, 진로결정에서도 불확실한 경향이 있다. 이렇게 자기개념이 발달하면서 가지게 되는 자기존중감은 청소년 이후 사회적 적응에 중요한 요인이 된다.

### 4) 자기효능감

자기효능감(self-efficacy)이란 어떠한 과제를 성공적으로 수행할 수 있다는 자신의 능력에 대한 신념을 말한다. 자기존중감이 자기에 대한 정서적 평가, 다시 말해 자신의 가치에 대한 평가라면, 자기효능감은 자신의 능력에 대한 평가이다(Bandura, 1986).

자기효능감은 대학생들의 심리사회적 적응에 도움이 된다. 학업, 취업, 대인관계 등과 같은 측면에서 갖가지 스트레스와 불안에 직면했을 때 자기효능감은 위협적인 환경을 좀 더 우호적으로 변화시키기 위한 행위와 전략을 개발하도록 하고, 위협적인 환경에 대처하기 위한 노력을 동원하고 유지하게 만들어, 스트레스와 불안을 줄이는데 중요한 역할을 한다. 자기효능감은 또한 자연재해, 기술적 재앙, 테러, 전쟁, 성폭행 같은 광범위한 영역에서 심리적 외상을 경험한 사람들의 회복에도 큰 역할을 한다(Benight & Bendura, 2004).

## 4. 청년기 대학생의 자아정체감 형성

자아정체감(ego identity)은 자기개념, 자기존중감, 그리고 자기효능감 등에 의해 영향을 받는다. 청년기 대학생들은 자기의 가치. 인지능력, 주변 환경에 대한 대처능력 등에 대한 총체적인 자기 이해를 통해 내가 누구인지 자아정체감을 정립하게 된다. Erikson(1963)과 Marcia(1980)이론을 통해 청년기 자아정체감에 대해 살펴보도록 하자.

### 1) 정체감 對 역할혼미

Erikson의 심리사회이론에 의하면, 자아의 발달은 전 생애를 통해 계속되고, 청소년기는 자아정체감 형성을 위한 주요한 시기라 본다. 우선 자아가 무엇인지 그의 자아에 대한 정의는 다음과 같다.

> "사회에 적응하기 위하여 자신의 경험과 행위를 통합하는 능력" (p. 15)

Erikson은 자아를 강조하고 자아의 근본을 사회에 둔다. 그는 사회 적응과정에서 자아가 발달해간다는 증거로 여덟 가지의 '심리사회적인 힘(psychosocial strengths)'(1963, p. 271), 즉 기본적 신뢰감, 자율성, 주도성, 근면성, 정체감, 친밀감, 생산성, 자아 통합 등을 소개하였다. 이들은 순서대로 발달하고, 인성발달의 8단계로 알려져 각 단계에 이루어야 할 과제로도 소개된다. 이들 인성발달의 8단계, 즉 발달과제는 사회에서 경험하게 되는 위기인 불신, 수치, 죄책감, 열등감, 역할혼미, 고립감, 침체, 절망을 겪으면서 이루어지게 된다. 다음 <표 1-2>에서 볼 수 있듯이, 각 단계마다 발달과제와 발달적 위기가 대비되어 있고, 발달과제에 대한 간략한 설명이 제시되어 있다. 이렇듯 자아발달은 심리사회적 힘이 사회적 위기를 만나 균형을 이루게 된다.

<표 1-2>의 '정체감 對 역할혼미' 발달 단계에서는 정체감 형성이 청

**〈표 1-2〉 Erikson의 사회심리발달의 8단계 및 건강한 자아 형성을 위한 발달과제**

| |
|---|
| • 기본적 신뢰감 對 불신 (basic trust vs. basic mistrust) : 출생~1세<br>성인의 일관되고 예측 가능한 보살핌을 통해 타인에 대한 믿음을 기르는 시기 |
| • 자율성 對 수치감 및 회의 (autonomy vs. shame and doubt) : 2세~3세<br>성인이 어느 정도 자율을 허용해서 아이가 선택과 자율을 경험하도록 하는 시기 |
| • 주도성 對 죄책감 (initiative vs. guilt) : 3세~6세<br>성인의 지나친 규제 없이 아이가 어떤 계획을 세우고 수행해나가는 주도성을 기르는 시기 |
| • 근면성 對 열등감 (industry vs. inferiority) : 6세~12세<br>성인이 관심과 인정을 통해 아이가 인지적 및 사회적 능력을 계발하는 시기 |
| • 정체감 對 역할혼미 (identity vs. role confusion) : 청소년기<br>자기 존재와 능력에 대한 의문에 대해 해답을 얻는 자아정체감(ego identity) 확립의 시기 |
| • 친밀감 對 고립감 (intimacy vs. isolation) : 성인초기<br>타인(특히 이성)에 대한 사랑을 통해 자아를 완성해 나가는 시기 |
| • 생산성 對 침체감 (generativity vs. stagnation) : 중년기<br>이전의 친밀감은 다음세대를 기르는데 확장되고, 또한 일을 통하여 생산성을 증진하는 시기 |
| • 자아통합감 對 절망감 (ego integrity vs. despair) : 노년기<br>자아의 힘(지혜)은 삶의 가치와 의미를 찾는데서 나타나고, 지난 삶의 회고를 통한 만족감으로 자아통합감을 얻게 되는 시기 |

소년기의 과제이다. 하지만 오늘날 성인이 되는 시기가 늦추어지면서 정체감 형성은 20대의 청년기 대학생의 발달과제가 되고 있다. 그러나 이들 청년기 대학생은 신체발달 측면에서는 성인수준에 도달하나 심리사회적으로는 아직 미숙한 상태이다. 그리하여 중고교시절동안 별다른 생각 없이 살아온 자신을 돌아보며, 지금까지 자기의 모습, 능력, 가치들에 대해 의문과 회의를 느끼기도 하고, 앞으로 어떤 모습으로 인생을 살아갈 것인지를 고민하게 된다. 이때 이들의 내면적 물음은 '나는 누구인가? 나의 성격, 외모, 가치, 능력은 어떤가?, 미래에 무엇을 하면서 살아야 할까? 남들에게 나는 어떤 모습일까?' 등이다. 이들 물음에 대한 해답을 구하기 위해 청년들은 방황과 갈등 속에서 자기탐색을 하게 된다. 그러면서 내가 어떤 사람인지, 나의 인생의 목표가 무엇인지, 나는 어떻게 살아갈 것이라는 확신을 얻게 되면 자기탐색의 성과를 어느 정도 달성하게 된다. 이제 자아정체감 성취 상태에 이르게 된 것이다. 하지만 이러한 자기 존재, 인생의 목표, 장차 살아가야 할 모습에 대한 확신이나 믿음을 가지지 못하게 되면 자칫 역할혼미에 빠질 수 있다. 그러나 역할혼미는 자신에 대한 보다 적극적인 조망을 통한 확신과 인생의 방향 설정을 통해 이를 극복할 수 있다.

앞서 자아(ego)를 "사회에 적응하기 위하여 자신의 경험과 행위를 통합하는 능력"(p. 15)이라면 자아를 탐색하고 형성하는 데는 주변 환경, 예컨대 가족, 부모직업, 사회경제적 지위, 관습, 종교 등과 상호작용하면서 그 영향을 주고받게 된다. 환경은 자아정체감의 형성에 걸림돌이 될 수도 지지역할을 할 수도 있다. 부모의 과도한 욕심이 자녀의 정체감 형성을 방해한다면, 부모의 적절한 개입은 이를 격려하고 지지하는 경우일 것이다. 하지만 어떤 청년들은 열악한 환경에서도 정체감 형성과 더불어 자아를 실현하기 위한 강한 의지와 열정을 가지고 이를 극복하기도 하고, 반대로 좋은 환경 속에서도 자아가 약하여 자아실현이라는 꿈도 없이 청년기를 헛되이 보내는 경우도 있다.

### 2) 정체감 발달상태

Marcia(1980)는 Erikson의 이론을 발전시켜 '위기'와 '관여'의 두 차원에 따라 정체감 상태(status)를 4단계로 나누었다. '위기(crisis)'란 심각한 고민과 방황 속에서 내가 누구인지 자기를 탐색하는 현상이고, '관여(commitment)'는 자신이 나아가고자 하는 것이 설정되어 있어 이를 성취하려는 적극적인 노력을 말한다.

- 정체감 혼미(identity diffusion): 진지하게 내가 누구인가를 탐색해보려는 동기도 없고, 확고한 인생의 방향도 없이 그저 여기저기 참여해 보지만 쉽게 중단해버린다. 위기도 관여도 경험해 본 적이 없다.
- 정체감 유실(identity foreclosure): 내가 누구인가에 대한 정체감을 실험, 탐색해보지 않고 부모가 권유하고 선택해 준 삶을 택하는 것을 말한다. 위기를 경험한 적은 없지만 이미 어떤 관여를 하고 있는 경우이다.
- 정체감 유예(identity moratorium): 내가 누구인지에 대해 탐색하는 노력을 하지만 아직 확실한 결정과 선택을 해서 적절한 활동에 개입하고 있지 않다. 이러한 지연은 복잡한 현대사회에서 흔히 발생하며 이러한 상태는 보편적이라 할수있다. 위기의 와중에 있지만 관여하고 있지 않다.

• 정체감 성취(identity achievement): 내가 누구인가에 대해 탐색하면서 현실적으로 여러 가능성들을 고려한 후 선택한 삶을 추구하기 위해 노력하는 것을 의미한다. 위기와 관여를 모두 경험한 경우이다.

이상 네 가지 정체감 발달 상태에 관한 간단한 예를 들면 <표 1-3>과 같다.

〈표 1-3〉 Marcia의 네 가지 정체감 발달상태의 예들

| 정체감 발달상태 | 예들 | 위기 | 관여 |
|---|---|---|---|
| 정체감 혼미 | "난 무엇을 하고 살아야 할 지 고민도 없고, 잘 모르겠어." | X | X |
| 정체감 유실 | "어머니가 학교 선생님이신데.. 난 별로 고민하지 않고 어머니가 좋다고 해서 사범대에 들어 왔어." | X | 0 |
| 정체감 유예 | "내게 맞는 진로는 무엇인지 고민하고 있지만... 사범대에 진학하는 게 좋을 것 같긴 한데...내 적성 맞을지 좀 더 생각해 봐야겠어.." | 0 | X |
| 정체감 성취 | "나는 고민 끝에 나한테 적합한 사범대를 찾았어. 아이를 가르치는 일을 좋아하는 내 적성에 잘 맞아 공부하는데 별 어려움이 없어." | 0 | 0 |

이상 네 가지 정체감 상태 중 정체감 유예와 정체감 성취는 모두 청소년이 겪을 수 있는 건전한 자연스러운 현상이며, 이들은 또한 확고한 정체감 확립을 예고한다(Marcia, 1980). 정체감 형성의 과제는 사회적 역할이나 동일시할 인물이 드문 단순한 사회에서는 비교적 용이했다. 그러나 오늘날처럼 복잡하고 급속히 변화하는 사회에서는 어려운 과제이면서 오래 걸리는 과제가 된다. 특히 우리와 같은 대학입시를 위한 경쟁적인 학업은 청소년들의 정체감 탐색의 기회를 박탈하여 흔히 20대가 되어서야 정체감 형성이 핵심 과제로 떠오르고, 간혹 30대에 들어서서 이 문제로 고민하는 경우도 있다.

### 3) 정체감 성취 이후의 과제

청년기 대학생들의 최대과업인 정체감 성취를 이룬다 할지라도 급격한 사회적 변화와 삶의 위기 속에서 다음과 같은 과제에 직면하게 된다.

첫째, 정체감 성취를 이루어도 사회적 변화의 소용돌이 속에서 취업과 연결되지 않는다.

최근 들어 경쟁력 향상을 위한 시장경제논리, 구조조정, 다운사이징, 아웃소싱 등은 노동시장의 유연화 및 규모축소를 가져와 우리 사회의 커다란 이슈가 되고 있는 청년실업 문제를 낳고 있다. 정체감 성취를 하더라도 취업난에 대응하기 위한 대학생들의 삶은 치열하다. 각 대학마다 스펙 쌓기나 휴학은 보편화되어 있고, 부모로부터 경제적인 독립을 하고 싶지만 어쩔 수 없이 못하는 상황으로 내몰리고 있다. 대학가를 중심으로 유행하는 '캥거루족', '피터 팬 증후군'과 같은 말은 이러한 상황을 반영하고 있는 신조어다.

둘째, 일단 성취된 정체감도 삶의 위기 속에서 변화하는 역동적 속성을 지닌다.

정체감이 성취되더라도 결혼이나 취업을 하거나, 삶의 방식을 선택해야 하거나, 혹은 새로운 인생을 도전하거나 결정하게 되는 상황을 맞게 되면 이에 반응·변화하게 된다. 이러한 변화의 과정에서 이전의 정체감은 유예의 단계를 거쳐 변화된 정체감에 다시 진입하게 된다. 성인이 되어 개인이나 가족, 혹은 직장 등에서 위기를 직면하게 되는 경우, 이들은 정체감의 유예와 성취를 여러 번 변화·반복하는 경험을 가지게 된다 (Kail & Cavanaugh, 2004).

## 1장의 연습과제

1. 내가 누구인지를 1장의 내용을 참고로 해서 구체적으로 소개해 보자.

2. 다음의 [Box 1-1]의 '나의 에고그램 : 자기진단'을 완성하도록 하자.

[Box 1-1] 나의 에고그램 : 자기진단

에고그램(egogram)은 번(Berne, 1964)의 교류분석이론에 근거하여 자신의 자아상태를 파악하기 위한 자기진단용 프로그램이다. 에고그램을 통한 자기 자신에 대한 이해는 일상적인 행동이나 태도를 변화시켜 새로운 자기로의 가능성이 열리게 하고, 인간관계를 개선하는데 도움을 줄 수 있을 것이다. 자아상태, 에고그램에 의한 자기진단, 에고그램 해석시 유의점, 자기개선을 중심으로 살펴보자.

**1) 자아상태**

번은 자아를 부모자아(parent ego), 성인자아(adult ego), 아동자아(child ego)로 구분하였다. 사람들은 누구나 이들 세 가지 자아를 지니고 있으나 상황이나 대상에 따라 어느 한 가지 자아가 두드러지게 나타나는 경향이 있다.

부모자아란 어릴 적 부모가 자신에게 행한 역할을 내면화하여 형성된다. 부모자아에는 두 가지 유형의 자아, 즉 '양육적 부모(Nurturing Parent: NP)자아'와 '통제적 혹은 비판적 부모(Controlling, or Critical Parent: CP)자아'가 있다. 양육적 부모자아가 강하면 보호적·지지적·헌신적이지만, 지나치게 강하면 상대방에게 어려움을 극복하는 기회를 박탈하거나 의존적으로 만들 수 있다. 그에 비해 통제적 혹은 비판적 부모자아가 강하면 지배적, 보수적, 권위적, 비판적, 도덕적이고, 너무 강하면 상대방을 무시하고 불안하게 만든다.

성인(Adult: A)자아는 객관적이고 합리적인 자아이다. 현실의 정보를 탐색해서 이를 근거로 결정을 내리고 이해관계를 평가한다. 성인자아가 강하면 타인과 관계할 때 감정에 흔들리거나 비평적이지 않고 유용한 정보를 바탕으로 성숙한 관계를 가진다. 그러나 성인자아가 너무 강하면 인간미가 없어 보이기도 한다.

아동자아는 어린 시절과 연관된 감정이나 경험에 의해 형성되며 아동자아에는 두 가지 유형의 자아, 즉 자유로운 아동(Free Child: FC)자아와 순응적 아동(Adapted Child: AC)자아가 있다. 자유로운 아동 자아가 강하면 솔직하고, 적극적이고, 창조적이며, 감정을 자유롭게 표현하나, 너무 강하면 자기중심적이고, 마음 내키는 대로 말하고 행동하고 무책임한 경향이 있다. 순응하는 아동자아가 강하면 수동적으로 복종하고, 감정을 억누르며, 상대방에게 지나치게 신경을 쓰기 때문에 걱정이 많고 불안을 느낀다. 순응적 아동자아 너무 강하면 의존적인 경향이 있다.

### 2) 에고그램에 의한 자기진단

| 0 | 1 | 2 | 3 |
|---|---|---|---|
| 거의 그렇지 않은 편이다(강한 부정) | 약간 그런 편이다(보통) | 종종 그런 편이다(긍정) | 거의 그런 편이다(강한 긍정) |

해당 숫자를 ( ) 칸에 기록하세요.

| | | | | | | |
|---|---|---|---|---|---|---|
| 1 | 다른 사람을 헐뜯기 보다는 칭찬을 잘 한다. | | ( ) | | | |
| 2 | 일의 흑백을 명확히 가리지 않으면 마음이 불편하다. | ( ) | | | | |
| 3 | 무슨 일을 할 때 좀처럼 결심하기가 어렵다. | | | | | ( ) |
| 4 | 명랑하고 장난을 잘 치는 편이다. | | | | ( ) | |
| 5 | 말이나 행동을 냉정하고 침착하게 한다. | | | ( ) | | |
| 6 | 성미가 급하고 화를 잘 낸다. | ( ) | | | | |
| 7 | 사람간의 정을 중요시 한다. | | ( ) | | | |

| | | | | | | |
|---|---|---|---|---|---|---|
| 8 | 호기심이 강하고 기발한 착상을 잘 한다. | | | | ( ) | |
| 9 | 사물의 정리정돈을 잘 한다. | | | ( ) | | |
| 10 | 농담을 잘하고 익살부리기를 좋아한다. | | | | ( ) | |
| 11 | 의존심이 강하다. | | | | | ( ) |
| 12 | 상대의 이야기를 잘 들어주고 공감해 준다. | | ( ) | | | |
| 13 | 상대의 부정한 행위나 실수에 대해 엄격하다. | ( ) | | | | |
| 14 | 말할 때 숫자나 자료를 인용한다. | | | ( ) | | |
| 15 | 어려운 처지에 있는 사람을 보면 도와준다. | | ( ) | | | |
| 16 | 자기 멋대로 말하거나 행동한다. | | | | ( ) | |
| 17 | 후회하거나 아쉬운 생각에 사로잡히는 일이 많다. | | | | | ( ) |
| 18 | 좌절감을 맛보는 경우가 자주 있다. | | | | | ( ) |
| 19 | '언제, 어디서, 누가'와 같은 질문을 자주한다. | | | ( ) | | |
| 20 | 계획에 따라 능률적으로 일을 처리한다. | | | ( ) | | |
| 21 | 일을 할 때 남의 눈을 의식해 머뭇거리거나 주저한다. | | | | | ( ) |
| 22 | 무슨 일이나 사실에 입각해 객관적으로 판단한다. | | | ( ) | | |
| 23 | 다른 사람의 부탁을 거절하지 못한다. | | | | | ( ) |
| 24 | 주변 사람들에게 긴장감을 준다. | ( ) | | | | |
| 25 | 봉사활동에 자주 참여한다. | | ( ) | | | |
| 26 | 남의 입장을 잘 헤아리거나 배려를 잘 한다. | | ( ) | | | |
| 27 | 흥이 나면 도가 지나쳐 실수를 한다. | | | | ( ) | |
| 28 | 다른 사람의 장점보다는 결점이 눈에 잘 띈다. | ( ) | | | | |
| 29 | 다른 사람의 반대하면 자신의 생각을 금방 바꾼다. | | | | | ( ) |
| 30 | 온화하고 관대하다. | | ( ) | | | |
| 31 | 상대의 말을 끊고 자신의 이야기를 하는 경우가 많다. | ( ) | | | | |
| 32 | 술이나 음식, 오락을 한 때 만족스러울 때까지 즐긴다. | | | | ( ) | |
| 33 | 계획을 세우고 나서 실행한다. | | | ( ) | | |
| 34 | 완고하고 융통성이 없다. | ( ) | | | | |
| 35 | 다른 사람의 눈치를 살핀다. | | | | | ( ) |
| 36 | 다른 사람과 어울려 운동이나 노래 부르기를 즐긴다. | | | | ( ) | |
| 37 | 현실 판단을 잘 하고, 합리적으로 의사결정을 한다. | | | ( ) | | |
| 38 | 갖고 싶은 것이 있으면 꼭 가져야 직성이 풀린다. | | | | ( ) | |
| 39 | 자신의 감정을 억제하고 잘 참는 편이다. | | | | | ( ) |
| 40 | 상냥하고 부드러우며 다정스럽게 대화를 한다. | | ( ) | | | |
| 41 | 일을 즉시 처리하는 편이다. | | | ( ) | | |
| 42 | 하고 싶은 말이 있어도 잘 못한다. | | | | | ( ) |

| | | | | | | |
|---|---|---|---|---|---|---|
| 43 | 상대를 무시하는 경우가 많다. | ( ) | | | | |
| 44 | 낯선 사람과도 잘 어울린다. | | | | ( ) | |
| 45 | 아이가 잘못했을 때 꾸짖기 보다는 달래준다. | | ( ) | | | |
| 46 | 대화를 할 때 좀처럼 흥분하는 일없이 이성적으로 한다. | | | ( ) | | |
| 47 | 내 마음에 들지 않아도 윗사람이 시키면 그대로 한다. | | | | | ( ) |
| 48 | 이이들에게 '꼭해라', '절대로 안돼' 등과 같은 말을 자주한다. | ( ) | | | | |
| 49 | '와!', '멋있군', '대단해' 등과 같은 감탄사를 자주 쓴다. | | | | ( ) | |
| 50 | 매사에 비판적인 편이다. | ( ) | | | | |
| | (1) 점수기록이 끝났으면 세로 칸 점수끼리 합계를 낸 후 기록한다. | | | | | |
| | (2) 5가지의 점수는 각각 CP-NP-A-FC-AC를 의미한다. | CP | NP | A | FC | AC |
| | (3) 합계 낸 점수를 다음 도표에 점으로 표시한 후 서로 연결하여 그래프로 나타낸다. | | | | | |

## 나의 에고그램

| | | | | | |
|---|---|---|---|---|---|
| 29 | | | | | 29 |
| 27 | | | | | 27 |
| 25 | | | | | 25 |
| 23 | | | | | 23 |
| 21 | | | | | 21 |
| 19 | | | | | 19 |
| 17 | | | | | 17 |
| 15 | | | | | 15 |
| 13 | | | | | 13 |
| 11 | | | | | 11 |
| 9 | | | | | 9 |
| 7 | | | | | 7 |
| 5 | | | | | 5 |
| 3 | | | | | 3 |
| 1 | | | | | 1 |

| CP | NP | A | FC | AC |
|---|---|---|---|---|
| 통제적인 부모 | 양육적인 부모 | 합리적인 성인 | 자유로운 아동 | 순응하는 아동 |

### 3) 에고그램 해석시 유의점

- 앞서 언급된 '자아상태'를 기준으로 해서 '나의 에고그램'을 해석한다. (자아상태는 긍정적인 측면과 부정적인 측면이 동시에 있고, 상황, 사람, 시간에 따라 변화하는 유동적 특성이 있다.)

### 4) 자기개선

- 나의 약점을 파악하고, 변화를 위한 목표를 설정하고 실천하도록 노력한다.
- 평소 특정상황에서 나의 자아상태가 어떤지 직관적으로 파악해서, 보다 조화된 모습의 행동을 하도록 노력한다.

| 나의 약점: 바람직하지 못한 자아상태 | 변화를 위한 목표 (대상/상황) |
|---|---|
| | |
| | |
| | |
| | |

# 부모와 나

부모-자녀 관계는 이 세상 무엇보다 중요하다. 부모-자녀 관계는 자녀의 성격과 대인관계의 형성에 지대한 영향을 주어 자녀의 삶에 기반이 되기 때문이다. 이 장을 통해 그동안 별로 생각해 본 적이 없었던 부모와 나의 관계를 들여다보는 계기가 되었으면 한다. 특히 어린 시절 부모-나의 관계는 어떠했고, 어린 시절 부모-나의 관계가 현재 나에게 어떤 영향을 미치고 있는지, 그리고 건강한 부모-나의 관계를 가지기 위해 대학생인 내가 어떻게 해야 할 것인지 생각해보도록 하자.

# 2장 부모와 나

## 1. 부모-청년자녀 관계의 기초

부모와 청년기 자녀의 관계를 살펴보기 위해 우선 부모-자녀 관계의 기본이 되는 애착과 부모의 양육태도에 대해 알아보자.

### 1) 애착

#### (1) 애착의 형성

애착(attachment)이란 출생 3개월~3년 동안의 영아와 일차적 양육자(주로 어머니)와의 애정적 유대관계를 말한다(Bowlby, 1969, 1988). 애착은 인간 발달에 있어서 생존 그 이상의 심리적 의미를 지니고 있다('애착의 중요성' 참조).

애착은 양육자가 영아의 신호(예: 울음, 몸짓, 얼굴표정 등)에 민감하게 반응하여 영아에게 사랑과 위안의 대상이 된다는 누적된 경험을 통해 형성된다. 이러한 유형의 애착을 안정적인 애착이라 한다. 안정적인 애착이 형성된 영아는 낯설고 불안한 상황에서도 양육자와 함께 있으면 심리적 안정감과 편안함을 느낄 수 있다.

이와 같은 애착 형성의 기저에는 영아와 성인 각자의 성향이 상호작용한다. 영아는 성인의 도움 없이는 생존할 수 없기 때문에 양육자의 돌봄과 관심을 끌기위해서 행동하려는 성향, 성인 역시 영아의 생존이 위협받는 상황을 감지할 때 영아의 신호에 반응하고 보호하려고 하는 성향을 지니고 있다.

<표 2-1>에서 여러 유형의 애착을 제시해 놓았다.

〈표 2-1〉 애착의 유형

영아 애착의 유형은 낯선 상황에서 어머니와 일시적으로 분리되고 재회하는 과정에서 보이는 연구 대상 영아의 행동 패턴에 따라 다음과 같이 안정애착, 불안정애착(불안정-회피애착, 불안정-저항애착), 불안정-혼돈애착으로 나눌 수 있다(Solomon & George, 1991).

- 안정애착(secure attachment) : 어머니를 안전기지로 사용하여 낯선 환경을 능동적으로 탐색한다. 어머니와 분리되면 혼란스러워하면서 울지만, 어머니가 되돌아오면 반갑게 맞이하고 쉽게 안정을 찾는다. 연구대상의 약 70%를 차지한다.
- 불안정-회피애착(insecure-avoidant attachment) : 어머니가 떠나도 별로 동요하지 않으며, 어머니와의 재회 상황에서도 무시 또는 회피하는 반응을 보인다. 만약 격리 불안 반응을 보여 운다고 하더라도 안정을 되찾게 하는 경우, 어머니나 낯선 사람이나 별 차이가 없다. 약 20% 가까운 영아들이 이 유형의 애착을 보인다.
- 불안정-저항애착(insecure-resistant attachment) : 처음부터 어머니의 곁에서 떨어지려 하지 않으며 주변 탐색에도 소극적이다. 어머니와 분리되면 심한 격리 불안 반응을 보이며, 재회하면 안아달라고 하지만 안아줘도 쉽게 안정을 얻지 못하고 발로 차고 밀어낸다. 반갑기도 하고 화가 나는 양가적인 감정반응을 보인다. 약 10% 가까운 영아들이 속한다.
- 불안정-혼돈애착(insecure-disorganized attachment) : 불안정-회피애착과 불안정-저항애착에서 보이는 행동들을 복합적으로 나타낸다. 즉, 매우 강한 애착행동이나 분노 행동을 표현한 후 갑자기 회피하거나 얼어붙어 가만히 있으며, 혹은 느린 움직임과 멍한 표정을 보이기도 한다. 어머니가 부르거나 접근하면 바로 강한 두려움이나 불안을 보인다. 두려운 표정으로 뒤로 물러나거나 머리와 어깨를 움츠리며 멀리 도망가는 경우도 있다. 학대받은 아이들이 주로 보이는 유형의 애착으로 극소수이다.

<표 2-1>의 애착유형에서 볼 수 있는 애착의 질은 영아의 기질(temperament)이나 부모의 양육태도도 작용한다. 즉, 영아가 순한 기질(easy temperament), 까다로운 기질(difficult temperament), 더딘 기질(slow temperament)이냐에 따라, 그리고 영아의 기질에 따른 부모의 양육태도에 따라 차이가 있다는 것이다. 순한 기질의 영아는 부모와의 상호작용이 좋아 안정애착을 형성하나 까다로운 기질이나 더딘 기질의 영아는 불안정 애착을 형성할 가능성이 높다. 또한 부모가 인내를 가지고 영아의 기질에 맞추려고 하는 태도는 영아의 불안정 애착보다는 안정애착 형성을 가져올 확률이 크다. 따라서 부모-자녀의 애착의 질은 영아의 신호에 대한 부모의 민감한 반응성이외, 영아의 기질과 부모의 양육태도(36쪽 참조)의 적절한 조화에 의해서도 달라진다(Thomas & Chess, 1980).

### (2) 애착형성의 중요성

애착의 중요성은 두 가지 차원에서 강조된다.

첫째, 애착은 전인발달, 특히 사회성 발달의 핵심이다.

애착은 평생 동안 부모-자녀 관계뿐만 아니라 자녀의 정서, 인지, 성격, 대인관계 등 전인발달에 결정적인 역할을 한다. 가령, 안정적인 애착을 형성한 영아라면 애착대상인 양육자를 안전기지로 사용해 주변을 탐색하면서 호기심을 충족시키고, 초등학교에 들어가서도 자신감형성과 적극적인 수업참여를 통해 학습능력을 발휘하게 된다. 애착은 특히 대인관계와 직접적인 상관이 있다. 영아 신호에 대한 민감한 부모 반응은 영아-부모 간의 신뢰감 형성으로 이어지고, 이후 타인과의 신뢰감 형성으로 이어진다. 즉, 영아시절에 양육자와의 관계를 통해 사람들 사이의 관계가 어떠해야 하는지를 배운 아이들은 또래를 비롯한 타인에게도 민감하고 신뢰를 보이게 되어 리더십을 지닌 아이로 성장하게 된다.

둘째, 애착은 대물림된다.

영아기에 형성된 일차애착유형은 성인이 된 후에도 이에 부합되는 성인애착유형을 보인다(Main, Kaplan & Cassidy, 1985). <표 2-2>에서 볼 수 있듯이, 만약 영아기에 일차애착의 유형인 '불안정-회피애착' 을 형성했다면 성인이 되어도 이에 해당하는 '거부적 애착' 이라는 애착 유형을 보이고 자기에 대해서는 긍정적이나 타인에 대해서는 부정적인 표상을 지니게 된다. 이렇게 일차애착의 유형과 연결되는 성인애착의 유형은 이후 자신의 자녀를 양육하는 방식에도 영향을 주어, 결국 애착은 대물림될 수 있다.

〈표 2-2〉 일차애착 유형과 성인애착 유형의 관계

| 일차애착의 유형 | | 성인애착의 유형 | 자신 및 타인에 대한 표상 |
|---|---|---|---|
| 안정애착 | → | 자율적 안정애착 (autonomous-secure attachment) | 자신긍정, 타인긍정 |
| 불안정-회피애착 | → | 거부적 애착 (dismissing attachment) | 자기긍정, 타인부정 |
| 불안정-저항애착 | → | 몰두된 애착 (preoccupied attachment) | 자기부정, 타인긍정 |
| 불안정-혼돈애착 | → | 미해결의 혼돈애착 (unresolved-disorganized attachment) | 자기부정, 타인부정 |

[Box 2-1] 교사-영아 간의 애착

여성의 취업으로 많은 영아들이 어린이집에서 하루의 대부분의 시간을 교사와 함께 생활하게 되면서 교사-영아 간의 애착에 대해 관심이 모아지고 있다. 영아와 교사를 포함한 타인 간의 애착은 다음과 같이 설명될 수 있다(정옥분, 정순화, 황현주, 2009).

첫째, 영아는 일차적 애착 대상자인 어머니 한 사람과만 애착을 형성하는 것이 아니라 아버지, 조부모, 형제자매, 교사와 같은 타 양육자 등 여러 이차적 인물에 대해서도 애착을 형성한다.

둘째, 교사-영아 간의 애착은 어머니-영아와의 애착과 상관없이 독립적이다. 전통적인 관점에 따르면, 영아가 일차적 애착 대상인 어머니와의 애착의 질이 조부모, 교사 등 이차적 애착대상과의 관계의 질을 결정한다고 보았다. 그러나 교사-영아 간의 애착은 어머니와의 애착과는 상관없이 독립적이다. 어머니와 불안정한 애착을 지녔다 하더라도 교사와 안정적인 애착을 형성하게 되면 영아는 유아기가 되어 감정이입의 유능성, 주도성, 성취 지향성, 진보된 놀이 유형 등을 보이고, 적대적이거나 주의 산만한 문제는 적은 것으로 나타난다. 만약에 어머니와의 애착이 안정적으로 형성된 경우라면, 교사에 대한 안정적 애착이 부가되어 더욱 긍정적인 발달을 할 수 있게 된다.

### 2) 청년기의 부모애착과 분리

앞서 생의 초기에 형성된 부모-자녀 애착은 전 생애에 걸쳐 영향을 준다고 언급했다. 20대 청년들도 의당 자신의 영아시절에 형성되었던 양육자와의 애착으로부터 영향을 받는다. 그런데 이 시기의 핵심 발달 과제의 하나는 부모와의 애착관계가 유지되면서 분리되는 것이다. 여기서 분리(separation)란 애정적 유대관계의 단절이 아니라 자녀의 독립을 인정하고, 수용하고, 배려하는 보다 성숙한 유대관계를 의미한다. 즉, 애착의 맥락 안에서 자율성이 보장되는 것을 말한다.

그런데 부모로부터의 건강한 분리는 애착의 질에 달려있다. 부모에 대한 높은 애착을 형성한 대학생들은 심리적으로 편안한 상태에서 부모로 부터 분리하여 자율성을 획득하여 타인과의 관계에서 잘 적응한다(장휘숙, 2002b). 안정된 애착을 지닌 대학생은 독립적인 행동을 할 수 있는 능력을 발달시켜 대학생활에 쉽게 적응하고(Kenny & Rice, 1995), 또래 동료와 높은 애착과 건강한 관계를 형성·유지하게 되고 자기존중감이 높다(Armsden & Greenberg, 1987).

이렇게 애착은 청년기 독립과 밀접한 관련이 있는 것이다. 마치 안정애착을 형성한 영아가, <표 2-1>에서 언급한 낯선 상황에서, 부모를 안전 기지로 삼아 주변 환경을 적극적으로 탐색하듯이, 대학생들도 새롭고 낯선 대학상황에서도 부모와의 애착을 바탕으로 한 분리를 통해 대학생활에 적응하면서 내가 누구인지의 자기탐색을 하게 된다. 결국 앞서 1장에서 언급되었던 청년기의 주요 발달과제인 자아정체감의 확립에 부모와의 애착이 크게 기여한다고 볼 수 있다. 장휘숙(2000)은 어머니와 또래에 대한 애착이 대학생의 정체감 발달에 가장 큰 영향력을 가지며, 정체감 혼란은 어머니와의 애착, 또래와의 애착이 모두 낮을 때 주로 발생한다.

이와 같이 부모와의 안정적인 애착은 낯설고 힘 드는 상황 속에서도 독립적으로 자기의 삶을 탐색·개척할 수 있는, 그리고 타인과의 원만한 관계를 대처·유지할 수 있는 에너지원이 될 수 있는 것이다.

### 3) 부모의 양육태도

Baumrind(1971, 1991)는 부모의 양육태도를 애정과 통제의 두 차원에서 네 가지 유형을 제시한다. 각 양육태도의 특징과 자녀발달에 미치는 영향을 간단히 살펴보면 <표 2-3>과 같다.

〈표 2-3〉 부모의 양육태도 유형과 자녀발달의 관계

| 양육태도 유형 | 애정 통제 | 특징 | 자녀발달 영향 |
|---|---|---|---|
| 권위적 양육 (authoritative) | 애정↑ 통제↑ | 부모가 권위를 가지고 자녀의 행동을 통제하나 대화로 소통하면서 자녀의 의견을 존중함 | 독립적이고, 자신감과 책임감이 있고, 사회적으로 유능함 |
| 권위주의적 양육 (authoritarian) | 애정↓ 통제↑ | 부모가 일방적으로 자녀를 통제하고, 부모의 지시를 무조건 따라야 하고, 체벌적인 훈육을 함 | 의존적이고, 수동적이고, 순응(혹은 반항)함 |
| 허용/방임적 양육 (permissive/ indulgent) | 애정↑ 통제↓ | 자녀에게 애정과 관심은 있으나 부모로서의 권위나 통제가 없고, 일관성 없는 훈육을 함 | 욕구와 행동에 대한 통제가 부족하고, 사회관계에서 어려움을 겪음 |
| 무관심 양육 (neglectful) | 애정↓ 통제↓ | 자녀에 대한 애정이나 관심이 없고 냉담하며, 통제하지도 않음. 자녀의 삶에 관여하지 않음 | 충동적이고, 독립심이 부족하고, 비행을 일삼음 |

<표 2-3>에서 알 수 있듯이, 부모의 양육태도는 자녀의 사회적인 관계와 심리적 건강에 영향을 준다. 부모와 자녀 사이에 애정과 통제가 적절한 민주적인 관계의 권위적 양육태도라면 건강한 아동기와 청소년기를 보낼 수 있을 것이다.

그런데 오늘날 우리의 부모 양육태도는 어떤가? 과거와 비교할 때 특히 어린 자녀를 둔 부모들의 양육태도에 대해 다음과 같은 측면에서 점

검해 보아야 할 것이다.

첫째, 부모의 허용적이고 방임적인 양육태도가 문제다.

오늘날 부모들은 과거의 전통적인 부모의 권의주의적 양육에 대한 부정적 시각으로 인해 보다 허용적이고 방임적으로 아이들을 양육한다는 점이 문제가 되고 있다. 이러한 허용/방임적 양육태도는 최근 사회적으로 문제가 되고 있는 부모 권위의 약화로 이어져 가정의 질서 문제뿐만 아니라 교사의 위상, 또래 관계, 학교 왕따 등의 문제도 영향을 미치고 있다. 올바른 자녀 양육을 위해 부모의 권위 회복을 통한 약화된 위상의 재정립은 현대 부모에게 주어진 주요 과제가 되고 있다. 물론 여기서 말하는 권위는 과거와 다르다. 과거의 가부장제의 권위가 아닌 부부화합을 통한 민주적인 권위이다. 이는 오늘날 자녀 중심의 가족생활에서 부부중심의 가족생활로 전환된 가정에서 생겨날 수 있는 권위라 할 수 있다.

둘째, 자녀 양육에 부부 모두의 공동역할이 필요하다.

최근 여성의 사회 참여가 늘어나면서 부부 모두가 자녀 양육에 공동으로 참여하는 역할의 중요성이 확대되고 있다. 과거에는 엄부자모(嚴父慈母), 즉 아버지는 엄격하고 어머니는 자애로운 역할을 맡는 것이 바람직한 양육방식인 것으로 여겼다. 그러나 부모 양성의 역할 구분이 뚜렷하지 않는 현대사회에서 이러한 방식은 비합리적일뿐더러 아버지 어머니 각자의 개인적 속성에도 맞지 않을 수 있다. 따라서 아버지 어머니 모두 엄부자모의 요소가 있다고 가정하고 부모의 성에 관계없이 서로 조화롭게 부모자녀관계를 일관성 있게 유지하는 것이 바람직할 것이다.

이러한 부모 밑에서 자란 자녀는 자신감이 있고 성취감도 높고 사리분별력이 있을 뿐 아니라 다른 사람과의 관계도 좋고 신뢰감 있는 사람이 된다.

## 2. 청년기의 부모-자녀 갈등

부모-자녀 관계에서 청년기보다 청소년기에 더 갈등이 많은 것이 일반적이다. 우리 청소년 자녀와 부모 사이의 갈등에 관한 연구(이권오, 2004)에 의하면, 학교성적과 일상생활 문제에서 주로 갈등이 나타난다. 일상생활 문제란 귀가시간, 컴퓨터 사용, 집안 일, 친구관계, 부모의 기대, 용돈 사용, 건강, 청결 등과 같은 문제이다. 이들 문제 때문에 많은 부모는 생애의 어느 시기보다 부모-자녀 관계에서 만족감이 없고(Arnett, 2007), 자녀 역시 부모와의 갈등으로 인한 어려움을 호소하고 심지어 비행이나 행동문제를 빠져들기도 한다(이권오, 2004).

청년기 대학생이 되면 이들 청소년기 갈등문제에서 어느 정도 벗어나게 된다. 대학생 자녀들은 대부분의 시간을 학교에서 보내게 되거나 집을 떠나 기숙사나 자취, 하숙 등과 같은 생활을 하면서 보내게 된다. 그만큼 부모-자녀의 갈등을 일으킬 시간이 줄게 된다. 청년기 자녀가 집을 떠나면 부모의 은혜를 더 생각하게 되고, 자기 필요에 따라 부모와 대화할 수 있고, 부모와의 불편한 접촉을 피하는 것이 가능하므로 부모-자녀 관계는 증진된다(Arnett, 2007).

그러나 많은 청년들은 부모와의 관계에서 어느 정도의 갈등을 겪는 것은 일반적이다. 부모-자녀의 세대차가 그 원인일 수 있고, 청년 자신의 독립욕구와 부모의 보호본능과의 상충이 그 원인일 수 있다.

### 1) 부모와 청년자녀의 세대차

부모와 자녀의 세대차는 단순한 연령의 차이만이 아니다. 이들이 각자 살아온 시대적 사회적 배경이 확연하게 달라서 진로나 취업, 삶의 방식, 교육, 가족, 주요 덕목 등과 같은 삶의 다양한 측면에서 생각이 다르다. 부모-자녀 간 생각의 차이를 가져온 다양한 시대적 사회적 가정적 배경을 간단히 비교하면 <표 2-4>와 같다(김애순, 2005; Lancaster & Stillman, 2010).

〈표 2-4〉 다양한 차원에서 부모세대와 자녀세대의 특성 비교

| 차원 | 부모세대 | 자녀세대 |
|---|---|---|
| 정치 경제 사회 배경 | 근대화 및 경제부흥의 세대임. 60년대 이후 가난과 정치적 혼란, 민주화 투쟁, 경제성장의 격동기를 거치면서 한국의 산업화와 정보화 사회로의 진입을 주도 | 신인류 세대 즉, 밀레리얼 세대임(M세대). 경제성장으로 자원의 풍요로움 속에서 성장한 세대이나 한국의 산업화, 정보화, 세계화 등 급속한 사회변화에 따른 취업난이 새로운 청년기 사회문제로 등장 |
| 삶의 방식 | 개인적인 삶보다는 가족부양을 위한 삶. 빈곤을 탈출하기 위해 개인적인 성공과 신분상승을 추구. 회사, 사회, 국가의 발전을 위한 공동체적인 삶에 투자. 제한적인 취미와 여가활동 | 협동과 협력보다는 경쟁을 통한 최고지향 소시민적이고 개인주의적 사고방식에 의해 일에 대한 희생보다 스포츠, 취미활동, 여행 등 직장 밖에서의 삶에 의미를 둠. 복종과 극기보다는 자율과 자극적인 삶의 추구 |
| 교육 및 가족 | 합리주의, 평등주의, 민주주의, 보편주의 등에 대해 교육을 통해 배웠지만, 실제 가정(확대가족)과 사회생활에서는 전통주의, 권위주의, 연고주의에 뿌리를 둔 양면적 성향 추구 | 정보화 사회에서 평생교육, 고학력화가 시대적 흐름이 되었고, 소셜 네트워킹, 트위터나 메신저에 능숙한 세대임. 핵가족 속에서 권위에 대한 복종과 존경, 가족의 화목을 위한 양보나 희생을 보고 경험할 기회가 적음. 부모의 자녀관심과 애정은 성인이 된 자녀와도 무선 탯줄로 연결되어 '헬리콥터' '스텔스폭격기'라는 부모역할을 하게 됨. 독립심 부족하고 자기를 특별대우를 받아야 하는 존재로 여김 |

| 차원 | 부모세대 | 자녀세대 |
|---|---|---|
| 덕목 | 근면, 성실, 극기, 전통과 권위의 존중 | 자율, 소비, 자유와 여가, 개성과 감각 |
| 발달 과업 | 경제적, 심리적 안정 | 취업, 사랑과 결혼, 부모독립 |
| 이성관 | 성에 대해 보수적. 통금시간 정하고 늦은 귀가를 수용 못함 | 성에 대해 개방적이고 자유분방함 |
| 전반적 성향 | 권위주의적, 획일적, 보수적, 현실적, 실용적, 폐쇄적인 성향 | 탈권위주의, 개인주의, 진취적, 개방적, 개성적, 이기적, 감각적, 퇴폐적 성향. 어린 시절부터 컴퓨터를 다뤄와 멀티태스킹에 익숙하며 실제로는 만나본 적이 없는 사람들과 온라인상에서 관계를 맺는 소셜 네트워킹도 M세대의 특징 |

이상과 같이 시대적, 사회적, 가정적으로 다르게 살아온 부모와 자녀 간에 견해 차이가 있다는 것은 당연한 일일 것이다. 과거에 부모는 자신의 부모와 달랐을 것이고, 현재 부모는 자기 자녀와 다르며, 앞으로 자녀는 자신의 자녀와 다를 것이다. 하지만 과거 우리 조상들은 세대를 이어 왔고, 앞으로도 세대는 지속될 것이다. 그동안 세대차를 극복해 왔고, 앞으로도 서로 극복하면서 삶을 영위할 것이기 때문이다. 여기에는 무엇보다 안정적인 부모-자녀의 애착이나 올바른 부모의 양육태도가 주요 자원이 되어 줄 것이다.

### 2) 부모의 보호 및 청년자녀의 독립 욕구

자녀의 독립은 청소년기 초반 사춘기부터 시작된다. 자아의 힘이 커지면서 그들에게는 더 이상 부모가 대단한 존재로 보이지 않게 된다. 이전의 의존적 관계에서 벗어나 심리적으로 독립하고 싶어 하고, 이는 이유 없는 반항으로 나타나기도 한다. 그러나 아직도 부모에게 의존하려는 욕구 또한 남아있어 반항과 순종이라는 행동의 양면을 보이게 된다.

청년기에 이르면 독립의 욕구는 다소 강해진다. 이는 부모의 보호본능과 마찰하면서 긴장과 갈등을 가져오게 한다. 부모의 둥지를 벗어나 자기 나름의 삶을 주도하기 위해 독립하려는 자녀와 어렵고 험한 세상에서 자식을 보호하려는 부모 사이의 긴장과 갈등인 것이다. 대체로 이를 계기로 부모-자녀 관계가 재정립될 수 있다. 그러나 자녀 학업이나 진로에 대해 지나치게 집착하거나, 일상생활습관에 대해 과도하게 간섭하거나 제약하게 되면 갈등이 심각해지거나 심리적 간격이 벌어져 서로 멀어지는 결과가 초래될 수도 있다

청년기의 독립은 사춘기의 반항이 아니다. 일종의 성장의 몸부림이다. 인생이라는 여정은 결국 자신의 힘으로 헤쳐 나가야 하는 것이라면 지나친 집착이나 간섭과 제약은 독립과 자립을 방해하고 그 힘을 약화시키게 된다. 부모는 자녀가 성숙한 인간으로 개척해 나가리라는 믿음을 가져야 한다. 앞서 지적했듯이, 부모와 안정된 애착을 형성했다면 그 기틀은 마련된 것이다. 인생의 목표를 향해 나아가고, 배우자 선택의 능력을 기르고, 사람 속에서 부대끼며 살아가는 등과 같은 삶이란 시행착오가 있기 마련이다. 다소 늦고 지루해 보이더라도 '실패는 성공의 어머니'임을 자각하는 기회를 갖도록 기다려 주어야 할 것이다. 물론 자녀도 대학문화가 바람직한 것인지 따져 보아야 한다. 술, 게임, 무절제한 이성교제, 늦은 귀가시간, 학업을 도외시한 동아리 활동 등은 부모의 걱정과 우려를 갖게 한다는 것도 청년기 대학생들은 이해하고 부모의 마음을 배려할 줄 알아야 할 것이다.

## 3. 건강한 부모-청년자녀의 관계

청년기는 직업과 결혼을 준비하기 위한 탐색을 하고 그에 대한 결정을 내리는 중요한 시기이다. 이러한 청년기 과업을 해 나가는 과정에는 진로방향, 학업성적, 이성선택, 군 입대, 사회 여러 분야에서의 가치관 정립 등의 수 많은 변수가 개입되면서 부모와의 갈등이 발생될 수 있다. 갈등을 최소화하기 위한 방안, 즉 서로간의 발달적 차이에 대한 이해, 부모-자녀 간의 적절한 심리적 거리 유지, 효율적인 의사소통 등이 필요할 것이다.

### 1) 부모-청년자녀의 발달적 차이 이해

청년기 발달에 대해서는 앞서 1장에서 다룬바 있다. 여기서는 중년기 부모의 발달적 특성을 살펴볼 것이다.

#### (1) 중년기 부모의 발달적 특성에 대한 부정 및 긍정의 시각

이 시기 성인들은 일반적으로 자신이 늙어가고 있다는 사실을 처음으로 깨닫기 시작한다. 신체적인 매력이 점점 쇠퇴하고, 여성의 폐경기 혹은 남성의 갱년기로 인해 생리적·심리적 변화를 겪게 된다. 또한 직장인으로서 책임이 더욱 무거워지거나, 실직으로 인한 경제적 곤란과 자존감의 상실에 고통 받을 수 있고, 자녀의 성장에 따른 '빈 둥지(Empty Nest)'가 주는 공허감으로 힘들어하는 등 이전 시기와는 또 다른 여러 가지 도전과 위기를 갖게 된다.

이와 같은 도전으로 인해 위기를 맞는 시기로 부정적으로 중년기를 볼 수도 있으나, 긍정적인 면에 초점을 둘 수도 있다. 발전된 의학, 건강에 대한 높은 인식 등으로 중년기의 생리적·심리적 변화를 극복하는 일은 그리 어렵지 않다고 본다. 최근 들어 평균 수명이 늘어나면서 중년기를 과거의 같은 세대에 비해 훨씬 젊고 건강한 중년, 즉 '0.7 곱하기 인생(현재나이 × 0.7로 보일 정도의 중년)'이라는 긍정적인 시각으로 보는데 크게 의심하는 사람은 별로 없을 것이다. 또한 경제적으로도 안정되고, 자녀에 대한 책임에서 해방되어 인생에서 가장 행복하고도 자유를 누릴 수 있는 시기, 즉 인생의 황금기라는 것이다. 이렇게 중년기는 다른 발달단계처럼 나름대로의 발달과제가 있는 인생의 또 다른 발달단계인 것이다.

### (2) 우리나라 부모의 자식 사랑

Erikson은 중년기의 변화를 '생산성 대 침체성'이라는 발달과업으로 설명하고 있다. 여기서 생산성이란 다음 세대를 통해 중년기 성인들이 자신의 생의 의미를 찾고 헌신하는 것을 말하고, 침체성은 다음 세대를 위해 자신에게 할 일이 아무 것도 없다고 보고 인생을 부정적으로 본다. Erikson의 '생산성 대 침체성' 발달과업과 유사한 맥락은 한국 부모들에게도 나타난다. 우리의 부모들은 자식에 대한 사랑이 남달라 계층에 관계없이 인생에서 가장 귀중한 것으로 자신의 결혼이나 부와 재산이나 사회적 성공보다 자녀의 성공을 들고 있다(중앙일보. 2009. 9. 22). 이는 자녀를 부모 자신의 삶의 의미를 찾을 수 있는 인물, 자신의 삶을 보상하는 인물로 본다는 것을 의미하며, 그리하여 자칫 자녀에 대한 지나친 관심이나 집착으로 변질될 수 있다. 자녀의 학업, 취업, 결혼 등을 준비하는 과제에 지나치게 개입하여 부모의 기대에 부합하면 자신의 삶이 행복하고 가치 있다고 느끼나, 부합하지 못하면 좌절과 회의로 고통 받게 된다는 것이다. 그런데 자녀는 이러한 자신을 향한 부모의 지나친 관심이나 집착은 부담이 되고 방해가 된다고 볼 수 있다. 자녀는 자신의 삶을 부모 뜻대로 살기보다는 자기 나름대로의 꿈을 만들어보고 성취하고자 하기 때문이다.

### (3) 부모-청년 자녀의 발달적 차이

부모나 자녀 모두 서로의 발달적 차이를 이해하는 것이 필요하다. 특히 부모는 과거 자신이 보낸 청년기 경험을 되살려보는 작업을 해야 한다. 자신의 청년기 시절 이후의 엄청난 시대적 사회적 변화로 인한 자식 세대와의 차이를 인정하고, 자신의 청년기 시절 자신의 내면을 들여다보며 현재의 청년기 자녀의 마음을 이해하고 양보해야 한다. 부모와 자식 간의 사랑은 어쩔 수 없는 내리사랑이다.

자녀 또한 부모는 나를 낳아 나의 모든 것을 수용하는 완전한 존재라고 여기기 쉽다. 그런데 부모도 인간의 발달과정에서 중년기에 속한 나름의 발달과제를 안고 있는 인간이다. 자존심 상해 속상해 하고 좌절로 인해 상처받기도 하는 약한 존재인 것이다. 자식에 대한 크나 큰 사랑을 지나친 관심으로 표현함으로써 자기와의 갈등을 가져오는 것을 어느 정도 이해해야 할 것이다. 그렇다고 부모의 요구에 무조건 따르는 의존적 상태에 머물러도, 반발심에서 방황해도 성숙하지 못한 처사이다. 성숙한 자녀는 자식의 분리가 부모에게 심리적인 고통을 안겨준다는 것을 이해하면서도 부모에 대한 의존에서 벗어나서 자기 나름의 삶을 개척하기 위해 노력하는 사람일 것이다.

[Box 2-2] 부모역할: 청소년기 및 청년기 자녀

자녀가 사춘기가 시작되면 부모역할을 그 이전과 달라야 한다. 청소년시기 이후부터 자녀를 독립시켜 떠나보내기 까지 부모가 성숙한 자녀로 키우기 위해 신경 써야할 역할을 요약하면 다음과 같다(김혜숙, 박승민, 구혜영, 남상인, 1995).

- 아이의 변화(바깥 세계로 나가기, 부모와 떨어지기 시도하기, 다시 부모에게 기대고 싶어 하기 등) 수용하기, 즉 어른 세계와 아이 세계를 넘나드는 시기로 청소년 자녀를 이해하는 부모의 융통성과 지혜가 필요하다.
- 자녀를 성적인 호기심과 욕구를 지닌, 성적인 행위가 가능한 존재로 인식하고 이를 이해하고 수용하는 자세를 가지고, 적절하게 통제하고 조절한다.
- 이제까지는 부모가 이해시키고 가르치는 단계였지만, 이제부터는 자녀의 말을 들어야 되는 부분이 많이 생긴다. 자녀가 지닌 생각들을 잘 들어보고, 그런 연후에 부모 자신의 생각을 전달하는 상호적인 대화가 되어야 하고, 자녀와 함께하는 시간을 늘린다.
- 청소년 자녀를 위해 인생목표나 계획, 학업, 진로, 생활스케줄 등을 부모가 정해준다면 당장은 자녀가 선택이나 결정을 위한 갈등이나 고민을 할 필요가 없지만 결국은 자율성이 없어 의존적이고 수동적인 삶에 익숙해져서 특히 대학생활에서 어려움을 겪을 수 있다는 점을 유념한다.
- 부모가 자녀의 자율성을 인정하고 의견을 존중하고, 관심과 사랑으로 묵묵히 뒷바라지하고, 적절한 정보를 제공하고, 필요할 때 자녀의 마음을 읽어주면, 긍정적이고 성취지향적인 존재로 성장하며 부모에게 감사하면서 순조롭게 독립하게 된다.

- 부모의 자녀에 대한 지나친 기대는 엄청난 짐과 부담이 되어 삶을 옭아매는 덫이 될 수도 있다. 성공을 위해 자신을 끊임없이 몰아치면서 결코 만족할 줄 모르는 피곤한 삶을 살 수 있다는 것이다. 자녀의 적성과 능력에 맞는 기대와 꿈이 미래 성취를 향한 추진력이 될 수 있을 것이다.
- 자녀를 떠나보낼 준비를 하고, 떠나보낸 상황에 대해 적응한다. 자녀의 배우자와 나, 그리고 나의 배우자와의 새로운 관계형성이 필요하다. 자녀가 결혼을 하게 되면서 어른과 어른의 만남으로 자녀를 대해야 한다. 이때 자녀와의 유대관계나 부부사이가 서로 달라지기도 한다. 부부 사이를 새로이 형성하는 단계이기도 하다.
- 부부, 조부모, 자녀의 3대 관계의 재인식이 요구된다. 부모는 스스로의 변화, 자기부모의 변화, 자녀의 변화를 잘 인식하면서 그 사이에서 조정하는 역할을 해야 한다.

### 2) 부모-청년자녀의 적절한 심리적 거리

자식은 나의 일부분이라는 생각은 아주 어린 자녀에게는 합당하다. 그러나 자녀가 성장하는데도 이러한 생각을 가지고 있다면 이는 자녀 성장에 걸림돌이 된다. 인생이란 결국 자신의 힘으로 헤쳐 나가야 하는 어려운 과정이다. 이런 삶의 어려운 과제를 청년기에 분리와 독립을 통해 시도하려는데 부모의 지나친 간섭과 제약은 이를 방해하고 어렵게 한다.

부모-자녀 관계가 원만하고, 자녀가 주도적인 삶을 살도록 하기 위해서는 부모-자녀의 적절한 심리적 거리가 필요하다. 부모의 관여나 개입을 줄여나가고 자녀의 자율성을 인정해주는 적절한 거리를 두어 자녀가 독립적으로 자신의 과제를 풀어나가는 연습을 하도록 해야 한다. 인생의 꿈과 목표를 설정하고, 이성관계에서 배우자 선택의 능력을 기르고, 사람 속에서 원만하게 살아가는 연습을 하도록 해야 한다. 그러면서도 선택이나 결정을 어려워하거나 문제해결에 도움이 필요하다면 부모-자녀의 대화는 중요한 역할을 할 수 있다. 이는 부모와 자녀 모두에게 해당된다. 부모도 중년기 위기에서 자녀의 조언이 도움이 될 수 있다. 허심탄회한 솔직한 대화를 통한 서로간의 지지나 격려는 힘이 되고 부모-자녀 관계는 더욱 돈독해 질 수 있을 것이다.

### 3) 부모-청년자녀의 의사소통

한 조사결과(김애순, 2010)에 의하면, 청년기 자녀와 부모 간 하루 동안의 대화시간은 '전혀 안 하거나 10분미만'이 28%, '30분미만'이 39%에 이르고, 그것도 아들과 딸 모두 어머니와의 대화가 많고(61%). 아버지와는 거의 대화가 없다(3%). 대화 내용도 '다녀오겠습니다, 밥 먹었니? 일찍 들어와라.' 등과 같은 일상사가 대부분이며(70%), 그 다음으로 학업 및 진로 문제이다(15%). 고민과 갈등이 있을 때 아들과 딸 모두 친구에게 마음을 털어놓고(48%), 그 다음이 어머니이고(아들 18.25%, 딸 21.4%), 갈등을 대화로 풀기 보다는 시간이 지나면 저절로 해결되기를 기다린다고 한다.

이와 같은 부모-자녀의 대화에서 가장 문제가 되는 것은 대화를 위한 시간이 별로 없다는 점이다. 바쁜 일정에도 시간을 내는 서로의 노력이 필요하다. 일주일에 한두 번 정도는 가족 모두가 식사를 하거나 따로 시간을 내어 일상적인 대화 이외 남녀 친구, 진로나 취업, 학업, 사회적인 이슈 등을 중심으로 대화를 나누는 것이 좋다. 이 때 의사소통의 방식은 대화내용 이상으로 중요하다.

의사소통의 방식은 부모와 자녀 모두 상대방의 이야기를 경청하고, 상대방의 생각과 감정을 수용하는 자세를 취하는 것이다. 자신의 견해를 표현할 때는 '너-메시지'보다는 '나-메시지'를 사용하되 자신의 생각과 감정을 솔직하게 표현하도록 해서 서로에게 상처를 주어 마음에 장벽을 쌓지 않도록 해야 한다. 자녀를 한 인격체로 인정하고 그들의 성장을 지켜보면서 잘 할 것이라는 믿음을 보내면 그들은 믿는 부모를 위해서도 자신의 위치에 서게 된다. (8장 '대화의 기술' 참고)

자식에 대한 사랑과 행복을 바라지 않는 부모는 이 세상에 없을 것이다. 하지만 우리나라 부모들은 자녀의 학업, 취업, 결혼 등의 과제를 중년기 자신의 삶에 절대적인 영향을 주는 과제로 여기고, 자식의 성공을 나의 성공으로 여기는 경향이 강하다. 이는 자칫 지나친 간섭과 집착을 가져와 자녀의 독립과 자립을 방해하는 결과를 초래할 수도 있음을 유념해야 한다.

## 2장의 연습과제

1. 부모와 나의 관계가 어떤지 생각해보도록 하자. 특히 갈등의 정도, 심리적 거리, 의사소통의 방식 등을 중심으로 구체적으로 열거해보도록 하자.
2. 부모와 나의 관계를 친구들끼리 서로 이야기 나누어 보고 그 차이점과 공통점을 살펴보자. 그리고 바람직한 부모-나의 관계를 형성하기 위한 방안을 찾아보도록 하자.

# 대인관계

신학기초 대학 캠퍼스는 한껏 부풀어 있는 분위기다. 입시경쟁을 통과한 신입생들의 성취감과 그들의 대학생활에 대한 기대감, 그리고 새로운 또래친구나 선후배와의 만남 등이 작용한 것이리라. 그런데 어떤 학생들은 이러한 새로운 만남에 의한 관계 형성이 그리 쉽지 않은 자신을 발견하고, 이에 대해 고민하고 힘들어 한다. 그 원인이 무엇인지, 그리고 그 해결 방안은 무엇인지 이 장에서는 다음과 같은 소제목으로 그 해답을 찾아보고자 한다.

# 3장 대인관계

## 1. 대인관계의 의미

인간은 사회적 동물이다. 한자어 人間이 '사람과 사람 사이'라는 의미를 지니듯이 인간이란 태어나서 죽을 때까지 부모관계, 친구관계, 이성관계, 직장동료관계, 부부관계 등을 맺어가며 살아간다. 이들 인간관계에서 어떤 사람과 어떠한 관계를 가지는가는 개인의 행/불행이나, 인생의 성패까지도 결정할 수 있다. 예를 들면, 학교 친구와의 왕따 경험은 좌절, 소외, 부적응 등의 문제를 야기하여 자살까지 이어질 수 있고, 직장조직 내의 인간관계의 갈등은 직무성패나 생산성 저하의 문제로 연결되어 직장에서 퇴출되는 상황에 이를 수도 있다. 이와 같이 인간관계의 중요성은 아무리 강조해도 지나치지 않을 것이다.

### 1) 현대사회와 대인관계

우리들이 살아가고 있는 현대사회는 어떠한가. 사회적 여건은 인간을 점점 고독한 존재로 내몰고 있고 불행한 삶을 초래할 가능성은 증가하고 있다. 전자통신기술의 발달, 거대해지는 조직 속의 인간, 효율과 신속을 강조하는 문화, 경쟁과 갈등적 요소의 증가 등과 같은 여러 요인들이 진정한 인간적인 만남의 기회를 빼앗아 가고 있기 때문이다. 이럴 때일수록 대인관계가 인생의 소중한 자원임을 알고 각별한 관심을 가지고 잘 대처하는 노력이 필요할 것이다.

### 2) 인간의 특성과 대인관계

인간은 사회적 동물이지만 인간의 본질적 특성은 자기중심적이고 이기적인 경향이 강하다. 사람에 따라 다소의 차이는 있겠지만 남을 생각하고 배려하기 보다는 남을 자기의 일정한 틀이나 기준에 맞추도록 하여 자신의 이익이나 욕구만을 추구하려고 한다. 그래서 자신의 생각, 판단, 주장, 행동 등이 옳다고 믿고 주변의 사람 모두가 이를 따라주기를 바라게 되는데, 이것이 대인관계에서 갈등이 불씨가 되고 심지어 적대적 관계로 치닫게 할 수 있다. 따라서 원만한 대인관계를 위해서는 우선 인간의 특성, 즉 자기를 중심에 두고 자기의 틀이나 기준에 따른 자기 생각이나 행동이 항상 옳다는 인간의 특성을 이해하고, 그리고 나는 과연 어떤 사람인지 자신의 내면을 성찰하면서 나의 모습이 나와 인간관계를 맺고 있는 상대방에게 어떤 영향을 줄 수 있는지 자기반성적 사고가 요구된다.

### 3) 진정한 인간적인 관계

대인관계를 잘 하는 사람이란 어떤 사람인가. 많은 사람과 진정한 인간적인 관계 즉, 질적 관계를 능히 잘 해내는 사람이라 할 수 있을 것이다. 하지만 이러한 사람은 매우 드물다. 대체로 소수의 사람과 깊게 사귀거나, 혹은 많은 사람과 폭 넓게 피상적으로 사귀게 된다. 이는 각자가 지닌 기질적 특성에 기초한 성격에 따라 한 두 사람과의 관계만으로도 즐거운 사람이 있는가 하면, 여러 사람을 늘 만나야 하고 만나지 못하면 전화라도 붙들고 이야기 해야만 즐거운 사람도 있다. 어쨌든 자기 고유의 성격을 바탕으로 한 각자의 모습을 진실 되게 전달하고 상대방 인간 내면의 심리적 차원을 헤아려 진실 되게 받아들이는 질적인 의미의 진정한 인간관계가 중요하다.

### 4) 대인관계와 자아정체감

내가 누구인지의 자아정체감에 대한 올바른 이해는 나 자신에 대한 관찰과 성찰 뿐만 아니라 타인과의 인간관계를 통한 누적된 경험을 통해 얻게 된다. 타인의 눈을 통해 만약 나를 잘 생긴 사람으로, 가치 있는 인간으로, 유능한 사람으로 상(image)을 그리게 되면 이는 나의 내면에 그대로 남아있게 된다. 이러한 긍정적인 자기개념(self-concept)의 형성은 어린 시기에는 주로 부모를 통해, 점점 성장하면서 친구나 선생님과 같은 주변 사람과의 부단한 상호작용에 의한 인간관계를 통해 서서히 이루어진다. 마치 거울 속에 나를 비추어보고 나 자신의 외적인 모습을 알 수 있듯이, 나의 내면 역시 타인이라는 거울에 반영된 반응을 통해 나 자신을 알게 되고, 이를 바탕으로 내가 누구인지를 확립하게 되는 것이다. 20대 청년 대학생의 자아정체감 확립을 위해 타인과의 긍정적인 대인관계 경험의 중요성이 다시 한 번 강조된다.

#### [Box 3-1] 자기가 자기에게 상처 주는 사람

이 세상에서 나를 지키는 것은 그 누구보다도 바로 나 자신이다. 그런데 다른 사람은 존중하면서 정작 자기 자신을 깎아 내려 자기에게 상처 주는 사람이 있다. 두 가지 예를 들어 설명하면, 그 하나는 잘못한 것도 없이 사과부터 하는 사람이고, 다른 하나는 부당한 대우를 받아도 참는 사람이다.

전자의 경우는 다른 사람과 갈등 없이 지내려는 의도에서 대립의 각(角)을 세우는 것을 극도로 꺼리는 사람이다. 그래서 잘못한 것도 없는데도 불구하고 먼저 서둘러 사과를 해 버림으로써 마찰을 피하려고 하고, 불편한 상황을 모면하려 한다. "이게 다 저 불찰이에요. 제가 잘못했어요." 라고 말하면서... 하지만 당장은 마음이 편할지 모르나 오래도록 마음에 남아 자신을 괴롭히게 된다. 스스로 자존심을 포기했고, 자신을 모독했고, 그리하여 자신에게 상처를 주었기 때문이다. 이러한 사과는 차라리 아니한 것만 못하다.

후자의 경우, 부당한 대우를 받고 참는 사람 또한 자신에게 상처를 주는 사람이다. 다른 사람이 자신을 함부로 대하면 가만히 당하지만 말고 그에 당당히 맞서야 한다. 그냥 당하고만 있으면 사람들은 이를 당연하게 여기고 죄책감도 느끼지 않게 된다. 그러니 필요한 상황이라면 대들어도 괜찮다. 부당한 대우에 참기만 한다면 이 또한, 잘못한 것도 없이 사과부터 하는 사람과 마찬가지로, 자기 자신을 함부로 대하는 것이고 자신에게 상처를 주는 것이다. 당당히 맞서야 사람들이 자신에게 예의를 갖추게 된다.

출처: 김혜남 (2009)

## 2. 인간관계의 유형

인간관계의 유형을 살펴보기 위해 우선 Berne의 인생의 태도부터 살펴보도록 하자.

### 1) Berne의 인생 태도 4가지 유형

대인관계를 맺는 기본적인 태도를 연구한 번(Berne, 1964)의 교류분석(transactional analysis) 이론에 의하면 다음과 같은 인생의 태도를 4가지 유형으로 구분한다.

#### (1) I am not OK, You are OK(나는 틀렸고 너는 옳다)

이 세상에 태어나서 어릴 때 부모와의 관계가 그대로 유지되는 인관관계 유형이다. 즉, 말 잘 듣고, 수동적이고, 의존적인 태도의 자기부정/타인긍정의 유형이다. 이러한 사람들은 다른 사람과 비교하여 무력감을 느끼고 열등감에 빠져 있어 자신감이 없다. 또한 소외감과 더불어 강한 사람에게 의존하려 하고, 책임을 회피하고, 자기만 불행하다는 생각으로 우울해 질 수 있다.

#### (2) I am OK, You are not OK(나는 옳고 너는 틀렸다)

앞의 자기부정/타인긍정의 태도는 성장하는 동안 '나는 옳고 너는 틀렸다'라는 자기 긍정, 타인 부정의 태도로 바뀔 수 있다. 사춘기의 반항은 이전 시기의 자기희생과 박해의 느낌을 주는 '나는 틀렸고 너는 옳다'는 태도만으로는 도저히 자아를 유지하기 어렵기 때문에 자신감을 회복하기 위한 불가피한 과정이라 할 수 있다. 자기긍정/타인부정의 주된 특징인 자기중심적이고, 자신감이 지나치고, 불행의 원인을 남의 탓으로 돌리는 등과 같은 태도를 그대로 성인이 되어서도 유지한다면 건방지고 오만함에 빠질 것이다.

#### (3) I am not OK, You are not OK(나도 틀렸고, 너도 틀렸다)

나와 타인 모두에 대해 부정적 태도를 지닌 자기부정/타인부정의 성격으로 굳어버린 사람도 있을 수 있다. 이들은 이 세상에는 믿을 수 있는 사람은 아무도 없고, 자기 자신도 믿지 못하겠다는 태도를 보인다. 삶의 연속적인 실패 경험을 통해 인생이 무가치하고 아무것도 좋은 일이 없다는 절망감이나 허무감이 원인으로 작용하는 경우이다. 이런 사람들은 남들과 관계 맺기가 무척 어렵고 심하면 우울증에 빠지거나 자살을 시도할 수도 있다.

#### (4) I am OK, You are OK(나도 옳고 너도 옳다)

자기긍정/타인긍정이라는 가장 성숙한 태도를 보이는 사람이다. 앞서 소개한 3가지 유형의 인간관계는 제한적인 관계라 할 수 있지만, 자기긍정과 타인긍정의 태도는 모든 사람과 골고루 폭넓은 관계를 맺을 수 있는 특징을 지닌다. 이들은 나와 상대방 모두를 신뢰하고, 소중하고 가치가 있다고 생각한다. 남의 이야기를 받아들일 여유가 있고, 대화가 잘 통하며 자신의 문제를 건설적으로 해결하려하는 정신적으로 건강한 사람이다. 성숙한 인간관계와 행복한 삶을 위해 추구하는 삶의 태도를 지닌 사람이다.

### 2) Johari의 마음의 창(Johari's window of mind)

Johari의 마음의 창(Johari's window of mind)은 심리학자인 조셉 루프

트(Joseph Luft)와 해리 잉엄(Harry Ingham)에 의해 개발되었다(Luft & Ingham, 1969). 이는 대인관계를 아래와 같이 '자기공개의 정도'와 '피드백의 정도'라는 두 가지 차원 각각의 10점 만점에서 나의 평점을 내고 이를 아래 상자 4개의 영역에 어디에 속하는지 파악하여 자기의 대인관계를 진단한다.

| 자기공개의 정도 | 피드백의 정도 |
|---|---|
| 나는 남에게 나에 관한 이야기를 잘 하는가?<br>나는 남에게 나의 속마음을 잘 표현하는가?<br>나는 남에게 개방적인가? | 나는 남이 나에 대해 어떤 생각을 하는지 알려고 노력하는가?<br>나는 남이 나에 관해서 하는 말에 귀를 기울이는가?<br>나는 나에 대한 다른 사람의 평가에 관심을 가지는가? |

피드백의 정도

| | 10점 | (자기가 아는 영역) | (자기가 모르는 영역) |
|---|---|---|---|
| 자기공개의 정도 | (남이 아는 영역) | 공개적 영역<br>(open area): 개방형 | 맹목의 영역<br>(blind area): 자기주장형 |
| | (남이 모르는 영역) | 폐쇄된 영역<br>(hidden area): 신중형 | 미지의 영역<br>(unknown area): 고립형 |

0점

대인관계에 대한 자기 진단의 4가지 영역 각각을 살펴보면 다음과 같다.

○ 공개적 영역이 넓은 개방형의 사람은 적절하게 자기를 표현하기도 하고 남의 말도 잘 경청한다. 따라서 타인에게 호감과 친밀감을 주어

인기가 있는 인간관계를 가진다. 하지만 공개적 영역이 지나치게 넓다면 자기표현이 너무 많아 가볍고 주책스러워 보이는 경우도 있다.

- 맹목의 영역이 넓은 자기주장형에 속하는 사람은 타인에게 자기를 솔직하고도 분명하게 표현하는 시원시원한 사람이다. 그러나 타인의 말에 귀 기울이기보다는 자신의 주장이 지나쳐 독선적으로 보이는 경우가 발생할 수 있다. 자기주장형의 사람은 타인의 말을 경청하고 자신에 대한 비판을 수용하는 태도를 기르는 일에 관심을 가져야 할 것이다.
- 폐쇄된 영역이 넓은 신중형에 속하는 사람은 타인의 말에는 귀를 기울이나 자신의 속마음은 잘 드러내지 않는 사람이다. 대체로 원만한 인간관계를 유지하나 상대방은 답답해하기도 하고 경계를 보일 수 있다. 이들은 개인적인 경험이나 가치관 따위의 자기 속마음을 드러내지 않아 깊이 있는 인간관계를 갖지 못해 외로울 수 있지만 계산적이고 실리를 취하는 경우가 많다. 이러한 유형에 속하는 사람이 많으나 보다 적극적인 자기개방을 통해 깊이 있는 인간관계를 가진다면 바람직한 대인관계를 유지할 수 있을 것이다.
- 미지의 영역이 넓은 고립형의 인간은 인간관계에 별로 관심이 없고, 남과 어울려 부딪히는 것을 부담스러워한다. 이 유형의 사람은 고집이 세고 주관이 너무 뚜렷할 수도 있으나 대개 무의식 속에 내재된 열등감과 같은 심리적 문제를 안고 있어 인간관계가 어렵다. 가능하면 미지의 영역을 줄이려는 적극적인 자세를 가지고 자신과 타인에 대한 열린 마음을 갖도록 노력해야 할 것이다.

### 3) Covey의 인간관계 패러다임

코비(Covey, 2003)는 인생을 경쟁의 장이 아닌 협력의 장으로 보고 인간관계에서 한쪽이 이기고 다른 한쪽이 지는 관계보다는 모두 이기는 관계를 지향한다. 그는 인간관계의 유형을 배려와 용기의 두 차원에서 4가지 패러다임을 제시한다. 여기서 배려란 타인의 감정과 생각을 경청하고 수용하는 공감적 이해와 존중의 수준이고, 용기란 자신의 감정과 생각을 솔직하게 표현할 수 있는 자기표현의 수준이다.

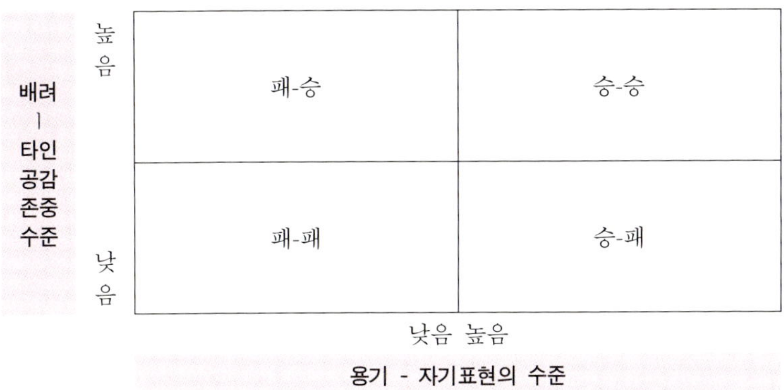


[그림 3-1] 인간관계의 4가지 패러다임

#### (1) 승-패적 패러다임(Win-Lose Paradigm)

내가 이기고 상대방이 지는 인간관계를 말한다. 이러한 인간관계에서는 자신의 생각과 감정은 잘 표현하나 상대방에 대한 배려가 부족하다고 하겠다.

이러한 인간관계는 치열한 경쟁사회의 분위기, 부모의 편애적 양육태도 등과 관련된다. 예컨대, 부모가 특정자녀만 사랑한다면 부모의 사랑을 얻기 위해 내가 잘되고 다른 형제는 실패해야 한다는 사고의 지배를 받게 되고, 이는 가정 바깥 세계의 인간관계에서도 연결될 수 있다. 승-패적 인간관계에서는 승부욕이 강하고 상대방의 잘못이나 실수를 비판하고 책임을 추궁하는 공격적인 대화에 익숙하며, 자신이 하는 일이 가장 옳기 때문에 타인을 배려하기 보다는 자기방식에 맞추어야 한다고 본다. 이러한 승-패적 사고는 경쟁자와 적을 많이 만들기 때문에 장기적 관점에서 보면 역기능의 결과를 초래할 수 있을 것이다.

(2) 패-승적 패러다임(Lose-Win Paradigm)

내가 지고 상대방이 이기는 인간관계를 말한다. 이러한 인간관계는 자신의 감정이나 소신을 표현할 수 있는 용기가 부족해서 아주 소극적인 태도를 취하는 경우이다.

이러한 사람들은 열등감으로 인해 자신감이 없고 남의 눈치를 보고 남이 하자는 데로 따라하려고만 하는 추종자 역할만 하게 된다. 이는 남을 배려하는 착하고 좋은 사람으로 비추어질 수도 있으나 자신의 욕구나 감정을 자신의 내면 깊숙이 억압하는 문제를 지니게 된다. 이렇게 표현되지 못한 채로 잠복한 욕구나 감정은, 다른 형태로 승화되지 못하면, 아주 사소한 자극에도 과민한 반응을 보이거나 냉소적인 반응을 보일 수 있고, 분노의 폭발로 나타날 수도 있다. 패-승적 사고로 인해 과도한 자기비하감으로 시달리는 경우라면 승-패적 사고보다 인간관계를 훨씬 더 어렵게 할 것이다.

(3) 패-패적 패러다임(Lose-Lose Paradigm)

지나친 경쟁의식을 지닌 두 사람이 부딪치면, 다시 말해 나와 상대방 모두 승-패적 사고를 한다면, 패-패적 인간관계가 발생한다. 자기만의 이익에 눈이 멀어 상대방을 배려하지도 못할뿐더러 자신의 생각과 감정도 제대로 전달하지도 못하는 관계이다.

이들은 상대방이 잘 되는 것에 대해서는 수단과 방법을 가리지 않고 막으려고 하는 상대방의 패배에 집착한다. 급기야는 자기를 망치더라도 상대방을 꼭 망하게 하고 말겠다는 것에 극단적인 패-패 사고를 보이는 사람도 있다. 이러한 사고는 자신에게 이로움을 주기는커녕 오히려 해가 된다는 사실을 알지 못하며, 내가 이기지 못한다면 차라리 모두가 망하는 것이 낫다고 생각하는 것이다.

### (4) 승-승적 패러다임(Win-Win Paradigm)

타인에 대한 배려와 자기를 표현하는 용기의 수준 모두가 높은 승-승적 패러다임은 양자가 서로 이익을 추구하게 되는 가장 바람직한 대인관계라 할 수 있다. 타인을 배려하고 존중하는 마음에서 우러나는 행동의 누적으로 인해 신뢰감이 쌓이게 되면, 상대방의 잘못을 지적하는 용기를 가지게 되고 상대방 역시 이를 언짢은 것으로 받아들이지 않는다. 상호간에 이와 같은 관계를 가진다면 이들의 삶에서 경쟁은 저절로 사라지고 서로에게 유익한 협력의 장이 된다. 즉, 한쪽이 이기고 다른 한쪽이 지거나, 모두가 지는 관계가 아닌 두 사람 모두 이기는 인간관계이다. 이것만이 상호 승리의 삶을 가져다 줄 수 있다.

이러한 승-승적 패러다임의 대인관계는 21세기 네트워크 사회가 요구하는 더불어 살아가는 능력, 즉 NQ(Network Quotient: 공존 지수)가 높은 사람이라 할 수 있을 것이다(김무곤, 2003). 공존 지수가 높은 사람이란 자신만의 성공에 집착하기보다는 다른 사람을 도우면서 서로의 성공을 도모하는 사람이다. 먼저 자신을 낮추고 남을 배려하고 베풀면, 스스로의 가치도 올라가고 존경도 받게 된다고 본다. 이런 사람이 바로 승-승적 패러다임의 대인관계를 실행하는 모습일 것이다.

이상에서 제시한 Berne의 '너도 옳고 나도 옳다는 인생태도(I am OK, You are OK.)', Johari의 자기표현과 경청을 잘하는 '공개적 영역이 넓은 개방형', Covey의 '승-승적 패러다임(Win-Win paradigm)' 모두 그 내용의 맥이 같은 바람직한 인생의 태도이고, 반드시 숙지해 두어야 할 인간관계 유형이라 할 수 있을 것이다.

## 3. 친구관계의 의미

인생에서 좋은 친구를 갖는 것은 큰 행운이다. 심리적 독립과 성장을 위해 몸부림치는 청년들에게 친구는 더 없이 중요한 존재일 것이다. 친구관계의 주된 특성과 역할부터 살펴보도록 하자(김계현 외, 2009; 이태연 외, 2006)

### 1) 친구관계의 특성과 역할

친구관계는 다음 몇 가지 특성과 역할로 요약된다.

■ 친구관계는 자발적이다.

친구관계는 가족이나 직장동료와는 달리 자발적이다. 관계를 해체하고 유지하는 것은 전적으로 개인의 자유라서 내가 연락하지 않으면 더 이상 보지 않을 수 있고, 만나고 싶으면 연락해서 친구관계를 유지하면 된다. 이때 사회정서적인 지지의 요소가 개입된다.

■ 친구관계는 순수한 인간지향적인 관계이다.

친구관계는 사회정서적으로 서로 지지하는 사이라서 상호작용 그 자체가 즐거움과 행복감을 준다. 친구관계를 통해 부수적으로 현실적인 이득, 예컨대 지식과 정보의 제공과 교환, 재정적 또는 물질적 도움을 얻을 수는 있지만 친구관계의 주된 목표는 사회정서적으로 친밀하고도 순수한 인간관계의 수립이다.

■ 친구는 대등한 위치의 편안한 관계이다.

친구관계는 연령이나 학교 배경이 비슷한 대등한 위치에 있는 수평적 관계다. 따라서 부모와 자녀, 스승과 제자, 상사와 부하와 같은 위계적 관계에서 지켜야 되는 심리적 부담이나 제약도 적고, 연인관계처럼 강렬한 심리적 애정이나 책임감도 덜 느끼는 편안한 관계다. 부모나 애인한테도 이야기하지 못하는 고민도 친구에게는 털어놓는다.

■ 친구는 소속감 형성, 비교준거 역할, 정체감 확립 등에 도움을 준다.

청년들은 정체감 위기를 극복하기 위해 자신을 특정집단에 소속시키고자 한다. 이 때 친구집단은 부모로부터 분리하는 과정을 도와주고 자신을 비교·평가할 수 있는 중요한 준거가 됨으로써 정체성 확립에 큰 역할을 한다. 자신과 여러 가지 조건에서 유사한 친구와의 비교가 자신과 자신의 삶에 대한 신뢰로운 평가근거가 될 수 있다.

■ 친구관계는 남녀 간에 차이를 보인다.

남자들은 스포츠, 게임, 취미활동 등을 함께하면서 유대감을 키워나가나 여자들은 대화를 통해 친밀감을 키워나가는 것이 일반적이다. 친구들과의 대화주제 역시 성차를 보여 남자는 스포츠, 일, 자동차, 여자는 일상의 개인적인 문제, 감정, 주변 사람 등에 대한 이야기를 좋아한다. 최근 남녀의 양성적 역할이 강조되면서 친구간의 대화도 조금씩 성차를 좁히리라는 추측을 해본다.

### 2) 친구관계의 형성

친구관계를 만드는데 필요한 몇 가지 요인은 다음과 같다.

■ 일반적인 개인 특성이다.

처음 어떤 사람을 만나면 첫인상이나 신체적 매력이, 개인마다 취향이 다소 다르긴 하나 호감의 정도에 영향을 미친다. 그러나 이는 만남의 초기에 크게 작용하지만 점차 가치관, 성격, 취미, 유능함 등이 친구관계의 유지에 주요 요인이 된다. 일반적으로 비판적이고 냉정한 사람보다 온화하고 따뜻한 사람이, 능력이 없는 사람보다 능력 있는 사람에게 호감이 간다. 재미있는 사실은 유능한 사람이되 완벽한 사람보다 좀 모자란 듯한 허점 있는 사람을 더 좋아한다는 점이다.

■ 서로 유사하거나 보완을 해 주면 호감이 간다.

어떤 연령층을 막론하고 성, 연령, 가치관이 비슷한 사람과 친구가 되는 경향이 있다. 그밖에 학업에 대한 열정, 취미나 여가활동, 음식에 대한 기호 등이 비슷한 것도 친구관계 형성에 중요한 역할을 한다. 이러한 유사성은 갈등을 줄여 심리적인 편안함을 주거나, 자기존재에 대한 정당성을 제공해주기 때문일 것이다. 그런데 성격 측면에서는 반대되는 성격을 지닌 사람에게 끌리는 경향이 있다. 자기를 부족한 점을 보완해 주기 때문일 것이다. 예컨대, 편협적인 사람은 융통성 있는 사람, 화끈한 사람은 소심한 사람, 지배적인 사람은 복종적인 사람과 잘 어울릴 수 있다.

■ 자신을 드러내 보이는 자기노출은 좀 더 발전된 친구관계를 형성하는데 필요하다.

만남의 초기 단계에서는 좋아하는 취미나 놀이, 과제물을 중심으로 피상적인 수준에서의 자기노출이 중요하다. 하지만 만남의 관계를 발전시키기 위해서는 좀 더 사적인 문제나 감정에 대한 자기노출이 필요하다. 이는 문제에 대해 서로 해결책을 모색하면서 깊이 있는 상호 이해를 촉진시키고, 정서적 공감과 지지, 심리적 위안을 주고받으면서 더욱 친밀한 관계를 만들도록 한다. 그런데 사적인 자기노출은 어느 정도의 친밀성이 전제 되어야 한다. 왜냐하면 지나치게 빠른 노출이 부담을 주어 친구관계의 발전에 불리한 결과를 초래할 수 있기 때문이다.

■ 상대방에 대한 관심과 보살핌을 통해 좋아한다는 것을 알려야 한다.

인간의 심리는 자신을 좋아하는 사람을 좋아하게 된다. 혹시 거절당할까봐 망설일 수 있겠지만 더욱 돈독한 우정의 형성은 관심과 보살핌을 나타내는 솔직한 감정표현을 시기 적절하게 표현함으로써 이루어진다. 또한 상대방의 좋은 일에 대해 기쁨뿐 만 아니라 '곤궁할 때의 친구가 참된 친구'라는 말처럼 불행이나 슬픔도 같이 나누는 관심과 보살핌의 표명 역시 친구관계를 형성하고 지속시키는 기본이 된다.

■ 친구의 '있는 그대로'를 인정하는 태도를 지녀야 한다.

친구의 취미나 가치관이 자기와 비슷하거나 성격적 특징 또한 나를 보완할 수 있는 점이 있다면 좋겠지만 '있는 그대로'를 인정하는 것이야말로 그 이상으로 중요하다. 이 세상에 내가 원하는 사람, 완전한 사람이란 거의 없다. 장점과 단점, 강점과 약점을 모두 지니는 존재가 바로 인간이라는 것을 이해하는 자세는 친구관계 뿐만 아니라 모든 인간관계에 필수 요건이 될 수 있다.

■ 가까이 생활하는 것도 친구관계 형성에 중요한 요건이 된다.

이웃사촌이라는 말이 있듯이 물리적으로 가까이 지내면서 같은 활동에 참여하다보면 서로 상호작용할 수 있는 가능성을 높여주어 정도 들고 상대방에 대한 이해의 폭도 증가시키게 된다. 친한 친구가 이웃에 살면 행복지수가 올라간다고 하는 것은 물리적 근접성의 중요성을 말해준다. 하지만 물리적인 가까움도 너무 잦은 접촉에 의한 사생활 침범은 주의해야 할 점으로 지적된다.

[Box 3-2] 친밀한 친구관계 유지 및 발전을 위한 Tips

친구관계를 형성하는 것도 중요하지만, 이를 유지하고 발전시켜 나가는 것 또한 중요하다. 다음의 친구관계의 유지 및 발전을 위한 Tips를 잘 활용하길 바란다.

- 친구가 필요로 하거나 어려운 처지에 놓여있을 때 자발적으로 돕는다.
- 신뢰를 지킨다.
- 서로 믿고 털어놓는다.
- 친구가 없는 자리에서 그를 지지한다.
- 공공연하게 비난하지 않는다.

- 감정적인 격려와 지지를 보여준다.
- 친구의 사생활을 존중한다.
- 친구의 다른 친구들과의 관계에 대해 질투하거나 비난하지 않는다.
- 개인적인 조언을 구한다.
- 나에게 베푼 친절이나 고마움은 꼭 되돌려 준다.
- 나의 개인적인 감정이나 문제를 개방한다.
- 친구와 나의 차이점을 인정한다.
- 갈등을 인정하고 서로 솔직히 대한다.

출처: 이태연 외, 2006

### 3) 다양한 친구들에 대한 이해

#### (1) 신입생과 졸업생

우리의 중고교생들은 입시 위주의 통제된 교육풍토 속에서 자아정체감 확립을 위해 고민할 겨를이 없다. 내가 누구인지 잘 모르는 상태로 대학에 갓 입학한 신입생에게 많은 자유와 스스로 책임을 져야하는 대학생활은 많은 혼란을 가져다준다. 이들은 신체적으로나 성적으로는 성인이지만 성인으로서의 책임이나 역할을 감당할 준비는 안 되어 있는 상태다. 삶의 방향 없이 허송세월하거나, 대인관계, 특히 이성간의 성적인 문제로 고민하는 신입생들이 적지 않다. 또한 청년 실업이 사회 문제로 크게 부각되면서 첫 학기가 시작하는 시기부터 졸업 후 진로에 대해 막연한 불안과 조바심을 가질 수 있다.

반면에 졸업을 앞둔 대학생들은 지난 대학생활을 돌아보며 정리하게 된다. 그동안 자아정체감 확립을 위해 얼마나 자신에 대해 깊이 고민하고 준비해 왔느냐에 따라 아쉬움이나 성취감의 정도에 차이가 있을 것이다. 어떤 학생은 이제는 무엇인가를 시도하기에는 늦었다는 생각이 들어 대학생활을 더 연장하고 싶기도 하고, 또 어떤 학생은 자신을 발전시킬 수 있는 심리적 에너지를 지니고 세상을 향해 나아가 도전하고 싶기도 할 것이다. 비록 짧게 느껴지는 대학생활이지만 많은 학생들은 나름대로 내적 성숙을 경험했을 것이다. 이들은 자신의 삶을 앞으로 어떻게 살아야 하는지 책임을 실감하면서 현실적인 취업에 매달리게 된다. 결혼으로 연결될 수 있는 이성친구가 있어도 요즘은 취업 이후로 결혼을 미루려고 하기 때문에 결혼 시기가 늦어지고 있다. 이는 저 출산으로 이어져 사회적으로 큰 과제가 되고 있다.

#### (2) 군복무와 복학생

한국 사회에서는 남자의 군복무 경험은 성인 초기 전환기라는 중대한 시기에, 그것도 자아정체감 문제로 어려움을 겪는 시기에 수행되어야 한다는 점에서 이들에게 미치는 영향은 지대하다. 여기서는 9명의 군필자 집단(25세~38세)을 대상으로 심층 면접을 통해 조사한 '군복무 경험을 통한 성인 초기 인생구조의 형성'이라는 연구 내용에서 군복무 경험이 초래하는 변화를 간단히 소개하여 군복무가 지닌 의미를 짚어보고자 한다(김도환, 정태연, 2002).

첫째, 군복무 경험은 이전과의 이별을 의미한다. 이전에 안식처이었던 가족이 군복무를 통해 그 애착이 멀어지고 독립적인 마인드가 커지지만 부모는 자신의 이런 생각을 인식하지 못해 갈등요소가 된다. 그런데 방위나 공익근무를 하는 경우, 이러한 가족으로부터 강한 분리의 경

2부

# 청년의 진로와 학업

4장 진로와 직업

5장 학업과 학습전략

# 진로와 직업

대학의 신입생 실태조사에서나 학생생활상담연구소에 도움을 받으러 온 학생들에 의하면, 대학생들의 고민들(예: 학업 및 진로문제, 성격문제, 대인관계 문제, 정서문제, 이성 및 성문제 등) 가운데 학업 및 진로 문제가 단연 1위를 차지한다. 이는 대학차원에서 학업지도이외 진로지도의 절실함을 말해 주고 있다. 이 장에서는 다음과 같은 소제목을 다루어 학생들이 진로 문제를 대처하는데 도움을 주고자 한다.

# 4장 진로와 직업

## 1. 진로지도의 필요성

우선 진로, 직업, 일에 대한 개념부터 살펴보면, 진로(career)란 '한 개인이 생애동안 일과 관련해서 경험하고 거쳐 가는 모든 체험들'을 의미하고, 직업(vocation)은 일반적으로 '보수를 받는 것을 전제로 한 일'을 의미한다(김계현, 1995). 이들 진로 및 직업의 개념에 포함되는 일(work)은 '무엇을 이루기 위해 어떤 장소에서 일정한 시간 동안 몸을 움직이거나 머리를 쓰는 활동이며, 부(富)를 창조하는 원천'이다. 이러한 진로와 직업의 개념에서 알 수 있듯이, 진로가 직업에 비해 보다 상위의 개념이며, 이들 두 개념에는 일이 전제가 된다.

### 1) 노동시장 환경의 변화

산업화의 급속한 진전에 따른 직업의 전문화, 고도화로 인해 새로운 직종은 끊임없이 생겨나고 소멸하고 있다. 일부 미래학자는 머지않아 현존하는 직업의 50% 정도는 없어지고, 새로운 직종이 생겨나며, 존속하는 직종의 경우도 일의 방법이 바뀔 것이라고 한다. 최근 출현한 업종과 직업을 제시하면 다음 <표 4-1>, <표 4-2>와 같다. 한상근(2010)이 최근 2년 간 직업전문가 2725명을 대상으로 조사한 '10년 후 한국의 직업전망'에서 293개 직업을 다음과 같은 7개의 지표로 나누어 각 지표에 대해 각광받을 직업의 순위를 제시하고 있다(표 4-3참조). 그리고 [그림 4-1]은 이들 7개의 지표를 종합한 '10년 후의 종합 직업전망지표 상·하위 20개 직업'이다.

이러한 직업세계의 변화와 더불어 노동시장의 환경 또한 빠르게 달라지고 있다. 최근 들어 경쟁력 향상을 위한 시장경제논리, 구조조정, 다운사이징, 아웃소싱 등은 노동시장의 유연화를 가속시키고 있다. 따라서 많은 직장인이 실업자로 내몰리고 있고, 실업대책은 세계적으로 국가의 가장 핵심적 과제가 되고 있다. 평생직장은 사라지고, 우리나라 전체 임금근로자 중에서 34.2%가 비정규직이며, 이들 비정규직의 31%가 대졸 이상의 학력을 소유하고 있는 것으로 나타나고 있다(통계청, 2011b).

### 2) 청년들의 고민

취업은 대학생들 고민의 0순위이며, 청년실업은 우리 사회가 해결해야 하는 커다란 과제 중 하나다. 고교 졸업생의 대학진학률은 81.9%(2009년)로 세계 최고지만, 대졸자의 취업률(77.1%, 2008년)은 경제협력개발기구(OECD)회원국 가운데 최하 수준이다(한국직업능력개발원, 2010b). 이렇게 대졸자들의 취업 심각성은 대학 1학년부터 취업 준비(예: 영어 사교육, 각종 자격증 취득, 해외연수 등)에 매달리게 하고 있지만 이러한 스펙 쌓기 열풍은 취업에 그다지 유효한 결과로 나타나지 못하고 있다(김안국 등, 2010).

청년기는 자아정체감이 형성되는 중요한 발달적 시기로 진로를 탐색하고 취업하는 일은 자아정체감 형성에 핵심적 역할을 한다. 정부차원에서 일자리 만들기는 물론이고 대학 차원에서도 학생들이 취업에 대비할 수 있는 합리적이고도 체계적인 진로지도를 통해 청년실업의 위기에 대응해야 할 것이다.

〈표 4-1〉 최근 출현한 업종

| 분류 | 신생업종 |
|---|---|
| 농업, 임업 및 어업 | ○ 전자동화 농업(정밀농업), 웰빙식품·전문 식재료 |
| 도매 및 소매 | ○ 애견소품판매(애견악세사리), 특화작물 전문유통사 |
| 출판, 영상 정보서비스업 | ○ 1인출판사, 3D 모델링, 랜더링 디자인, 3D 영사관련 업종, 3D 촬영스킬 및 재편집, 4D 디자인, 디지털 멀티미디어 효과편집, 소셜 네트워킹 사업, 모바일 보안, 모바일 APP계발, 작가메니지먼트 |
| 금융, 보험 | ○ 금융상품종합판매업, 부동산펀드판매, 투자자문사 |
| 부동산, 임대 | ○ 부동산신탁업, 부동산 경·공매 건설팅, 부동산개발업 |
| 사업시설, 사업지원 | ○ 인사노무관리대행, 급여회계관리대행, 창업아이템제공, 병원컨설팅, 예배 컨설팅, 고객매니지먼트, 위탁택배원, 국제회의기획업(PCO; Professional Conference Organizer) 현지관리회사(DMC; Destination Marketing Company), 국제회의 연사 섭외업체(Speakers Bureau), 인테리어디자인컨설팅, 뮤직컨설팅, 캐드제작대행업, 행사 & 이벤트컨설팅 |
| 교육서비스 | ○ 해외전기안전교육, 아동스포츠교육, 창업교육 |
| 보건 및 사회복지 | ○ 감각통합치료, 부부 상담 및 치료, 성 상담 및 치료, 동물줄기세포배양은행, 재활트레이닝<br>○ 건강다이어트 |
| 예술, 스포츠, 여가 | ○ 스포츠 클리닉, 실버레크레이션, 스포츠 마케팅, 애견스파, 코스프레수주샵, 파티 이벤트사 |
| 협회, 수리, 개인서비스 | ○ 신경심리평가, 청소년 진로 상담, 차량외관관리업체, 웨딩컨설팅, 장례의전대행, 이미지메이킹, 커리어 코칭 |

* 출처: 직업전망지표조사(2010)의 조사결과.

〈표 4-2〉 최근 출현한 직업

| 분류 | 신생직업 |
| --- | --- |
| 경영·회계·세무 관련직 | ○ 국제회의 전문 프로그래머, 리셉션코디네이터, 기술가치평가사, 기술거래사, 소셜 마케팅 전문가, 브랜드 매니저, 5E(가치공학) 전문가 |
| 금융·보험 관련직 | ○ 교차판매사, 스왑딜러, 채권법무관리사, 준법감시인, 펀드상담사, FX(외환) 트레이더, 보험평가사 |
| 교육 및 자연과학·사회과학 연구 관련직 | ○ 교육상담사, 전문상담교사, 이중언어강사(교사), 노인건강체육지도자, 미술강사, 아동요리지도자, 장례지도사, 특수체육지도자, 실버댄스 강사, 학생전문관리자, 숲해설가, 운동생리학연구원, 교통사고 분석사, 임상연구 데이터 매니저 |
| 보건·의료 관련직 | ○ 감각통합치료사, 건강심리전문가, 검안사, 노인전문작업치료사, 동물매개 치료도우미, 범죄심리전문가, 병원코디네이터, 보건교육사, 시기능훈련사, 식이요법 지도사, 심리운동치료사, 원예치료사, 음악치료사, 의공기사, 의료사회사업사, 임상 초음파사, 장기이식 코디네이터, 중독심리전문가, 의료관광코디네이터, 의료통역코디네이터, 건강가정사, 연극치료사, 웃음치료사, 독서치료사, 미술치료사 |
| 사회복지 및 종교 과련직 | ○ 다문화 가정 전담 교사, 라이프코치, 범죄심리사, 사이버상담원, 학부모 상담사, 템플스테이 교육자 |
| 문화·예술·디자인 관련직 | ○ 3D 디렉터, 게임 캐스터, 공공디자이너, 댄스 테라피스트, 도슨트, 디자인컨설턴드, 매직프로듀서, 보컬코치, 색채코디네이터, 세트디자이너, 스포츠 캐스터, 아트 컨설턴트, 아트딜러, 아트워크 매니저, 영상 예술전략전문가, 의료통역사, 저작권PD, 전시코디네이터, 전시테크니션, 주얼리코디네이터, 칼라 코디네이터, 갤리크래퍼, 테마파크 코디네이터, 패션 스타일리스트, 페인팅 아티스트, e북 컨텐츠 기획자, 스토리 기획자, 아트 컨설턴트, 멀티미디어소스디자이너, 키즈파티플레너, 연예인 에이전트, 스포츠영상 분석가 |
| 영업 및 판매 관련직 | ○ 공정무역 전문가, 그린에너지 기술영업원, 유통판매컨설턴트 |
| 미용·숙박·여행·오락·스포츠 관련직 | ○ 애견코디네이터, 애견수의간호사, 애견스타일리스트, 애견교사, 투어플래너, 뷰티 디렉터, 웨딩플래너, 샵매니저, 수의테크니션, 동물관리사, 수의 간호사, 애견간호사, 수의 테크니션, 동물행동 컨설턴트, 동물안내 해설사 |

| 분류 | 신생직업 |
|---|---|
| 음식 서비스 관련직 | ㅇ 믹솔리지스트(칵테일전문가), 바리스타(Barista), 사케소믈리에, 전통주 소믈리에, 티 소믈리에, 푸드스타일리스트, 푸드코디네이터, 푸드아트 테라피스트, 실버조리사, 식품코디네이터, 외식산업경영컨설턴트 |
| 정보통신 관련직 | ㅇ 모바일 컨설턴트, 케뮤니티담당자, SNS 홍보전문가, 온라인 홍보전문가, 전문 리뷰어 |
| 농림어업 관련직 | ㅇ 시설채소 관리인, 어업생산조사감시원(인스팩터) |

* 출처: 직업전망지표조사(2010)의 조사결과.

〈표 4-3〉 10년 후 각광 받게 될 7가지 직업지표에 따른 직업의 순위

| 지표 | 각광받을 직업의 순위 |
|---|---|
| 수익 | 기업고위임원/자산운용가/치과의사/판검사, 증권 및 외환딜러/일반의사, 변리사/ 항공기정비원, 투자 및 신용분석가/항공기조종사, 보험 및 금융상품 개발자/선장 및 항해사, 도선사/석유, 가스 및 화학물 제조 관련 제어장치조작원/의회의원, 고위공무원 및 공공단체 임원/IT컨설턴트, 생명과학연구원, 컴퓨터보안전문가, 광고 및 홍보전문가 |
| 고용사정 | 간호사, 생명과학연구원/간병인, 응용소프트웨어개발자/ 자동조립라인 및 산업용로봇조작원, 텔레마케터, 광고 및 홍보전문가, 피부미용 및 체형관리사/식품공학기술자/웹 및 멀티미디어 디자이너, 선장 및 항해사, 도선사, 바텐더, 컴퓨터보안전문가, 기술영업원/ 조경기술자, 한식주방장 및 조리사, 물리 및 작업치료사, 전자공학기술자/고객상담 및 모니터요원, 재료공학기술자 |
| 고용안정성 | 판검사/경찰관/치과의사/항공기 객실 승무원, 일반의사/소방관/소년보호관 및 교도관, 변호사/초등학교교사, 재료공학기술자/인사 및 노사관련 전문가, 항공기 정비원, 철도 및 전동차 기관사, 약사 및 한약사, 기계공학기술자/변리사, 간호사, 전자공학지술자, 선장 및 항해사, 도선사/생명과학연구원 |

| 지표 | 각광받을 직업의 순위 |
|---|---|
| 발전가능성 | 투자 및 신용분석가/치과의사, IT컨설턴트/자산운용가, 일반의사/판검사/증권 및 외환딜러, 생명과학연구원, 변리사/경영 및 진단 전문가/기획 및 마케팅 사무원, 인사 및 노사관련전문가, 회계사, 컴퓨터보안전문가/변호사, 보험 및 금융상품개발자/광고 및 홍보전문가, 피부미용 및 체형관리사, 도시계획가/시스템소프트웨어개발자 |
| 근무여건 | 전자제품제조장치조작원/임상병리사/펄프, 종이제조 관련 조작원, 전기제품 제조장치조작원, 발전장치조작원/ 목재 펄프 종이가공관련 등급원 및 검사원, 종이제품제조 관련 조작원/텔레마케터, 초등학교교사, 철도기관차 및 전동차 정비원, 비파괴검사원/음료제조관련 조작원, 건설자재시험원, 화학물 및 화학제품 관련 검사원, 전기 전자부품 및 제품 조립 및 검사원, 석유, 가스 및 화학물제조 관련 제어장치 조작원, 전기설비조작원, 자동차 조립 및 검사원, 제분 및 도정 관련 조작원/상하수처리 관련 조작원 |
| 직업전문성 | 일반의사/치과의사/대학교수/판검사, 기업고위임원/변호사/한의사, 상담전문원 및 청소년지도사/생명과학연구원/자연과학연구원, 화가 및 조각가, 약사 및 한약사, 지휘자 작곡가 및 연주가/큐레이터 및 문화재 보존원, 감독 및 기술감독, 작가 및 관련전문가, 변리사/IT컨설턴트, 환경공학기술자, 응급구조사 |
| 고용평등성 | 대학교수/초등학교 교사/변리사, 치과의사/일반의사, 변호사, 판검사/약사 및 한약사, 한의사/지휘자 작곡가 및 연주가/작가 및 관련 전문가, 중고등학교 교사/큐레이터 및 문화재 보존원/공예원, 시민단체활동가, 교육관리자/인문과학 연구원, 생명과학연구원, 국악 및 전통예능인/번역가 |

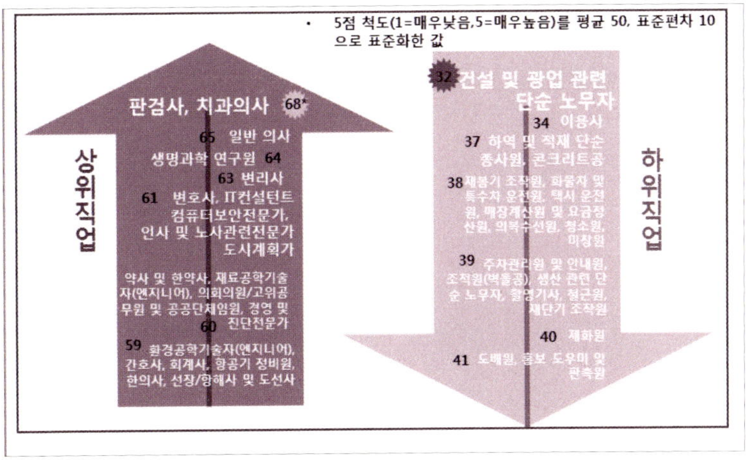


[그림 4-1] 10년 후의 종합 직업전망지표 상 · 하위 20개 직업

## 2. 진로발달이론

진로발달(career development)이란 각 개인이 자기가 설정한 진로목표에 접근·달성해 가는 과정이다. 진로발달 관련 이론을 간단히 표로 요약하면 <표 4-4>와 같다. 이들 이론 중 발달적 접근 이론(Ginzberg의 '진로초기 발달이론'과 Super의 '진로 자기개념이론'), Holland의 '성격이론', Tiedman과 O'Hara의 '의사결정이론', Blau와 Krumbolts의 '사회이론'에 대해 좀 더 살펴볼 것이다.

〈표 4-4〉 진로발달이론들

| 이론들 | 주창자 | 내 용 |
|---|---|---|
| 특성요인 이론 | Parsons, Williamson | 과학적인 측정방법(예: 검사, 관찰, 면담 등)을 통해 개인의 제 특성을 식별하여 직업특성에 연결시켜 직업을 선택 |
| 욕구이론 | Roe | 욕구와 직업선택 행동의 관계에 초점을 품. 직업의 선택은 부모-자녀 관계 속에서 형성된 개인의 욕구구조로 결정<br>〈예1: 친근한 부모-자녀관계〉<br>사람들과 접촉을 통한 욕구충족방식을 배우게 되어 인간지향적인 성격을 지님. 그리하여 직업도 인간지향적인 직업을 선택함(예: 서비스, 비즈니스직, 단체직, 문화직, 예술직)<br>〈예2: 냉담한 부모-자녀관계〉<br>문제발생시 부모나 주위 사람의 도움을 청하지 않고 접촉이 개재되지 않는 다른 수단을 통해 해결하는 방법을 터득함. 그리하여 비인간 지향적인 직업을 선택함(예: 기술직, 옥외 활동직, 과학직) |
| 발달적 접근 이론 | Ginzberg, Super | Ginzberg는 아동기부터 청년기까지 세 가지 진로단계, 즉 환상적 단계, 시험적 단계, 현실적 단계를 거친다고 제안함<br>Super는 진로선택에서 직업적 자기개념이 중심적인 역할을 하게 되며, 이는 평생에 걸쳐 이루어짐 |
| 성격이론 | Holland | 진로발달은 개인의 성격유형과 직업환경의 조화로 이루어짐. 성격유형과 직업환경을 조화시킨 여섯 가지 유형의 성격-직업유형(실제적, 탐구적, 예술적, 사회적, 기업가, 관습적 유형)을 구분 |
| 의사결정 이론 | Tiedman, O'Hara | Tiedman과 O'Hara에게 진로발달이란 직업정체감(vocational identity)을 형성해 가는 연속적인 과정임. 즉 진로발달을 진학, 취업, 직업전환 등의 연속적 사건으로 보고, 이들 사건에는 개인의 이해와 의지에 의한 의사결정 행위가 따른다는 것을 기본 전제로 함 |
| 사회이론 | Blau, Krumbolts | 사회문화의 심리적 환경이 직업선택 및 발달에 영향을 미침.<br>〈예〉 부모의 직업·수입·교육정도·가치관, 거주지, 자녀에 대한 부모의 기대, 학업성취도, 동료 및 교사와의 관계, 개인이 속한 지역사회에서 주로 하는 일, 압력집단으로서의 부모·교사·동료, 역할 지각 등 |

### 1) Ginzberg와 Super의 발달적 접근 이론

Ginzberg의 '진로초기 발달이론'에 따르면, 사람들은 아동기부터 청년기까지 세 가지 진로단계를 거친다고 제안한다. 그의 세 가지 진로단계, 즉 환상적 단계(fantasy state), 시험적 단계(tentative stage), 현실적 단계(realistic stage)는 초중고 학생을 대상으로 한 진로지도의 내용을 참고하는데 시사점을 제공한다(표 4-5 참조).

Super의 '진로 자기개념이론'에서는 자기개념이 진로선택에서 중심적인 역할을 하게 되므로 사람들은 자기개념과 일치하는 직업을 선택하는 경향이 있다고 제안한다. 진로지도는 자기개념의 계발과 함께 능력과 흥미의 자극 및 현실이해를 도와줌으로 가능하다고 강조한다. 그는 또한 진로성숙(career maturity), 즉 개인의 연령 수준에 적합한 발달과업의 수행준비도가 진로계획, 진로탐색, 진로결정의 원칙, 직업에 대한 지식 등을 평가하는데 주요영향 변인으로 본다.

Super의 진로발달 단계는 개인의 특성, 능력, 환경의 차이로 인해 개인마다 직업의 수준과 종사기간이 다소 다를 수 있으나 평생에 걸쳐 구체화단계(crystallization phase), 명료화 단계(specification phase), 실행 단계(implementation phase), 안정화 단계(stabilization phase), 공고화 단계(consolidation phase)를 따른다고 본다(표 4-5 참조). 우리나라 대학생들은 대학입시나 군복무로 인해 대체적으로 구체화· 명료화· 실행 단계에 걸쳐 진로발달이 이루어진다고 보면 될 것이다(곽금주, 2010; Santrock, 1999).

〈표 4-5〉 Ginzberg와 Super의 진로발달단계

| 이론 | 단계 | 연령 | 내 용 |
|---|---|---|---|
| Ginzberg 이론 | 환상적 단계 | ~11세 | 대통령, 과학자, 운동선수, 우주인, 가수 등 현실감 없는 진로를 꿈꾸는 시기 |
| | 시험적 단계 | 11~17세 | 자신의 흥미, 능력, 가치 등에 대한 평가와 그에 따른 현실적인 가능성을 시험하는 시기 |
| | 현실적 단계 | 17~18세 | 자신에게 가능한 진로들을 광범위하게 탐색한 후, 특정 진로를 집중적으로 고려하여 그것과 관련된 구체적인 직업을 선택하는 시기 |
| Super 이론 | 구체화 단계 | 14~18세 | 자기개념과 가장 잘 어울리는 진로에 대해 생각하는 시기 |
| | 명료화 단계 | 18~22세 | 진로의 범위를 축소하여 그 중 몇 가지를 실험적으로 경험해보는 시기 |
| | 실행 단계 | 22~25세 | 학교교육을 끝내고, 실제로 직업의 세계에 종사하는 시기 |
| | 안정화 단계 | 25~35세 | 자기개념에 가장 적합하며 전 생애에 걸쳐 지속할 수 있는 구체적인 진로를 선택하는 시기 |
| | 공고화 단계 | 35세~ | 자신이 선택한 진로에서 보다 높은 수준의 발전과 성취를 향해 노력하는 시기 |

### 2) Holland의 성격이론

Holland(1985)는 개인의 성격 특성에 잘 맞는 직업환경을 선택하면 가장 만족스럽고 성공적으로 직업세계에 적응한다고 본다. 즉, 진로발달을 위해 성격특성과 직업환경과의 조화로운 대응이 중요하다는 것이다. 그는 이러한 성격특성과 직업환경을 조화시켜 6가지 유형, 즉 실제적 유형(realistic type), 탐구적 유형(investigative type), 예술적 유형(artistic type), 사회적 유형(social type), 기업가 유형(enterprising type), 관습적 유형(conventional type)을 제시한다(표 4-6 참조).

〈표 4-6〉 Holland의 6가지 성격-직업 유형

| 성격-직업유형 | 성격 | 직업환경(적성) | 대표적인 직업 |
|---|---|---|---|
| 실제적 유형 (R) | 남성적, 솔직한, 성실한, 검소한, 건강한, 소박한, 지구력 있는, 말이 적고 냉정한, 구체적인, 실리적인, 비사교적인, 거친, 고집스러운, 직선적인, 단순한 | 기계적·운동적 능력 요구, 수공, 농업, 전기, 기술적인 능력 요구 (대인관계 능력이나 교육적 능력 부족) | 기술자, 조종사, 정비사, 농부, 운동선수 |
| 탐구적 유형 (I) | 탐구적, 논리적, 분석적, 합리적, 비판적, 정확, 지적, 신중한, 소극적, 내성적 | 학구적인 자부심, 수학적·과학적 능력과 연구 능력이 높을 것을 요구(지도력이나 설득력 부족) | 과학자, 인류학자, 의사 |
| 예술적 유형 (A) | 상상력과 감수성이 풍부한, 자유분방한, 직관적, 까다로운, 즉흥적, 독창적, 개성적 | 예술적 창조와 표현, 변화의 다양성 좋아할 것을 요구(사무적 기술이나 틀에 박힌 것은 싫어함), 모호하고, 자유롭고, 상징적인 활동을 좋아할 것을 요구(명쾌하고, 체계적이고, 구조화된 활동에는 흥미가 없음) | 예술가, 작가, 배우, 디자이너 |
| 사회적 유형 (S) | 사람을 좋아하고, 친절하고, 이해심 많은, 외향적, 협동적, 봉사적, 낙관적, 열정적 | 사회적 교육적 지도력과 대인관계능력을 요구(기계적 과학적 능력은 부족) | 사회복지사, 교육자, 간호사, 상담가, 종교지도자, 임상치료가 |
| 기업가 유형 (E) | 지배적이고, 지도력 있는, 말을 잘하고 설득력 있고, 경쟁적, 모험적, 과시적, 야심적, 외향적, 낙관적, 열성적 | 적극적, 사회적, 지도력 있고, 언어능력을 요구(과학적 능력 부족), 대안에 대해 설득하는 능력 요구(체계적인 능력 부족) | 기업경영인, 정치가, 영업사원, 생활설계사(보험), 연출가, 관리자 |
| 관습적 유형 (C) | 정확, 조심, 세밀, 계획적, 보수적, 절제, 관습적, 순응, 방어적, 질서정연, 상상력 없고, 완고, 검소, 책임감 강함 | 사무적이고 계산적이며 회계 정리 능력 요구(예술적, 상상적 능력은 부족), 체계적이고 정확성 요구(탐구적 독창적 능력 부족) | 공인회계사, 은행원, 경제분석가, 컴퓨터 프로그래머, 감사원, 법무사 |

Holland는 이들 성격-직업 유형을 다음 [그림 4-2]와 같이 육각형의 각 모서리에 배치한다. 그런데 어떤 사람도 육각형의 각 모서리에 배치한 성격-직업환경 6가지 유형들 중 어느 하나로 분류되기는 어렵다. Holland 이론에 근거한 홀랜드 검사 결과를 보면 흔히 2~3개의 유형에서 높은 점수를 받아서 조합(예: CA조합, RIC조합 등)으로 나타나는 경우가 많다.

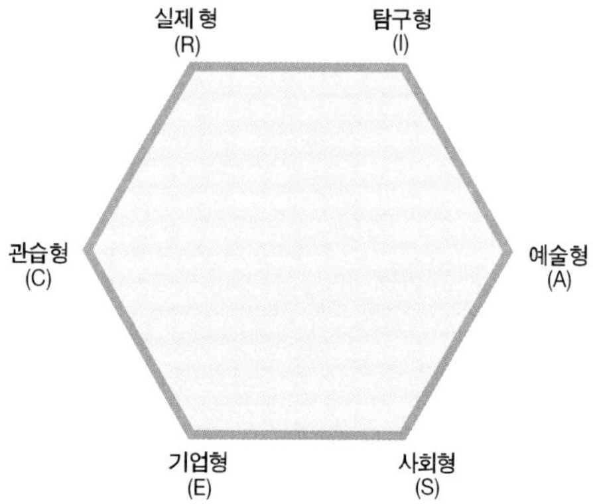


[그림 4-2] Holland의 6가지 성격-직업 유형

### 3) 의사결정이론

Tiedman과 O'Hara는 진로발달을 직업정체감(vocational identity)을 형성해 가는 연속적인 과정이며, 직업정체감의 형성에는 자아정체감이 중요한 기초요인이라 본다. 이러한 직업정체감 형성과정에는 개인의 진학, 취업, 직업전환 등의 진로발달의 연속적 사건 속에 개인의 이해와 의지를 필요로 하는 의사결정 행위가 따른다는 것을 기본 전제로 한다(김계현 외, 2009).

최근 직업정체감이란 용어보다는 진로정체감(career identity)이란 용어가 많이 사용되고 있다. 앞서 언급했듯이, 진로(career)가 '한 개인이 생애동안 일과 관련해서 경험하고 거쳐 가는 모든 체험들'을 뜻하고, 직업(vocation)을 '보수를 받는 것을 전제로 한 일'을 의미한다고 보면 진로 발달과 관련해서 직업정체감보다 상위의 개념인 진로정체감이 적절할 것이다. 이상길(2006)에 의하면, 진로정체감은 직업에 대한 자신의 목표, 흥미, 능력에 대한 명확하고 안정된 심상을 뜻한다. 이러한 진로정체감은 자신에 대한 이해와 이를 기반으로 직업세계에 대한 이해 및 정보 수집의 단계를 거쳐 형성되는데, 여기에는 합리적인 의사결정 또한 관련되고, 의사결정에는 자기 확신이 작용한다(강혜영, 2002). 진로정체감과 관련된 최근의 연구는 109쪽을 참고하기 바란다.

### 4) 사회이론

Blau, Krumbolts 등의 사회이론에 따르면, 사회문화의 심리적 환경이 진로선택 및 발달에 영향을 미친다. 예컨대, 부모의 직업·수입·교육 정도·가치관, 거주지, 자녀에 대한 부모의 기대, 학업성취도, 동료 및 교사와의 관계, 개인이 속한 지역사회에서 주로 하는 일, 압력집단으로서의 부모·교사·동료, 역할 지각 등이 진로의사결정에 결정적으로 중요한 역할을 한다는 것이다(김계현 외, 2009). 최근 들어 한국사회가 특정한 직업군(예: 공기업, 대기업, 교원 등)을 선호하는 것은 사회문화가 영향을 주는 현상이라 할 수 있을 것이다. 1997년과 2008년 경제위기로 인한 심각한 실업문제의 대두는 좋은 일자리란 이들 안정적인 직장이라는 인식이 사회 전반에 걸쳐 확산되어 있다.

## 3. 대학생의 진로와 직업

성인의 삶에 가장 많은 부분을 차지하는 것은 직업세계이다. 그만큼 직업선택은 중요하다. 대학생들이 직업에 대해 어떻게 생각하는지, 그리고 그들의 진로 및 직업의 탐색과 결정의 과정은 어떤지 살펴보도록 하자.

### 1) 직업의 요건

전통적으로 좋은 직업이란 높은 보수가 가장 중요한 요건이었다. Clark(1998)는 보수, 노동시간, 장래전망, 노동 강도, 직무 만족, 인간관계 등 6가지 변수, Ritter & Anker(2002)는 보수, 부가급여, 일의 성격, 자율과 독립성, 승진 가능성, 기술향상가능성 등 6개의 요인을 직업의 요건으로 들고 있다. 우리나라도 한상근(2010)이 '10년 후 한국의 직업전망'에서 수익, 고용사정, 고용안정성, 발전가능성, 근무여건, 직업전문성, 고용평등성 등 직업과 관련된 7개의 주요 측면이 지표로 포함되어있다. 이렇게 좋은 직업이란 생계유지를 위한 경제적 보수가 높고, 근무여건이 좋고, 장래 발전 가능성이 큰 직업이라 할 수 있을 것이다.

그런데 '10년 후 한국 직업전망'에 고용안정성이 지표로 포함된 것은 최근 들어 안정성이 좋은 직업의 핵심요건으로 떠오르고 있기 때문일 것이다. 권혜자(2010)는 우리나라 청년들이 선택하려고 하는 좋은 일자리란 상대적으로 임금 등 근로조건이 좋고 안정적으로 인식되는 대기업, 공공기관, 금융기관 같은 직장들이라고 보았고, 이들 세 영역에 취업하고자하는 대학생은 67.5%인 반면, 9.9%만이 중소기업 취업을 원하는 것으로 나타났다(한국고용정보원, 2010). 특히 공무원 시험 준비생은 좋은 직업의 기준으로 높은 임금이나 사회적 위세보다는 고용안정성과 노동 강도가 높지 않아 균형 잡힌 삶의 유지 가능성을 중시하고 있다(정연순, 2010). 이러한 최근 연구들을 통해 좋은 직업에 대한 개념이 사회적 변화와 맞물려 변화되고 있음을 알 수 있다.

〈표 4-7〉 직업의 요건

| Clark | Ritter & Anker | 한국의 직업 지표 |
|---|---|---|
| 보수<br>노동시간<br>장래전망<br>노동 강도<br>직무 만족<br>인간관계 | 보수<br>부가급여<br>일의 성격<br>자율과 독립성<br>승진 가능성<br>기술향상가능성 | 수익<br>고용사정<br>고용안정성<br>발전가능성<br>근무여건<br>직업전문성<br>고용평등성 |

### 2) 대학생의 진로 및 직업의 탐색과 결정

청년 개개인의 능력과 적성에 맞는 진로나 직업을 탐색해서 취업한다는 것은 학생 개개인의 차원은 물론이고 국가적인 차원에서도 매우 중요하다. 국가의 인적자원은 적재적소에 배치되어야 국가경쟁력이 향상될 수 있기 때문이다. 대학 청년들의 진로 및 직업 탐색과 결정을 위한 과정은 다음과 같다.

#### (1) 자신에 관한 이해

현대 과학의 발전은 직업세계의 변화를 가져오고 있다. 직업의 다양성과 전문성, 일 내용의 복잡성 등은 자신에게 가장 적합한 직업을 찾아서 성공적으로 직업생활을 영위하는 일을 어렵게 만들고 있다. 이러한 상황일수록 가장 우선적으로 자신에 대한 모든 것(능력, 적성, 성격, 욕구, 흥미, 경제적 여건, 직업포부, 가치관, 신체적 특성 등)에 대하여 충분하고도 정확하게 이해하는 것부터 시작되어야 할 것이다.

[그림 4-3]에서 볼 수 있듯이, 장혜정(2010)은 자신이 좋아하는 일, 잘하는 일, 가치 있는 일 등 세 가지 요건을 동시에 갖춘 일이라면 자신의 최고 직업이 될 수 있다고 지적한다. 공자의 말, 즉 '아는 것은 좋아하는 것만 못하고, 좋아하는 것은 즐기는 것만 못하다'(논어, 옹야편)고 했다. 어느 누구도 좋아하고 즐기면서 일 하는 사람을 당할 자가 없다. 좋아하고 즐기면서 하는 일은 스트레스를 이기는 힘 또한 제공한다. 게다가 좋아하는 일이 나의 능력을 발휘할 수 있는 일이고, 그리고 사회적으로 가치 있는 일이라면 이보다 더 좋은 직업은 없을 것이다.

진로 및 직업 탐색과 결정을 위해 내 자신을 객관적으로 이해하는 일은 인생의 꿈이나 목표를 세우는데도 핵심 근거가 된다. 나에 대한 이해를 기초로 설정한 내 인생의 꿈과 목표를 향해 대학생활을 하는 동안 꾸준히 정진(精進)해간다면 직업탐색과 결정의 과제는 그다지 어려운 일로 다가오지 않을 것이다.

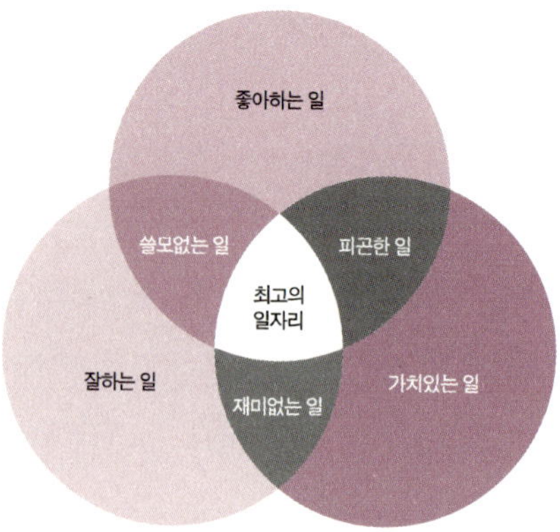


[그림 4-3] 최고의 직업 (장혜정, 2010)

### (2) 직업세계에 대한 이해

자신에게 맞는 직업을 찾는 작업 역시 쉽지 않다. 직업의 전문화와 고도화가 급속하게 진전됨에 따라 수많은 직업이 새로이 나타나기도 하고 사라지기도 하고, 직업마다 필요로 하는 자질, 작업조건, 경제적 조건, 사회적 지위, 직업에서 얻을 수 있는 만족감이나 성취감, 직업의 발전 가능성과 전망 등이 너무나 다양하기 때문이다. 오늘날 지식정보화 사회에서는 정보의 신속한 수집, 분석, 가공하여 적절하게 활용하는 능력은 고부가가치를 창출한다고 한다. 일과 직업의 세계에 대한 정보도 마찬가지이다.

진로관련 정보를 수집하는데 주요 원천은 고용주, 직업교육훈련기관, 정부기관(예: 한국 산업인력공단, 한국직업능력개발원, 한국고용정보원, 고용지원센터 등), 기업체, 사회단체, 직업종사자, 대중매체, 서적(예: 한국직업사전, 한국직업전망, 미국직업전망, 미래의 직업세계, 학과정보 등), 인터넷 등이다. 최근 진로정보를 얻는데 다음과 같은 인터넷을 많이 활용하고 있다.

- 워크넷(http://www.work.go.kr):노동부 고용관련 사이트로서 구직관련 정보를 얻을 수 있을 뿐만 아니라 원격직업상담, 직업심리검사, 해외 구인·구직 신청도 가능하다.
- 커리어넷(http://www.careernet.re.kr):초등 ~ 대학 및 성인에 이르기까지 학과 및 직업정보를 제공하며, 직업과 진로에 관한 심리검사를 통하여 구체적인 진로탐색이 가능하다.

이상과 같은 진로관련 정보의 수집을 통한 광범위한 탐색과정과 함께 특정 직업이나 직장에 대한 상세한 정보를 얻기 위한 집중적인 탐색 또한 필요하다. 기업체마다 독특한 기업 문화(예: 추구하는 기업 정신, 기업의 지향 방향과 목적 및 비전, 구체적인 기업목표와 인재상 등)가 있기 때문이다. 따라서 기업체 사이트에 들어가 직접 관련 정보를 얻거나, 기업체에 이미 근무하고 있는 사람으로부터 정보나 조언을 얻을 수 있을 것이다. 이때도 가능하다면 기업체 실무담당자와 접촉해서 보다 자세한 정보를 얻는 것이 유용할 수 있다. 이렇게 직업 세계를 보다 폭넓게 그리고 깊이 있게 이해하기 위해 자신의 노력으로 광범위한 진로관련 정보를 체계적으로 탐색하는 일은 이미 직업세계로의 진입에 성공적인 첫걸음을 내딛은 것이라 할 수 있을 것이다.

### (3) 합리적인 의사결정

앞서 언급된 자신에 대한 이해와 직업세계에 대한 정보를 가지고 어떤 진로와 직업을 선택할 것인지 의사결정을 해야 한다. 결정을 합리적으로 내리는 일 역시 쉬운 일이 아니다. 학생들은 자신도 모르는 편견, 부모의 요구, 친구의 권유, 또 다른 외적인 욕구에 의해 불합리한 결정을 내리는 경우가 많기 때문이다.

따라서 의사결정은 의사결정을 내리는 과정에 초점을 두어야지 그 결과에 집착하지 않아야 한다. 이는 자기 자신과 직업의 세계를 충분하고도 정확하게 이해한 것을 기초로 특정 진로와 직업을 선택·결정한다고 하더라도, 의사결정 과정에 개입된 또 다른 변수의 장단점까지도 심사숙고해야 한다는 것을 뜻한다. 예컨대, 의사결정을 내리는 과정에 혹시 친숙한 또래의 조언에 지나치게 의존하는 것은 아닌지, 자신의 무의식적인 동기나 충동적인 기질이 작용하는 것은 아닌지, 제한된 정보나 과거 경험에 국한되는 것은 않은지와 같은 질문을 던져보고, 이들이 어떤 긍정 혹은 부정적인 영향을 주고 있는지 꼼꼼히 점검해보는 치밀성이 필요하다. 의사결정 과정에는 비록 나와 친숙하지 않더라도 전문가로부터 얻는 정보가 유용할 수 있다. 만약 대학 차원에서 진로지도를 한다면, 이러한 진로 의사결정 과정에 초점을 둔 의사결정 기술을 증진시키는데 초점을 두어야 할 것이다.

### (4) 일과 직업에 대한 올바른 가치관 및 태도

청년들은 대개 자신에 대한 이해와 직업세계에 대한 이해, 중요한 전문가 의견 등을 종합적으로 고려하는 진로탐색의 과정을 거쳐 진로를 선택·결정하게 된다. 이 때 간과하기 쉬운 것이 바로 다음과 같은 일과 직업에 대한 올바른 가치관과 태도이다.

○ 일을 목적으로 하는 직업의식이 필요하다. 일이란 부(富)를 창조하는 원천이며, 일을 잘 하기 위해 노력하는 과정은 기쁨, 만족감, 자긍심 등을 가져다준다. 이렇게 일은 인간의 삶을 풍요롭고도 의미 있게 만든다. 그런데 우리 사회는 아직도 직업에 대해 일 자체를 최우선의 목적으로 여기기보다는 돈, 지위, 권력, 명예를 획득하는 수단으로 보는 경향이 짙다. 이는 일시적으로 자기 나름의 영달(榮達)을 가능하게 할 수는 있겠지만, 도덕적 해이(解弛)와 부정부패로 몰고 갈 위험이 있다. 사회지도층의 도덕적인 문제가 끊이지 않고 있음은 이를 말해 준다. 직업세계의 첫발을 내딛으려는 예비 직장인에게 일 자체를 최우선으로 하는 직업관은 그들이 가져야 할 기본 마인드일 것이다.

○ 일 자체에 대한 자신감과 열정이 필요하다. 일 자체에 대한 자신감

이란 일을 잘 수행할 수 있는 능력에 대한 자신감뿐만 아니라 어떤 어려운 일에 부딪치더라도 끝까지 잘 해낼 수 있다는 자신감을 말한다. 이러한 자신감의 자원은 일을 향한 열정에서 비롯될 수 있을 것이다.

○ 일을 중심으로 하는 협동적인 마인드가 필요하다. 직업의 세계에서는 경쟁심과 승부욕도 필요하지만, 일 자체를 중심으로 생각하는 협동적인 마인드가 무엇보다 강조된다. 효과적인 팀워크를 통해 일의 생산성을 도모할 수 있기 때문이다. 가령, 나만이 잘 할 수 있다는 독단적인 태도를 가진다면 결국 생산성 저하는 물론이고, 조직 내 대인관계에서 정서적 불편함이나 갈등을 겪을 수 있고, 심지어 직장생활 자체가 어려워질 수도 있다.

(5) 대학차원의 진로지도에 적극적 참여

오늘날 대다수 대학의 교육은 진리탐구라는 상아탑적 성격의 교육이라기보다 졸업 후 취업을 목적으로 하는 직업 교육적 성격이 강하다. 최근 들어 청년실업이 사회적 문제로 대두되면서 많은 대학들은 학생들의 진로지도에 많은 관심을 가지고 있다. 여태까지 진로지도를 받아본 적이 별로 없는 학생들로부터 자발적이고 적극적인 진로지도 참여를 유도하기 위해서는 그들의 진로에 대한 욕구를 적극 수용·반영하는 학생중심의 진로지도 방안이 필요하다. 진로지도의 내용, 적절한 시기와 회수, 강사초빙 등에 대한 학생들의 의견을 최대한 수렴해서 학생의 참여와 호응을 이끌어내야 한다는 것이다.

대학차원 혹은 학과차원의 진로 지도(예: 진로설계 세미나, 진로 관련 행사 등)외에 전공 학과 과목이나 교양 과목의 강의를 통한 진로지도, 전공 지도교수에 의한 진로탐색 프로그램 운영 등도 진로 및 직업 탐색에 유용할 것이다.

이상에서 제시한 지신에 대한 이해, 직업세계에 대한 이해, 합리적인 의사 결정, 일과 직업에 대한 올바른 가치관과 태도, 대학차원의 진로지도에 적극적 참여 등은 진로와 직업을 탐색하고 결정하는 과정에서 체계적으로 검토되어야 하는 요소일 것이다.

## 4. 대학생의 진로발달과 진로결정

진로발달이란 각 개인이 자기가 설정한 진로목표에 접근·달성해 가는 과정, 다시 말해 자기 확신에 의한 의사결정행위를 전제로 한 진로정체감을 형성해가는 과정을 말한다. 여기서 진로정체감이란, 앞서 언급했듯이, 직업에 대한 자신의 목표, 흥미, 능력에 대한 명확하고 안정된 심상을 갖추고 있는가를 의미한다(이상길, 2006). 우리 대학생 청년들의 진로발달과 진로결정 유형에 대한 연구를 소개하면 다음과 같다.

### 1) 대학생의 진로발달 지체

박동열과 김대영(2006)의 '대학생 직업의식에 관한 실태'조사에 의하면, 요즘 대학생들의 진로발달지체 현상은 자신의 합리적인 진로결정능력의 부족(33.9%)과 결정한 진로에 대한 자신감 부족(29.6%)을 들고 있다. 합리적인 의사결정능력의 부족은 의사결정을 내려야 하는 과정이 중요함에도 불구하고 이를  대학생들이 간과한다는 것을 말한다. 그리고 결정한 진로에 대한 자신감 부족은 자신과 직업에 대해 충분히 이해하고 이를 기반으로 해서 진로결정을 내려야 하는데 이에 대해 큰 고민없이 결정을 내린다는 것을 뜻한다.

### 2) 대학생의 진로결정 유형

최근 장선철(2004)은 '진로결정지위 모델'(Jones & Chenery, 1980)에 근거하여 한국 대학생의 진로결정 상황을 분석하여 진로결정 유형을 추출하였다. 결정 수준과 편안(혹은 불편)수준에 따라 결정-이상형, 결정-회피형, 결정-강박형, 미결정-혼동형으로 구분하였다. 한국 대학생들의 진로결정 유형은 결정-강박형(37.0%), 결정-회피형(26.8%), 결정-이상형(21.1%), 미결정-혼동형(15.2%)의 순으로 나타났다. 그 내용을 간단히 표로 요약하면 다음과 같다.

〈표 4-8〉 진로결정 유형

| 진로결정 유형 | 내 용 |
|---|---|
| 결정-이상형 | 진로에 대한 자기의 생각이 분명해서 확고하게 진로를 결정하였고, 자기의 진로결정에 대해 평안한 상태임. 하지만 진로를 결정했더라도 사회 환경에 적응하기 위해 탐색을 계속하고, 다양한 분야에 관심을 가지고 있음 |
| 결정-회피형 | 진로결정은 했지만 그 결정으로 마음이 불편함. 자신(예: 적성, 능력, 흥미, 강점과 약점 등)과 직업(업무에 필요한 자질, 작업조건, 보수, 미래의 전망 등)에 대한 이해를 하고 있으나 진로선택과 결정의 중요성에 대해 인식이 부족함. 장래 진로 문제에 대한 깊은 고민을 하지 않고 진로결정의 수준이 깊지 않음. 나를 대신한 누군가가 진로를 확실하게 결정해 주길 바라고 회피함 |
| 결정-강박형 | 진로결정은 했지만 그 결정으로 마음이 가장 불편함. 결정-회피형과의 차이점은 진로결정을 중요하게 생각하고 독립적으로 진로를 결정할 수 있으나 자신과 직업에 대한 이해가 부족함. 진로결정 욕구와 독립성이 심리적 불안을 초래하여 조급하게 진로를 결정하였지만 그로 인해 시간이 흐를수록 불편감이 증대함 |

| 진로결정 유형 | 내 용 |
|---|---|
| 미결정 - 혼동형 | 진로결정에 대해 높은 수준의 불편을 경험함. 직업과 진로의 중요성과 그 선택의 필요성을 공감하지만 진로결정에 대한 부담을 느낌. 자기이해나 직업세계에 대한 이해가 아주 부족함. 독립적인 의사결정 경험의 부족으로 만성적인 우유부단한 상태임 |

이상의 진로발달과 진로결정은 대학생활의 적응과도 상관이 있다. 즉 진로발달과 진로결정 수준이 높은 학생들은 학업 관련 적응, 타인과의 사회적 상호작용, 심리적 안정, 신체적 건강과 긍정적인 상관이 있는 것으로 나타났다(장경문, 2005; 황매향, 박혜영, 2005).

[Box 4-1] 공무원 시험 준비생의 진로발달 과정

공무원은 청년들이 취업을 준비하는 영역에서 1위를 차지한다(통계청, 2009). 공무원 시험 준비생들은 진로 선택과정에서 자기 탐색과 직업 세계에 대한 탐색을 거의 하지 않고 있으며, 대학입시준비->취업 시험 준비->또 다른 자격증 준비로 이어지는 시험 준비가 진로발달 과정의 대부분을 차지한다. 이들은 좋은 직업을 택하기 위해 각자 자기의 독특한 특성에 따른 다양성을 추구하는 대신 공무원과 같은 특정 일자리에의 진입이라는 동일한 목표로 나아감으로써 '사회적 동형화'현상을 띠고 있다. 즉, 대학전공, 경력, 개인적 관심사가 서로 다른 데도 불구하고, 이들이 선택하고 설계한 진로는 결국 개인의 차이를 반영하지 못하고 특정한 직업과 그 준비로 동형화 되고 있다는 것이다. 이와 유사한 진로발달 과정은 대기업 시험 준비를 위해 취업을 유예하고 있는 청년들에게도 해당될 것이다.

출처: 정연순(2010)

## 5. 대학생의 인턴십 및 직업경험

### 1) 대학생의 직업(아르바이트) 경험

대학생의 직업경험에서 직업이란 보통 일자리(혹은 아르바이트, 알바)를 뜻한다. 한국직업능력개발원(2010a)이 대학생(2년제 및 4년제 대학생)을 대상으로 실시한 알바 경험 여부, 경험한 직업 종류, 일자리 형태, 근로시간 형태, 소득, 근로 시간, 일자리 그만 둔 이유 등에 대한 실태조사를 제시하면 <표 4-9>와 같다.

〈표 4-9〉 대학생 아르바이트 실태

| 조사항목 | 조사내용 |
|---|---|
| 1년 동안 ('07.7월~'08. 6월) 알바 경험 여부 | 24.3%(2년제), 19.2%(4년제)가 알바 경험이 있음 |
| 가장 오랜 기간 동안 일했던 알바의 해당 직업 | -1순위 '음식 서비스 관련직'에서 38.0%(2년제), 36.5%(4년제)<br>-2순위 '영업 및 판매 관련직'에서 33.0(2년제), 22.3%(4년제)<br>-4년제 대학생이 2년제 대학생에 비해 매우 많은 비중을 보인 직업: '교육 및 자연과학 · 사회과학 연구 관련직'(2년제 1.0%, 4년제 14.2%), '경영 · 회계 · 사무 관련직'(2년제 1.9%, 4년제 12.1%) |
| 가장 오랜 기간 동안 일했던 첫 번째 일자리의 형태 | 4년제와 2년제의 별 차이 없이 임시직(약73%), 일용직(약17%), 상용직(약10%) 순서임 |
| 가장 오랜 기간 동안 일했던 첫 번째 일자리의 근로시간 형태(전일제 혹은 시간제) | 시간제가 75.3%(2년제), 78.1%(4년제)로 전일제보다 많음 |
| 가장 오랜 기간 동안 일했던 첫 번째 일자리의 월 평균 소득 | 50만원~100만원 미만(2년제 51.5%, 4년제 44.4%), 0~50만원 미만 (2년제 30.3%, 4년제 35.5%)의 순서임 |

| 조사항목 | 조사내용 |
| --- | --- |
| 가장 오랜 기간 동안 일했던 첫 번째 일자리의 일주일 총 근로시간 | 전체 대학생 평균 33~40시간 수준임 |
| 가장 오랜 기간 동안 일했던 첫 번째 일자리를 그만 둔 이유 | 대학생 전체가 '공부를 계속하기 위해서'가 과반수 정도 차지함 |

### 2) 대학생의 인턴십

최근 전 세계적으로 청년 실업이 사회적 문제로 대두되면서 학교에서 직업세계로 이행하기 위한 매개 역할을 하는 대학생의 인턴십 과정에 대한 관심이 높아지고 있다. 인턴십(internship)이란 재학 중인 학생이 전공과 관련하여 일정 기간 실제 업무를 체험하는 것을 말한다. 이는 마치 사범대 예비교사 대학생들이 중고교 학교에서 한 달~한 학기에 걸쳐 학생을 가르치고 학교 행정 업무를 실제로 수행해봄으로써 장차 훌륭한 교사 역할을 해내기 위한 준비과정을 거치는 것과 같다.

인턴십은 기업체와 학생 모두에게 긍정적인 역할을 하는 것으로 알려져 있다. 학생들에게는 기업에서 실제적인 업무 경험을 통해 학교에서 배운 이론을 실제에 적용할 수 있는 기회, 직업세계의 문화에 대한 이해, 자신의 직업 적성에 대한 재검토, 졸업 후 취업을 위한 기간 단축 등의 기회를 가져 차후 직장인으로서의 이행에 큰 도움을 얻을 수 있다. 기업 측에서도 유능한 인력을 예비적으로 확보할 수 있고, 상당한 기간이 소요되는 신입 사원의 기업 연수기간을 축소시킬 수 있다는 점에서 이점이 있다.

인턴사원을 경험한 사람(2006년)이 다음해(2007년) 정규직 진입 확률과 임금효과를 다른 비정규직 근로형태를 가진 사람과 비교한 결과는 다음 [Box 4-2]와 같다(이상준, 김미란, 2010).

[Box 4-2] 인턴제 근로자의 노동시장 이행

- 인턴사원의 정규직 진입효과는 다른 비정규직 집단에 비해 17.1% 더 높다. 생애 첫 직장을 인턴사원으로 경험한 사람이 그 다음해 까지 정규직으로 생존할 확률은 남성은 70%이상, 여성은 60~70%이다.
- 정규직 진입 후 임금변화의 경우 인턴 경험자는 다른 비정규직 경험자에 비해 12.9% 정도 임금증가 효과가 있고, 특히 인턴 근로를 공공부문 정부 공사에서 경험한 사람에 비해 민간 기업에서 경험한 사람일수록 정규직 진입과 임금에서 유리하다.
- 인턴경험은 남자의 경우 노동시장에서 전공 직무일치도가 높은 일자리를 찾아가는 데는 긍정적 영향을 주지만 재직 중 구직 탐색 확률을 낮추는 데는 매우 제한적인 효과만 있다.

## 6. 대졸자 청년 노동시장 이행

우리나라 대졸 청년의 노동시장 이행의 문제는 대졸 청년의 공급과잉에서 비롯된다고 볼 수 있다. 따라서 과거에 비해 대학학력이 노동시장 이행에 큰 메리트가 될 수 없어 많은 학생들은 학교공부 외에 스펙 쌓기에 돈과 시간을 투자하고 있는 것이 현실이다. 김안국 등(2010)에 따르면, 대학교 2~4학년 학생들의 25%가 1년간 취업을 위한 사교육을 경험하고, 이에 소요되는 비용은 평균 98만원이며, 시간은 주당 6.4시간을 보낸다고 한다. 그러나 이러한 대학생의 스펙 쌓기에도 불구하고 이는 노동시장 이행에 그다지 유효한 성과를 거두지 못하고, 오히려 노동시장 이행의 성공요인은 전통적인 인적자본의 요소들로 나타나고 있다. 즉 대학의 수준, 전공, 대학의 성적 등과 같은 인적자본 요소들이 취업, 안정적인 일자리, 고임금 일자리의 획득에 가장 일관적이면서 중심적 역할을 하고 있다.

취업의 어려움으로 인해 학생들이 또한 대학을 졸업하가니 중퇴하고 다시 전문대나 폴리텍으로 재입학하는 경우도 있다. 최근 폴리텍대학의 기능사과정으로 들어가는 학생들의 수가 2,532명(2008년), 2,686명(2009년), 2,850(2010년)으로 해마다 늘고 있고, 이는 폴리텍대학의 기능사과정 전체 정원의 42%(2008년), 46%(2009년), 48%(2010년)을 차지하는 것으로 나타나고 있으며, 이들 재입학한 학생들이 상당히 만족하는 것으로 보고한다. 이는 중고교에서의 직업관련 진로선택에 대한 교육의 강화가 필요하다는 것을 의미하고, 대학교육의 현장성, 즉 산업에 필요한 숙련된 졸업생 배출에 노력을 기울이라는 것이다.

대학졸업자의 노동시장 이행의 심각성은 국내외 일자리 창출도 필요하지만 대학교육의 변혁도 필요하다. 인적자본의 요소들, 즉 대학의 수준, 전공, 대학의 성적 등이 노동시장 이행의 성공요인이라면 전공별 충분한 인적자본의 축적이 이루어질 수 있도록 대학교육의 질을 제고해야 하고, 대학의 학력이 노동시장에서의 능력을 보여줄 수 있는 현장 교육도 강화해야 할 것이다(김안국 외, 2010). 대학졸업자의 노동시장 이행에 관한 좀 더 상세한 내용은 [Box 4-3]를 참고하기 바란다. 이와 같은 맥락에서 종업원 100명 이상 사업장 1656곳을 대상으로 한 2011년 상반기 신규인력 수요 실태조사에 의하면, 알바나 인턴과 같은 현장 경험을 쌓은 구직자들을 기업들은 선호한다고 보고 한다(한국고용정보원, 2011, 2. 21).

> **[Box 4-3] 대졸자 청년 노동시장 이행**
>
> 다음 내용은 김안국, 이영대, 한상근, 유한구, 장수명(2010)의 『대졸자의 노동시장 이행 연구』에서 발췌 · 요약한 것이다.
>
> **(1) 심각한 대졸 청년 고용문제**
>
> 2009년 OECD 국가의 평균 청년고용률은 40%인데, 우리나라의 청년고용률은 23%로 크게 낮고, 이들 우리 청년들의 다수는 대졸자들이어서 문제가 더욱 심각하다. 이에 일자리와 이들 대졸 청년들의 눈높이 간의 미시매치(mismatch)가 문제되고 있다. 즉 대졸자의 구직난과 중소기업의 구인난이 함께 존재하면서 대졸청년의 하향취업과 더불어 전공직종 불일치의 문제가 발생한다는 것이다.
>
> 남녀 대졸 청년의 과잉공급 현상은 2003년부터 나타나 2009년에 이르면 대졸 청년의 10% 정도는 하향취업을 하고 있는 것으로 나타난다. 청년층의 학력은 높아졌지만 학력이 높은 청년들이 원하는 일자리는 정체되었거나 줄고 있다. 이에 대졸 청년층의 취업애로가 저학력 청년의 취업애로보다 더 커서, 2009년에는 취업애로층에 있는 대졸 청년은 20%나 되는 것으로 나타났다. 그리고 주관적으로 판단하는 전공과 직무의 일치, 객관적으로 파악된 전공과 직무의 일치 모두 낮은 것으로 나타나, 약 40% 이상이 전공과 직종이 일치하지 않으며, 전공이 필요 없는 직종에 종사하는 경우도 7%나 된다. 계열별로 전공과 직종일치를 보면 사회계열(79%), 의학계열(77%), 교육계열(62%), 공학계열(62%)로 비교적 높지만 인문계열(30%)과 자연계열(31%)은 낮은 전공직종일치를 보이고 있다.

### (2) 대학생의 스펙 쌓기(취업 사교육 및 기타 취업준비활동)와 그 결과

① 대학생의 스펙 쌓기

전체적으로 우리나라 전문대학 학생의 20%, 4년제 대학 학생의 28%가 취업이나 창업을 목적으로 한 사교육을 받고 있으며, 그 의존도는 여성이나 인문사회계열에서 높으며, 이는 취업에 불리한 계층이 사교육에 더 의존하는 것을 의미한다.

취업준비 사교육비의 연간 지출액은 전문대생의 경우 약 92만 원, 4년제 대학생의 경우 약 98만 원이다. 계열별로는 전문대학과 4년제 대학 모두 예체능 계열의 사교육비 지출이 가장 높고, 교육계열과 의약계열이 다른 계열에 비해 사교육비 지출이 낮다. 사교육의 내용으로는 영어와 자격증 취득이 많아 영어에 약 70만 원 정도를 지출하고, 자격증의 경우 전문대생은 약 68만 원, 4년제 대학생은 약 93만 원을 지출한다. 이러한 사교육비 부담은 대개 부모나 가족이 지는 것으로 나타난다.

사교육 이외의 취업을 위한 활동을 보면 무료취업사이트 가입, 학교취업지원서비스가 많다. 취업 준비의 정도에 대해서는 전문대학생의 경우 46%가 취업준비가 부족하다고 응답하고, 4년제 대학생의 경우 56%가 취업준비가 부족하다고 응답한다. 또한 취업준비활동에 소요되는 시간은 전문대학이 주당 4.7시간, 4년제 대학생이 주당 6.4시간이다. 이에 대비되는 스스로 하는 학과공부시간은 전문대생의 경우 7.9시간, 4년제 대학생의 경우 9.4시간이다. 해외연수의 비용으로 전문대생은 한해 406만 원, 4년제 대학생은 861만 원을 쓴다.

② 스펙 쌓기의 결과

대학생들이 적극적으로 취업준비활동을 하는 것은 보다 좋은 일자리로 이행하고자 하는 것이고 이러한 취업준비노력이 취업에 미치는 효과는 긍정적이다. 즉, 취업준비노력이 이행기간의 단축이나 첫 취업 확률, 괜찮은 일자리로의 입직, 임금효과에 모두 유의한 영향을 보이는 것으로 나타난다. 반면에 취업사교육의 효과는 이행기간의 단축에는 분명한 음의 효과를 보이고 있으며, 첫 취업 확률, 괜찮은 일자리로의 입직, 임금효과에는 모두 유의하지 않은 결과를 보이고 있다. 이는 취업사교육이 대졸 청년의 노동시장 이행에 거의 도움이 되지 않음을 의미하는 것으로, 현재의 취업사교육이 많은 현실에서 매우 큰 시사점을 나타낸다.

### (3) 대학졸업자의 직업관련 재교육 선택

대졸자의 진로는 첫째가 취업이다. 취업의 대안이나 전공심화를 위한 대학원 진학이 약 12%, 편입계획이 있는 전문대생 23%, 4년제 대학생 14%, 유학의 경우 4년제 대학생 6.5%, 전문대생 2.6%이며, 그리고 전문대학이나 폴리텍으로 유턴하는 것이다.

특히 2010년 폴리텍의 산업학사학위과정(2년제로 정규 전문대학과정과 동일함)으로 유턴한 경우는 749명이다. 폴리텍의 기능사과정(1년 혹은 6개월 과정)으로 유턴한 경우는 2,850명으로 입학정원의 48%가 되고 있어 매우 큰 비중이다. 그밖에 크로스오버(두 개 이상의 학문을 공부하거나 연구하는 것으로 기졸업자를 대상으로 함) 시범 운영학과의 대졸자 입학률은 평균 78%에 달하고 있다. 폴리텍에는 이외에도 인문계 대졸 미취업자 대상 맞춤훈련 과정도 운영되고 있다.

유턴한 폴리텍이나 전문대학에 대한 만족은 크게 높아 각각 73%, 63%였고, 선택한 학과에 대한 만족도도 크게 높아 각각 78%, 77%인 것으로 나타났다. 이들은 장래의 취업에 대한 구체적 계획이 있는 경우가 많아 취업하고자 하는 직장을 결정한 경우가 폴리텍은 53%, 전문대는 75%나 되었다. 그 직장에 취업하고자 하는 이유로는 장래성과 안정성이 주된 요인이다.

### (4) 대졸자 노동시장 이행성과의 전공계열별 차이

대졸 청년의 노동시장의 성과를 취업, 4대 보험 보장 일자리 취업, 월평균 임금으로 파악하면, 사회계열, 공학계열, 의약계열이 인문계열보다 취업이 잘되고 4대 보험일자리에 취업하고, 예체능계열은 4대 보험 일자리의 취업에서 인문계열보다 뒤진다. 4년제 대학의 경우 지방사립대에 비해 수도권대학의 취업성과가 높았고, 의학, 교육, 공학, 사회계열의 순으로 높은 임금을 받고 있다. 4년제 대학의 수준별 임금 차이는 매우 커서 서울 소재 사립대, 교육대학의 졸업생이 지방 사립대학교 졸업생보다 크게 높은 임금을 받는다. 성적은 4년제 대학의 경우 2006년과 2008년 모두 성적의 임금효과가 크고, 해외연수는 어학을 중심으로 하는 인문계열에서 중요하지만, 다른 전공에서는 대체로 의미 없는 것으로 나타났다.

결과적으로 대졸자 개인의 양질의 일자리 확보와 고임금의 획득은 전통적인 인적자본의 요소들이 가장 중요하다. 즉 대학의 수준, 전공, 대학의 성적 등이 취업, 안정적 일자리 확보, 고임금 획득에 가장 일관적이면서 중심적인 역할을 한다는 것이다. 이는 학생들이 대학의 수준과 전공계열 선택에 최대한 신중을 기할 것, 대학과 전공이 선택된 후에는 자신의 전공분야에서 최선을 다해서 학교교육에 충실할 것이 요구된다. 대학의 계열이 일자리 확보와 임금에 매우 중요하지만 대학 계열선택의 결정적인 요소는 고등학교 계열의 선택에 가장 큰 영향을 받지만 고등학교 선택과 계열선택은 중학교 성적에 의해 결정된다. 이에 중학교 3학년 또는 고등학교 1학년 초기의 집중적인 진로상담이 중요하다. 그리고 계열별 특성에 따른 보조적 인적자본축적 기제를 활용하는 것이 중요한데, 인문계열의 복수전공, 임용고시를 위한 사범계열 학생들의 시험 준비, 해외연수의 효과가 있는 전공의 해외연수 등이 그것이다.

### (5) 대졸자 노동시장 이행을 위한 정책방안

① 대학교육의 질적 제고와 구조조정

대졸 청년층 고용의 문제는 고학력화에 의한 공급 과잉에서 기인한다. 그동안 대학교육 이수자가 크게 늘어난 것은 고등교육 이수의 심리적 비용(스트레스)이 크지 않았다. 이에 대학교육의 정상화를 통한 심리비용의 제고에 의해서 대학 졸업생들이 제어될 필요가 있다. 즉, 대학교육을 받아도 충분히 인적자본 축적이 이루어지지 않는 학생들이 학교에서 퇴출되도록 하는 제도적 개선이 필요하다. 대학교육이 질적으로 제고되고, 대학생들의 심리적 비용이 커진다면, 개인들의 고등교육 선택도 줄어들 것이며, 전공을 살리는 취업이 이루어질 것이다. 결국 대학교육의 질을 제고하는 방향에서의 구조조정이 필요하다고 할 수 있다. 이는 정부의 적극적인 대학 구조조정의 개입을 의미한다.

② 대학생의 노동시장 이행의 성공요인들: 대학의 수준, 전공, 대학의 성적, 현장성

대학생들의 과잉공급은 대학학력의 무력화로 이어지게 됨에 따라 대학생들은 자신들을 나타낼 수 있는 학력 외의 소위 '스펙 쌓기'에 열중이다. 그렇지만 이러한 취업준비 사교육은 노동시장 이행에 그다지 유효한 성과를 거두지 못하고 있다. 오히려 노동시장 이행의 성공요인은 전통적인 인적자본의 요소들, 즉 대학의 수준, 전공, 대학의 성적 등이며, 이들이 취업, 안정적인 일자리, 고임금 일자리의 획득에 가장 일관적이면서 중심적 역할을 하고 있다. 이에 대학교육이 정상화되어 대학 교육만으로도 전공별 충분한 인적자본의 축적이 이루어질 수 있도록 해야 한다.

대학을 졸업하고 다시 전문대나 폴리텍으로 재입학하는 것은 대학에서의

교육이 산업에서 필요로 하는 숙련을 갖추는 데 기여하고 있지 못함을 의미한다. 이에 현장과 관련된 대학교육의 질적 제고를 위한 정책대안이 필요하다.

③ 대학생의 노동시장 이행의 긍정적 요인들: 대학의 체계화하고 내실화된 취업지원

대학생들의 취업준비노력은 노동시장 이행 및 성과에 긍정적인 영향을 미치고 있으며, 취업준비노력이 이를수록 그러한 영향력은 크다. 학교에서는 학생들의 취업을 위한 지원을 보다 체계화하고 내실화할 필요가 있다. 직업 및 취업진로와 관련되는 교과목을 신입생들에게 제공하여, 일찍부터 취업에 대한 목표를 세우고 그에 따른 준비를 할 수 있도록 해야 할 것이다. 이는 비효율적인 대학생들의 취업사교육을 줄이는 길이기도 하다. 대학은 취업지원을 진정성 있게 접근하기 위해 총장이나 학과교수들이 적극적으로 나서야 하며, 취업전담교수제를 확대하고 취업교과목과, 취업지원조직에 대한 투자를 늘려야 한다. 대학의 취업지원에 관한 정부의 정책은 보다 일관성을 갖추고 대학평가에서 취업과 관련된 요소들이 관철되도록 한다. 그리고 정부의 재정 지원 사업이 보다 합리적이고 효율적으로 집행될 수 있도록 예산집행의 가이드라인을 대폭 수정해야 한다.

④ 고등학교 및 중학 단계에서의 진로지도 강화

대학을 졸업하고 다시 전문대나 폴리텍으로 재입학한 학생들이 상당하게 만족한다는 것은 이들의 대학선택이 애초에 잘못되었음을 의미한다. 대학의 수준과 전공은 고등학교 계열에서 많이 결정되며, 고등학교 계열은 중학교 때 결정되기 때문에 중학교에서의 집중적인 진로상담이 필요하다. 직업 관련 진로의 선택에 대한 교육을 정규화하고 강화해야 한다. 학문을 통한 직업경로, 직접적인 직업경로 등의 설계를 중학교 단계에서 자신의 적성에 따라

수립하도록 하는 것이 필요하다.

⑤ 기업의 역할: 대기업-중소기업 상생의 관계 모색을 통한 청년고용 문제의 해결

우리나라의 경우 원청 대기업이 하청 중소기업에서 가치를 이전하여 렌트를 갖는 구조가 형성되어 있고, 이것이 중소기업의 발전에 원천적인 장애가 되고 있다. 이러한 가운데서 중소기업의 근무환경 또한 좋을 수 없고, 중소기업의 향후 전망도 밝지 않아 대졸 청년들이 원하는 괜찮은 일자리를 창출하지 못하고 있다. 중소기업에 원가를 보장하고 적정한 이윤을 보장하는 납품가격이 형성될 수 있도록 하는 공정거래시스템이 구축되어야 한다. 아울러 중소기업이 기술개발을 하고, 자체적인 발전을 할 수 있도록 대기업이 도와주지는 못하더라도 막지는 못하게 해야 한다. 이러한 대기업-중소기업 상생의 관계는 우리나라의 기업경쟁력을 제고할 뿐만 아니라 중소기업에서의 좋은 일자리를 창출하여 대졸 청년의 고용문제를 해결하는 데 근본적으로 기여할 것이다.

## 4장의 연습과제

1) 나의 진로와 나의 직업에 대한 탐색과 결정의 과정을 상세하게 적어 봅시다. 포함되어야 할 항목은 다음과 같다(4장 본문 참고 바람).

① 나에 대한 이해
② 직업세계에 대한 나의 이해
③ 나의 의사결정 과정
④ 일과 직업에 대한 나의 가치관과 태도
⑤ 대학차원의 진로지도에 대한 나의 요구사항

2) 친구들과 모둠(5명 내외)을 만들어 위 1)의 내용을 가지고 서로 이야기 나누도록 하자.

# 학업과 학습전략

대학생활의 핵심은 학업이다. 대부분의 학생들이 학업과 관련해서 부담을 많이 느끼고 고민도 많이 한다. 좋은 학점을 얻으려고 하지만 그리 만만치 않은 것이다. 이 장에서는 학업과 주된 관련성을 지닌 지능과 동기관련 연구를 소개하고, 21세기 효율적인 학습자란 어떤 학습자인지, 성공적인 학습을 위해 학습목표와 학습전략을 어떻게 짜야 하는지 살펴보도록 하자.

# 5장 학업과 학습전략

## 1. 지능과 학업

지능(intelligence)은 인간의 지적 능력을 나타내는 심리학적 개념이다. 지능에 대해서는 고대 그리스 시대 이후부터 지금까지 수많은 학자들이 많은 이론을 들어 설명해왔지만 아직도 지능의 개념에 대한 논쟁은 지속되고 있다. 이 장에서는 20세기 이후 상당한 진전을 이룬 지능에 대한 과학적 연구, 즉 전통적인 관점의 학문지능, 최근에 대두된 현대적인 관점의 다중지능· 성공지능· 감성지능· 창의지능, 그리고 지능검사와 학업성취를 중심으로 살펴보도록 하자.

### 1) 학문 지능

전통적 관점의 지능은 학교공부의 성공 여부를 상당히 정확하게 예언하는 언어와 논리-수학적 능력 위주의 학문지능을 말한다. 다시 말해, 전통적으로 지능이란 국어, 영어, 수학, 과학 등과 같은 주지 과목의 학업성적을 예언하는 데는 비교적 적절하다고 보기 때문에 이를 학문지능이라고 한다. 대표적인 전통 지능이론은 다음과 같다.

### (1) 일반지능

거의 모든 학습 영역에 걸쳐 존재하는 한 가지 일반 지능(general intelligence)이 있다(Spearman, 1927). 예컨대, 지능이 높으면 수학문제 계산, 문장 독해, 역사적 사건에 대한 설명, 수수께끼 문제 풀기 등 어떠한 것도 잘 한다는 것이다.

### (2) 기본정신능력

지능은 한 개의 일반 요인이 아닌 7개의 기본정신능력들(primary mental abilities)로 구성되어 있다(Thurstone, 1938). 이는 학생들의 학업 성취가 7개의 서로 다른 능력들, 즉 언어이해 요인, 단어유창성 요인, 추리요인, 공간시각화요인, 수리요인, 기억요인, 지각속도요인의 결합으로 이해될 수 있음을 보여준다. 현재 사용되고 있는 대부분의 지능검사는 이들 기본정신능력들을 기초로 제작되었다.

### (3) 지능구조의 모형

Guilford(1988)는 7가지 기본정신능력으로는 지능을 일차원적으로 설명하기 때문에 충분하지 못하다고 보고 3차원 지능구조모형(structure of intelligence model)을 제안했다. 이 지능구조는 발산적 사고(창의성), 평가와 같은 지능의 유형을 추가함으로써 지능에 대한 관점을 넓혀주었다.

### (4) 유동적 지능과 결정적 지능

이전에 지능을 연구한 경험적 연구방법에 비해 보다 발전된 요인분석 방법을 통해 지능이란 두개의 요인, 즉 유동적 지능과 결정적 지능으로 구성되어 있다고 제시되었다(Cattell, 1963). 유동적 지능은 뇌와 중추신경계의 성숙과 같은 유전적·생리적 영향에 의해 발달되는 지능을 말한다. 따라서 유동적 지능은 생리적 발달이 왕성한 청년기까지 발달하고 그 이후에는 점차 쇠퇴하게 된다. 유동적 지능의 예를 든다면 지각력, 기계적 암기, 일반적 추리력 등이다. 한편 결정적 지능은 가정환경, 교육정도, 직업 등과 같은 문화나 환경 혹은 경험의 영향에 의해 발달되는 지능을 말한다. 이는 유동적 지능과 달리 성인기 이후에도 양호한 환경의 영향을 받으면 계속 발달한다. 결정적 지능의 예는 언어이해, 문제해결력, 상식, 논리적 추리력 등을 들 수 있다.

### 2) 다중지능, 성공지능, 감성지능, 창의지능

지능이 무엇이냐에 대한 최근의 관점은 가드너(Gardner)의 다중지능과 스턴버그(Sternberg)의 성공지능을 중심으로 제안되었다. 이들의 이론은 기존의 전통적인 관점의 지능이론이 갖는 한계점을 비판하는 데서 출발하였다.

#### (1) 다중지능

가드너(Gardner, 1993)는 기존의 지능이론이 갖는 한계점인 언어와 논리-수학적 능력 위주의 학문지능을 전문적 일에서의 성공을 예언하는 다양한 영역의 지능, 즉 다중지능으로 확장하였다(표 5-1 참조). 따라서 다중지능이론에서 지능은 일련의 소질, 재능을 포함한 정신기능의 조합이라 할 수 있다. Gardner는 정상적인 모든 인간은, 지능의 정도와 조합의 성질에서 차이가 있을 뿐, 이러한 지능을 어느 정도 다 가지고 있다고 본다. 그러나 문화와 상황에 따라 이러한 지능을 다르게 발전시켜 나가므로 어떤 문화권에서 생활하느냐에 따라 지능이 더욱 조장될 수도 안 될 수도 있다. 따라서 Gardner는 지능의 개념을 특정 문화권에서 문제를 해결하는 능력 또는 문화적 산물을 창출해 내는 능력으로 보았고, 이러한 지능은 기존보다 확장된 다중 지능을 말한다.

〈표 5-1〉 다중지능의 구성요인

| 구성요인 | 내용 |
|---|---|
| 음악지능 | 리듬, 가락, 톤, 하모니, 감상 등 음악과 관련된 표현형식과 현상에 대해 민감하고 이들을 이해·표현할 수 있는 능력을 말한다. 음악지능은 가수, 연주자, 작곡가, 음악평론가 등에게서 발견된다. |
| 신체-운동 지능 | 정교하고도 숙련된 방식으로 신체 운동적 표현을 할 수 있거나 신체운동 기능을 일정한 목적달성에 효율적으로 사용할 수 있는 능력을 말한다. 신체-운동 지능은 무용수, 운동선수 등에게서 발견된다. |
| 논리-수학 지능 | 숫자를 효과적으로 사용하고 논리적으로 사고하며 추론하는 능력이다. 논리-수학적 지능은 과학자, 수학자 등에게서 발견된다. |
| 언어지능 | 언어를 효과적으로 사용하는 능력이다. 언어적 지능은 문학가, 언론인 등에게서 발견된다. |
| 공간지능 | 공간적 세계를 정확히 지각하고 이를 머릿속에서 변형, 회전시켜 볼 수 있는 능력을 말한다. 공간적 지능은 건축가, 조각가, 비행사 등에게서 발견된다. |
| 대인관계 지능 | 타인의 기분, 의도, 동기, 감정을 지각·구분하여 이에 적절히 대처할 수 있는 능력을 말한다. 대인관계 지능은 정치지도자, 교사, 판매원, 심리치료사 등에게서 발견된다. |
| 개인이해 지능 | 자기 자신에 대한 객관적 이해 및 지식을 기초로 하여 자신의 감정, 행동을 잘 조절할 수 있는 능력을 말한다. 개인이해 지능은 사상가, 철학자에게서 발견된다. |
| 자연탐구 지능 | 식물, 동물과 과학적인 연구를 포함하여 자연 세계를 이해할 수 있는 능력을 말하며 이 지능이 높은 대표적인 인물로 다윈을 들 수 있다. |
| 실존지능 | 철학적 종교적으로 사고할 수 있는 능력으로 아동기에는 나타나지 않는다. 실존지능은 철학자, 종교인에게서 주로 발견된다. |

이상과 같이 가드너는 인간의 다양한 직업분야나 생활 상태에서 요구되는 여러 가지 능력을 지능으로 개념화시켰다.

### (2) 성공지능

성공지능(Successful Intelligence)이란 21세기에 필요한 현실 세계의 성공과 관련되는 지능을 말하며, 이는 스턴버그(Sternberg, 1997)에 의해 제안되었다. 성공지능은 지능의 분석적 능력, 창의적 능력, 실제적 능력의 세 가지 측면으로 구성되고(표 5-2 참조), 분석적 능력만이 종래 지능이론이나 교실상황에서 중요하게 다루어온 것이고 창의적 능력이나 실제적 능력은 그동안 무시된 것이다. 성공지능은 이들 세 가지 능력이 균형을 이룰 때 가장 큰 효과를 발휘하지만 성인기의 성공적인 삶을 위해서는 분석적 능력보다는 창의적 능력과 실제적 능력이 더 유용하다고 본다.

〈표 5-2〉 성공지능의 세 가지 구성요소

| 구성요소 | 내용 |
|---|---|
| 분석적 능력 | 전통적인 지능이론이나 교실상황에서 중요하게 다루어온 분석·비교·평가·설명 등의 능력 |
| 창의적 능력 | 새로운 상황을 효과적으로 다루는 능력을 비롯해서 설계·상상·추측 등의 창의적 사고능력 |
| 실제적 능력 | 자신의 장점(혹은 강점)과 환경과의 균형을 유지하기 위한 활용·적용·실행 등과 같은 실제적 사고능력 |

### (3) 감성지능

높은 학문지능과 학업성취가 전적으로 개인의 성공적인 삶의 영위 능력을 보장하지 않는 그 원인이 무엇인지를 규명하는 과정에서 대두된 것이 감성지능이다. 따라서 감성지능이란 성공적인 삶과 밀접하게 관련

되는 요인이라 보았고, 그 정의를 다음과 같이 제시하고 있다.

> "감성지능이란 사회적 지능(social intelligence)의 한 부분으로서 자신과 다른 사람의 감성 혹은 정서를 평가하고, 그것들을 변별하며, 이러한 정보를 활용하여 자신의 사고와 행동을 이끌 수 있는 능력이다" (Salovey, 1996, p 15).

이러한 감성지능의 정의에는 세 가지 요소가 포함·구성되어 있다. 즉, 감성의 평가와 표현, 감성의 조절, 감성의 활용 등이 그것이다.

〈표 5-3〉 감성 지능의 구성요소

| 구성요소 | 내용 |
|---|---|
| 감성의 평가와 표현 | ·자신의 정서를 정확하게 평가하고 표현하기<br>·타인의 불쾌한 감정을 비롯한 모든 감정을 인식·해석하기<br>·타인의 감정을 이해하고 이를 자신의 내부에서 재경험해서 타인이 느낀 감정이나 기분을 마치 자신이 느낀 것처럼 인식하기(=감정이입하기) |
| 감성의 조절 | ·좋지 않은 기분을 줄이고 긍정적인 기분을 유지하고 지속시키기<br>·원활한 대인관계를 증진시키기 위해 타인과의 부정적인 정서를 자제하고 타인에게 맞추는 행동 시도하기 |
| 감성의 활용 | ·좋은 기분을 활용해서 자신의 능력에 대한 자신감을 증가시키고 어려운 장애나 고통스런 경험 극복하기<br>·긍정적 감성을 활용해서 창조적으로 문제해결하기 |

(4) 창의지능

지능과 창의성의 관계에 대한 학자들의 주장에 따르면, 창의성과 지능은 서로 중복되는 부분이 있는 능력(Renzulli, 1986)이지만, 지능은 창의성의 필수조건이지 충분조건은 아니다(Rossiman & Horn, 1971). 다시 말해, 지능이 창의성의 필수적인 부분이어서 창의적인 업적이 탁월한 사람들은 대부분 높은 지능을 가지고 있지만, 지능이 높다고 해서 반드시 창의성이 높은 것은 아니라는 것이다. 우리 주변에서도 지능과 학업 성적은 우수하나 창의성이 낮은 학생들을 종종 볼 수 있다.

창의지능이란 길포드(Guilford)의 지능구조모형에서 확산적 사고(divergent thinking)라 하였고, 앞서 성공지능의 구성요소 중 창의적 능력이 포함되어 있기도 하다. 창의지능은 그밖에 상상력, 독창성, 창조성, 창의성, 발명, 직관, 모험적 사고, 창출, 탐구, 창안, 신기성, 영재성 등과 같이 이루 헤아리기 힘들 정도로 많은 용어들이 창의력과 유사한 용어로 쓰이고 있는 것을 볼 때 아직 뚜렷하게 무엇이라고 정의내리기는 쉽지 않음을 알 수 있다. 하지만 최근 창의력을 연구하는 학자들은 창의력을 다음과 같이 정의내리고 있다.

'창의력이란 자신과 타인의 행복을 위하여 사회와 문화에서 가치를 부여할 수 있는 물건이나 아이디어를 만들어 내는 것뿐만 아니라, 문제를 해결하기 위해 새로운 의견을 생각해 내는 능력 혹은 그것을 기초화하는 인격적 특성이다'(Aleinikov, Kackmeister, & Koenig, 2000).

Gardner(1982)의 다음과 같은 찰스 다윈의 창의력에 대한 회고는 시사하는 바가 크다.

'다윈은 갑작스런 영감의 출현이라든지 완전히 새로운 생각이나 이론을 경험하지는 않았다. 대신에 그는 생각, 이미지, 의문, 꿈, 스

케치, 논평, 주장, 의견들을 스스로에게 끊임없이 제기했으며, 이것들을 조직하고 또 조직했다.'

이러한 다원의 창의적인 문제해결을 위한 지식 재구조화 과정 작업은 그의 광범위한 지식, 동기, 융통성, 인내심, 생각의 끊임없는 재조직 등을 필요로 한다. 이것이 바로 창의력이라고 Gardner는 주장한다.

### 3) 지능검사와 학업성취

현재 사용되고 있는 대부분의 지능검사는 전통적 관점의 지능이론인 서스톤(Thurstone)의 기본정신능력에 기초를 둔 검사들이다. 비록 종래의 지능검사의 한계점을 극복하기 위해 현대적 관점의 Gardner나 Sternberg의 지능이론 등이 제안되었고, 이들 지능이론에 입각해서 지능 측정도구들이 개발되었지만 아직 이들은 교육의 실제장면에서 자리 잡지 못하고 있다.

#### (1) 웩슬러(Wechsler) 지능검사

오늘날 가장 많이 사용되는 검사가 웩슬러(Wechsler) 지능검사이다. 웩슬러 검사는 언어 검사와 동작 검사의 두 종류로 구성되어 있으며, 실시 대상에 따라 성인용, 아동용, 유아용의 3가지 검사가 있다. 이들 웩슬러 지능검사들은 한국판으로 표준화되어 우리나라에서 사용되고 있으며, 다음 <표 5-4>에 한국판 웩슬러 지능검사를 포함한 다양한 지능검사가 제시되어 있다.

〈표 5-4〉 지능검사

■ K-WAIS(Korean Wechsler Adult Intelligence Scale, 1992)

- WAIS-R(Wechsler Adult Intelligence Scale-Revised)을 한국판으로 표준화한 '성인용 웩슬러 지능검사' (만 17세~64세용)
- 원점수, 11개 소검사 척도 점수, 언어성 IQ, 동작성 IQ, 전체 IQ로 구성

■ K-WISC-Ⅲ(Korean Wechsler Intelligence Scale for Children-Ⅲ, 2001)

- WISC-R을 한국교육개발원(KEDI)이 표준화한 KEDI-WISC (1991)와 최근에 WISC-Ⅲ를 바탕으로 한국판으로 표준화한 '아동용 웩슬러 지능검사' (만6세~16세용)

■ 그밖에 '고대-비네 검사'(1970), 'L-S식 진단성 지능검사'(1993), '인물화에 의한 간편 지능 검사'(1973), '종합능력 진단검사'(1994) 등이 있음

### (2) 지능검사의 활용과 해석

지능지수는 학생이 정신지체인지 영재인지를 판별하는 등과 같은 경우에는 매우 중요하게 작용한다. 그러나 중간 수준에 속하는 대부분의 학생들의 경우에는 지능 이외의 수많은 요인들이 학업성취에 영향을 미친다. 대표적인 요인들로는 동기, 성격, 사전지식, 수업의 질 등을 들 수 있고 지능은 이들 요인들 중에 하나에 불과하다(Slavin, 2004). 지능지수 이외의 변인은 학년이 올라갈수록 학업성취에 더 관여하는 것으로 보인다. 특히 학생의 학년이 증가할수록 지능지수와 학업성취와의 상관이 낮아져서, 초·중학교는 .60~.70, 고등학교는 .50~.60, 대학교는 .40~.50, 대학원은 .30~.40의 상관계수를 보인다.

지능검사를 교육적으로 적절하게 잘 활용하기 위해서는 지능검사에

대해 다음과 같은 조심성 있는 해석이 요구되고 있다.

- ○ 현존하는 지능검사에 포함되어 있는 내용은 지능 요인의 일부분만 다루고 있다. 따라서 측정된 지능의 제한성을 고려하여야 한다.
- ○ 현존하는 지능검사들은 속도검사(speed test)이다. 따라서 우수한 지적 능력을 가지고 있으나 작업속도가 느린 자들의 경우 불리하다.
- ○ 현재의 지능검사는 교육을 많이 받을수록 사회경제적 지위가 높을수록 유리하다.
- ○ 대부분의 지능검사는 문항마다 채점 기준이나 비중이 다름에도 불구하고 이들이 전혀 고려되고 있지 않다.
- ○ 지능지수는 인간의 지적 수준을 이해하고 장래행동을 예언할 수 있는 한 가지 지표에 불과하다. 따라서 지능지수를 과잉 해석하고 남용하는 일은 삼가야 할 것이다.

## 2. 동기·욕구와 학업

동기나 욕구는 인간의 행동을 일으키는 근본적인 힘이다. 동기는 학업에 영향을 미치는 주요 변수로 작용하고, 자아실현욕구는 한 개인을 동기화시켜 최상의 자아가 되도록 한다.

### 1) 자아실현욕구

인간은 욕구충족을 위해 동기화된다고 보는 Maslow(1970)의 욕구위계(hierarchy of need)에서 최상의 욕구가 자아실현욕구이다. [그림 5-1]에서 볼 수 있듯이, 인간의 욕구들은 생리적 욕구→ 신체적 안전과 심리적

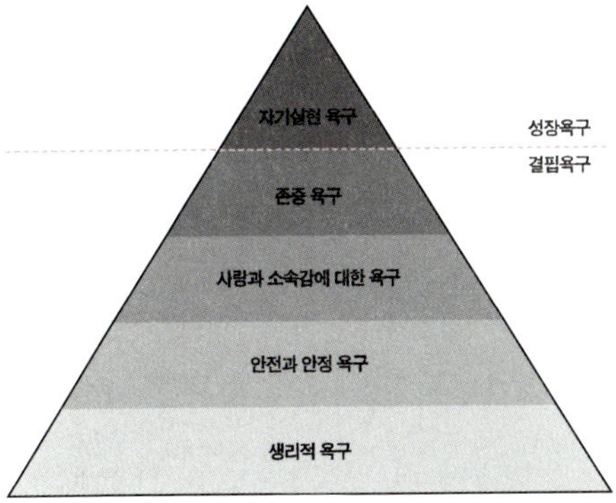


[그림 5-1] Maslow의 욕구 위계

안정의 욕구→ 사랑과 소속감에 대한 욕구→ 존중의 욕구→ 자아실현 욕구 순으로 위계를 지녀, 하위 수준의 욕구들을 충족시킴으로써 상위 수준의 욕구를 추구하게 되고 궁극적으로 자아실현에까지 이르게 된다. 이들 욕구의 위계에서 인간 노력의 궁극적인 방향은 최상위에 있는 자아실현의 추구이다. 자아실현의 욕구는 인간으로서 타고난 잠재력을 충분히 개발시키려는 욕구이며, 한 개인을 최고로 동기화시켜서 최상의 자아가 되도록 한다는 점에서 중요하다. Maslow는 이상의 5가지 욕구를 크게 결핍욕구(deficiency needs)와 성장욕구(growth needs)로 나누고, 생리적 욕구, 안전과 안정의 욕구, 사랑과 소속감에 대한 욕구, 존중의 욕구는 결핍욕구라 했고, 그리고 자아실현 욕구(지적 욕구와 심미적 욕구)를 성장욕구라 했다. 그는 결핍욕구는 일단 충족되면 더 이상 욕구를 가지지 않는 반면, 성장욕구는 완전히 만족시킬 수 없고 만족시켜도 끊임없이 생겨난다고 본다. 즉, 알면 알수록 더 알고 싶어진다는 것이다.

### 2) 다양한 동기와 학업

동기와 관련 하여 그동안 연구된 학업과 성취동기, 성공추구동기와 실패회피동기, 목표지향과 동기, 성공과 실패에 대한 귀인, 자기효능감, 기대-가치, 자기충족적예언 등에 대해 간단히 살펴보기로 하자.

### (1) 학업과 성취동기

성취동기(achievement motive)란 도전적이고 어려운 과제를 수행하려는 욕구이다(Atkinson, 1964). 우선 성취동기가 높은 사람의 행동특성을 소개하면 다음과 같다(박용헌, 1977).

> **[Box 5-1] 성취동기가 높은 사람의 행동특성**
>
> - 과업 지향성: 보상보다 일 그 자체를 성취해 나가는 과정을 즐긴다.
> - 적절한 모험성: 어느 정도의 모험성이 포함 되는 일에 도전하여 자력으로 성취해 내는 과정을 즐긴다.
> - 자신감: 자신이 하는 활동의 성취가능성을 믿을 뿐만 아니라 처음 해보는 일이라도 높은 자신감을 보인다.
> - 정력적이고 혁신적인 활동성: 문제해결을 요구하는 상황에서 보다 정열적으로 일하고 새로운 방안을 모색하기 위해 활동한다.
> - 책임감: 성취하려는 과업의 결과가 어떻게 되었든 간에 일체의 책임을 자신이 진다.
> - 수행결과에 대한 피드백 요구: 과제 수행의 진행과 결과에 대하여 구체적이고 객관적인 정보를 계속 추구하여 정확한 판단을 하려고 한다.
> - 미래지향성: 새로운 일을 이룩하기 위하여 언제나 장기적인 계획을 세우고 현재에 열중한다.

학업의 성공을 위해 성취동기의 유발은 다음과 같은 점에서 중요하다.

■ 높은 성취동기는 성취감을 낳는다.

높은 성취동기를 가진 사람들은 스스로 적절히 어려운 수준의 목표를 설정해서 실행하려고 노력하기 때문에 이들은 개인적 성취감을 얻게 된다. 성취동기는 내재적 동기로 성취결과와는 관계없이 성공 그 자체가 중요한 것이다. 따라서 성취동기가 높은 학생들은 실패를 경험한 후에도 성취동기가 낮은 학생들보다 더 오래 학업에 매달린다. 그들의 실패가 운이나 과제의 난이도와 같은 외적 요인들보다 노력 부족이 그 원인으로 작용한다고 생각하기 때문이다(Weiner, 1992).

■ 높은 학업 성취동기와 성공은 상호작용한다.

높은 학업 성취동기는 학교학습에서 지속적인 성공으로 인해 그 만족감이 누적되어 생긴 것으로 알려져 있다. 하지만 높은 학업 성취동기 역시 학업에서의 성공을 이끈다. 즉, 높은 학업 성취동기와 성공은 서로 각기 기여한다. 성공은 더 크게 성공하고자 하는 열망인 성취동기를 낳고, 이 성취동기가 다음의 성공을 낳는다는 것이다(Wigfield, Eccles, & Rodriguez, 1998).

### (2) 성공추구동기와 실패회피동기

성공하려는 동기를 지닌 성공추구동기 학생과 실패를 회피하려는 동기를 지닌 실패회피동기 학생은 다음과 같은 과제선택 경향, 수행능력, 동기수준 등에 차이가 있다(Weiner, 1986).

#### ① 과제선택 경향의 차

성공추구동기가 높은 학생은 지나치게 비현실적인 어려운 과제에 도전하기 보다는 중간 정도의 난이도 과제를 선택하려는 경향이 크나, 실패회피동기가 높은 학생들은 실패할 수 없는 매우 쉬운 과제를 선택하거나 또는 매우 어려운 과제를 선택하는 경향이 있다. 실패회피동기가 높은 사람이 어려운 과제를 선택하는 것은 실패하더라도 수치심을 적게 느끼게 되므로 긍정적인 자기 이미지를 유지할 수 있기 때문일 것이다. 이는 마치 고리 던지기 게임에서 성공추구동기가 높은 사람이 과녁으로부터 중간 거리에 서는 것을 선택하고, 실패회피동기가 높은 사람이 아주 가까이 또는 아주 멀리 서는 것과 같다.

**② 수행능력의 차**

성공추구동기가 높은 학생은 중간 정도의 난이도 과제를 가지고 적절한 학습동기를 형성함으로써 학습의 수행능력을 높일 수 있게 되는 반면, 실패회피동기가 높은 학생들은 자신의 능력에 비해 지나치게 어려운 혹은 쉬운 과제를 가지게 되어 수행에 심혈을 기울이지 않게 된다.

**③ 실패 후 동기수준의 차**

성공추구동기가 높은 학생은 성공하기 위해 노력을 기울이기 때문에 실패 후에 동기가 더 증가하는 반면, 실패회피동기가 높은 학생은 실패 후에 노력을 줄이게 된다.

이상과 같이 성공추구동기가 높은 학생은 중간 정도의 난이도 과제를 가지고 적절한 학습동기를 형성함으로써 학습의 수행능력을 높일 수 있게 되고, 성공하기 위해 노력을 기울이기 때문에 실패 후에도 동기가 더욱 증가하게 된다.

하지만 실패회피동기 학생은 자신의 능력에 비해 지나치게 어려운 혹은 쉬운 과제를 선택하게 되어 수행에 심혈을 기울이지 않게 되고, 이러한 학생은 실패한 후에도 노력하지 않게 된다는 것을 알 수 있다.

### (3) 목표지향과 동기

학생들의 동기는 학습목표, 혹은 평가목표로 향해 있으며 어떤 목표로 지향하느냐에 따라 학습에서 차이를 보인다(Anderman et al., 2001; Pintrich, 2000; Schunk, 1996, 2004).

#### ① 학습목표 지향적인 학생

공부의 목표를 새로운 것을 배우고 능력을 얻는 것으로 본다. 이들은 열심히 공부하고 도전하는데서 만족을 추구하려 하고, 지능이란 노력을 통해 향상시킬 수 있다고 믿으며, 장애물을 만나면 계속 노력하는 경향이 있어 실제로 동기유발이 잘되어 수행은 증가한다.

#### ② 평가목표 지향적인 학생

평가목표 지향적인 학생은 다른 학생보다 잘 해서 더 좋은 점수를 받는데 초점을 둔다. 이들은 쉬운 과목을 택해서 도전적인 상황을 피하고자 하고, 지능을 변하지 않는 것으로 생각하는 경향이 있고, 그리고 학습상황에서 생길 수 있는 실수에 대해 불안해하는 경향이 있어 실제로 수행을 하는데 방해받는다. 매우 유능한 학생조차도 지능을 변하지 않는 것으로 보기 때문에 어떤 시험의 결과가 자신의 지능과 가치를 측정한다고 본다. 그래서 자신이 똑똑하게 보이지 않는 영역에 대해서 학습하는 것을 두려워해서 자기를 한층 더 개발할 기회를 놓치게 된다. 생애에서 매우 중요한 과제들은 지능과 관계없이 상당한 노력을 필요로 하기 때문에 이는 분명 어리석은 행동이다.

이상에서 알 수 있듯이, 학생들은 점수보다는 학습목표로 향하도록 하는 것이 무엇보다 중요하다. 이를 위해 교과의 내용들이 도전적이어야 하고, 과제가 도전적이려면 흥미롭고 의미 있는 실제 생활과 관련되는 것이어야 한다.

#### (4) 성공과 실패에 대한 귀인

귀인이란 어떤 것에 대한 개인이 지각한 원인을 말한다. 개인은 자신의 성공이나 실패의 원인을 서로 다른 방식으로 해석한다. 예컨대, 시험 실패의 원인을 어떤 학생은 복습을 철저히 하지 않았기 때문이라고 하고, 어떤 학생은 시험 치는 동안 선생님이 나만 쳐다보셨기 때문이라고 한다. 이러한 귀인이 동기에서 중요한 것은 학습자가 이전의 성공과 실패 원인을 어떻게 인식하는지에 따라 이후 과제에 영향을 미치기 때문이다. 귀인이론의 대표적인 학자인 Weiner(1994, 2000)는 학업 수행을 위한 가장 공통적인 귀인으로 능력(ability), 노력(effort), 운(luck), 과제의 난이도(task difficulty)를 들고, 그 원인을 통제의 소재, 안정성, 통제 가능성이라는 세 가지 차원으로 분류해서 학습동기에 대해 다음과 같이 설명한다.

■ 학습에서의 성공과 실패가 외적요인보다는 내적 요인에 귀인할 때 학습 동기는 증진된다(통제의 소재).

성공이나 실패를 외적 요인(예: 운) 등에 귀인시킨다면, 성공하면 외부의 힘에 감사하고, 실패할 경우에는 분노를 일으키게 되지만, 성공이나 실패를 내적인 요인(예: 노력)에 귀인시킨다면 더 노력하려는 동기를 가지게 된다.

■ 학습에서의 성공과 실패가 안정적 요인보다는 불안정적 요인에 귀인할 때 학습 동기는 증진된다(안정성).

성공이나 실패의 원인을 안정된 요인(예: 능력)에 돌린다면 이후에도 안정적인 결과를 기대할 것이다. 예컨대, 성공한 경우 '난 능력이 있으니까 다음번에도 또 성공할거야'라고 생각하거나, 실패한 경우 '나는 무능력해서 실패할거야'라고 생각하게 된다. 하지만 성공이나 실패의 원인을 불안정한 요인(예: 노력)에 귀인시킨다면 실패를 하더라도 '이번에는 노력을 못했으니까, 다음번엔 노력하면 잘 할 수 있을 거야'라고 생각하게 되어 동기가 상승하게 된다.

■ 학습에서의 성공과 실패가 통제 불가능한 요인보다는 통제 가능한 요인에 귀인할 때 학습 동기는 증진된다(통제 가능성).

노력은 통제 가능 요인으로, 과제 난이도나 능력 혹은 운은 통제 불가능 요인이라고 볼 수 있다. 통제 가능성 차원은 자신감과 미래에 대한 기대와 관련된다. 예를 들어, 성공을 통제 가능한 노력으로 귀인한다면, 학생은 자신의 노력 여하에 따라 결과가 나타난다고 보기 때문에 노력하려고 하지만, 통제 불가능한 과제 난이도, 능력, 운으로 귀인하면 '운이 정말 좋았다'라는 식으로 안도하며 앞으로도 그런 행운이 계속되기만을 바랄 뿐이다.

이상에서 볼 수 있듯이, 학생들이 학습에서의 성공과 실패를 외적요인보다는 내적 요인에, 안정적 요인보다는 불안정적 요인에, 통제 불가능한 요인보다는 통제 가능한 요인에 귀인할 때 학습 동기는 증진된다. 즉, 학습의 성공이나 실패의 원인을 노력으로 귀인할 때 학습동기가 증진된다.

그밖에 과제의 난이도가 적절할 때도 학습동기는 증진된다. 학습의 결과가 성공이든 실패든 결과의 원인을 내적원인, 불안정적 요인, 통제 가능 요인으로 돌리도록 유도하기 위해서는, 운과 개인의 능력은 어떻게 할 수가 없으므로, 노력이외 과제의 난이도를 조절해야 한다. 과제는 학생 개개인의 능력 수준에 근거하고 도전의식을 갖도록 하면서도 성취 또한 가능한 과제이어야 한다. 학생 능력에 비해 너무 높거나 낮으면 도전의식을 가질 수 없다.

### (5) 자기효능감

자기효능감(self-efficacy)이란 어떠한 과제를 성공적으로 수행할 수 있다는 자신의 능력에 대한 신념을 말한다(Bandura, 1986). 자신의 능력에 대한 신념은 활동에 영향을 미친다. 어떤 일을 할 수 있다고 믿는다면 노력할 것이고 할 수 없다고 보면 피하려고 한다. 자기효능감은 학업성취에도 다음과 같은 영향을 주게 된다.

- 학업성취는 학업목표를 달성할 수 있다는 학생의 자기효능감에 기초한다(Zimmerman, 2000).

똑같은 지능을 실제로 가졌음에도 불구하고 자신이 능력이 있다고 믿는 학생들은 자신의 능력이 부족하다고 믿는 학생들보다 더 높은 성적을 받는다. 이렇게 자기효능감은 스스로에게 긍정적인 감정을 경험하도록 하여 보다 상위의 과제에 도전하려는 열정을 갖도록 하고, 열정은 결국 학생들의 동기와 직결되어, 학생들의 학업성취에 영향을 주게 된다.

■ 학습과제에 접근하거나 회피하려는 경향성은 자기효능감에 영향을 받는다(Schunk, 1990).

자기효능감을 가진 학생들은 과제에 접근하여 집중하지만 그렇지 않은 학생들은 스스로 무력감을 느끼게 되어 과제를 회피하려고 한다.

### (6) 기대-가치

어떤 과제를 성취하기 위한 노력은 (가)과제를 성공적으로 수행할 수 있다고 '기대'하는 정도와 (나)과제를 성공적으로 수행했을 때 부여하는 '가치'에 따라 달라진다(Atkinson, 1964). 즉, 어떤 과제를 성취하고자 하는 동기는 성공가능성에 대한 기대와 성공에 부여하는 가치에 달려있다는 것이다. 예컨대, 상민이가 "나는 노력하면 A학점을 받을 수 있으며, A학점을 받는 것은 나에게 무척 중요해."라고 말했다면 그는 A학점을 받기 위해 열심히 노력할 것이다. 여기서 중요한 것은 기대와 가치가 동시에 작용해야 동기가 발생한다는 점이다.

기대와 가치가 동시에 작용하지 않고 어느 하나라도 부족하면 동기는 생기지 않는다. 만약 어떤 학생이 과제를 성공적으로 해낼 수 있다고 믿지만 과제를 하는 것에 대해 가치를 부여하지 않아 A학점을 받는 것을 쓸데없는 것이라고 여긴다면 동기가 형성되지 않는다는 것이다. 반면 A학점을 받는 것이 매우 중요하다는 가치는 부여하지만 성공가능성을 기대할 수 없다면 동기형성 역시 되지 않는다.

### (7) 자기충족적예언

자기충족적예언(self-fulfilling prophecy)이란 기대와 믿음을 가지면 이는 동기에 영향을 주게 되어 그 기대가 이루어지게 되는 것을 말한다. 즉, 기대가 실현될 것이라는 믿음을 가지면 이를 위해 노력하게 되므로 결국 기대가 실현된다는 것이다. 이 자기충족적예언은 피그말리온 효과(pygmalion effect)효과[2], 혹은 최초로 이를 연구한 사람의 이름을 딴 로젠탈 효과(Rosenthal effect)라고도 한다. 로젠탈은 미국 샌프란시스코의 한 초등학교에서 전교생을 대상으로 지능검사를 실시한 후 검사 결과와 상관없이 무작위로 한 반에서 20%정도의 학생을 뽑았다. 그 학생들의 명단을 교사에게 주면서 '지적 능력이나 학업성취의 향상 가능성이 높은 학생들'이라 믿게 하였다. 8개월 후 이전과 같은 지능검사를 다시 실시한 결과 명단에 속한 학생들은 다른 학생들보다 평균 점수가 높게 나왔을 뿐만 아니라 학교 성적도 크게 향상되었다.

명단에 오른 학생들에 대한 교사의 기대와 믿음, 이에 따른 격려가 중요한 요인이었다. 이 연구는 학생들의 과제수행이 학생들의 능력 수준에 대한 교사의 기대와 믿음에 의해 영향을 받는다는 것을 입증한 유명한 연구이다. 한편 자기충족적예언은 최초의 왜곡된 평가가 마치 사실처럼 취급되어 예언의 성격을 띠게 되고 그 예언이 바로 예언의 실현을 위한 강력한 수단이 될 수 있는 측면도 있다. 이러한 인간행동에 대한

---

2) 피그말리온 효과(pygmalion effect))란 그리스신화에 나오는 조각가 피그말리온의 이름에서 유래한 심리학 용어이다. 조각가였던 피그말리온은 아름다운 여인상을 조각하고 그 여인상을 진심으로 사랑하게 되었는데 그의 이러한 사랑에 감동하여 여신(女神) 아프로디테는 그 여인상에게 생명을 주었다고 한다. 이처럼 무엇인가에 대한 기대가 절실하면 실제적으로 일어나는 현상을 피그말리온 효과라 한다. 심리학에서는 타인이 나를 존중하고 기대하는 것이 있으면 그 기대에 부응하는 쪽으로 변하려고 노력하여 그렇게 된다는 것을 의미한다. 피그말리온 효과와는 반대로 낙인 효과(stigma effect)라는 용어도 있다. 이는 나쁜 사람이라고 부정적인 낙인이 찍히면 그 낙인에 걸맞은 행동을 한다는 것이다.

사회 심리적 메커니즘은 잘 운영되고 있던 은행이 잘못된 소문에 의해 하루아침에 파산된 경우나, 약의 성분보다는 약을 먹었으면 나을 것이라는 기대로 인해 병을 낫게 하는 위약효과(placebo effect) 등이다.

이상 동기와 관련된 여러 연구들을 살펴보았다. 학습 동기는 학생의 성취동기, 성공추구동기, 학습 목표지향의 동기, 학습을 위한 노력과 적절한 학습과제 난이도, 자신의 학습 능력에 대한 믿음, 학습 성공에 대한 기대와 가치, 교사의 학생에 대한 기대와 믿음 등과 관련됨을 알 수 있다.

## 3. 21세기 효율적인 학습자

학습의 량이 엄청나게 많아지는 지식정보화사회에서, 평생 동안 평균적으로 6,7 번씩이나 직업을 바꾸어야 하는 사회에서 학습자는 효율적인 학습자가 되지 않으면 안 된다. 많은 지식을 학생 자신의 힘으로 배워서 활용할 수 있는 자기주도학습자(self-directed learner), 학생 자신의 초인지를 탐색할 수 있는 초인지 탐색자, 학습한 것을 쉽게 효율적으로 전이시킬 수 있는 학습 전이자가 21세기 효율적인 학습자일 것이다.

### 1) 자기주도 학습자

자기주도 학습자의 특성은 다음과 같다(이명조, 김소아, 2009; Woolfolk, 2007; Zimmerman, 2002).

#### (1) 자기에 대한 지식을 가진 사람

인간은 주변 사람들이 무엇을 하는가에 관심이 많고 그들을 따라 하려는 성향이 강하다. 그러나 학습자는 자신의 흥미와 재능, 자신의 강점,

강점의 활용방법, 자신의 약점, 약점의 개선방법, 자신의 학습스타일, 환경에 대한 예민성 등을 자각하고 있어야 한다. 자신을 끊임없이 관찰해서 흥미와 재능이 무엇인지 파악하려고 노력하고, 그리고 자신의 강점이 무엇인지를 알아내서 이를 학습과 연결시키려 하고, 약점을 개선하기 위한 노력 또한 필요하다. 학습스타일도 마찬가지다. 적극형, 숙고형, 논리형, 실용형 중 어느 학습스타일에 속하는지 점검 · 개선하여 학습전략을 세우고 바람직한 학습결과를 얻도록 해야 할 것이다(155쪽 '학습스타일의 점검' 참조). 자신이 만약 주변의 물리적 환경에 예민하다면, 예컨대 자기 공부방을 도서관처럼 배치하여 학습의 집중력을 높일 수 있을 것이다. 이렇게 자기에 대한 지식을 가지고 이를 충분하게 활용하려고 하는 사람이 바로 자기주도적인 21세기 효율적인 학습자일 것이다.

### (2) 학습에 대해 동기화되어 있는 사람

앞서 언급했듯이, 학습에 대해 동기화된 사람은 성취동기가 높고, 실패회피보다는 성공추구의 동기를 가지고 있고, 평가목표보다는 학습목표를 지향하고, 학습을 위한 노력에 초점을 두고, 적절한 난이도를 지닌 학습과제로 공부하고, 자신의 학습 능력에 대한 믿음이 강하고, 학습에서 성공할 수 있다는 기대를 하면서 학습에 가치를 두는 사람이다. 특히 학습목표로 지향하기 위해서는 교과의 내용들이 도전적이어야 하고, 과제가 도전적이려면 흥미롭고 의미 있는 실제 생활과 관련되는 것이어야 한다.

또한 학습에 대해 동기화된 사람은 학습에 대한 자기평가와 피드백의 중요성을 간과하지 않는다. 그들은 자신의 학습량과 질에 대해 스스로 평가하고, 혹시 모르는 내용이 있으면 그냥 넘어가지 않고 도움 요청도 주도적으로 한다. 이러한 과정이 일회성으로 그치지 않고 학습의 질 제고를 위해 꾸준히 노력한다.

자기에게 적합한 자기강화 수단도 동기화에 영향 줄 수 있다. 즉, 학습에 대한 성공에 대해 자기 보상(예: 영화보기)을 미리 생각해 두는 자기강화 계획을 세움으로써 동기유발을 돕도록 한다는 것이다.

#### (3) 꿋꿋한 의지를 지닌 사람

자기주도 학습자는 우선 자신과의 싸움에서 이길 수 있는 꿋꿋한 의지를 지녀야 한다. 공부를 잘 하기 위해서는 바람직한 수면 및 생활습관 관리하기, 만족 지연하기, 인내심 가지기, 주변의 심리적·물리적 환경의 유혹 벗어나기 등에 흔들림이 없어야 한다.

이렇게 자신과 주변 환경에 대한 한결같이 꿋꿋한 자세야말로 자기주도 학습을 하기 위한 기본 조건이 될 수 있다. 요즘 '1만 시간의 법칙' 혹은 '10년의 법칙'이란 말이 있다. 한 가지 분야에서 전문가가 되려면 하루에 4~5시간 정도를 10년 동안 1만 시간을 투자해야 한다는 것이다. 그런데 1만 시간은 쉽게 얻을 수 있는 시간이 아니다. 어설프게 대강 따라가며 1만 시간을 사용하는 것이 아니라, 열정을 가지고 쏟아 부은 1만 시간이기 때문이다. 꿋꿋한 의지 없이는 이러한 투자는 불가능할 것이다.

### 2) 초인지 탐색자

21세기 학생들은 자신의 초인지(meta-cognition)에 관해 탐색하는 것이 필요하다. 메타인지, 상위인지라고도 일컬어지는 초인지는 인지에 관한 지식을 말하며 학업을 위한 기초적 역할을 한다. 초인지에는 계획하고(planning), 점검하고(monitoring), 조정하는(regulating) 것과 같은 인지활동과정이 포함된다(Slavin, 2004). 성공적인 학업을 위해 다음과 같은 인지활동과정에 대한 탐색이 요구된다.

(1) 계획세우기

특정 영역에서 공부를 성공적으로 하기 위해 혹은 어떤 문제를 잘 해결하기 위해서는 우선적으로 목표를 세우고, 세운 목표에 성공적으로 도달하기 위해서는 어떤 전략과 정보처리를 할 것인가를 구체적으로 계획하는 일부터 시작해야 한다.

예를 들어, 어떤 과목을 공부해야겠다는 마음이 생기면, 다시 말해 어떤 과목이 필수이든 선택이든 그 강좌를 수강해야 한다면, 수강신청 전이나 혹은 좀 늦더라도 강의 시작 이전에 내가 왜 이 과목을 수강해야 하는지 스스로 질문하고 강의계획서도 살펴본 뒤 자기 나름의 목표를 세운다. 그리고 세운 목표에 도달하기 위해 학습전략을 짜야 할 것이다. 이 때 그 과목에 대해 도서관에서의 정보탐색, 이전에 수강한 또래나 선배의 조언, 이전에 강의한 교수님의 평가결과 등을 통해 도움을 받을 수 있을 것이다.

(2) 중간점검하기

학습활동 중이나 문제 해결하는 과정 중에 지속적으로 인지과정을 점검한다. 학습내용을 이해·적용·평가해 볼 수 있을 것이고, 문제해결 절차를 파악하고 적절하게 해결해 나가고 있는지 검토해 볼 수 있을 것이다. 혹시 사회적 도움을 요청해야 하는 경우가 있는지도 점검한다.

#### (3) 조정을 통한 효율 극대화하기

학습활동이나 문제해결활동들에 대한 효율성을 점검하면서 목표에 만족스럽게 도달하고 있는지를 재차 점검한다. 결과에 따라 또 다시 효율의 극대화를 위해 활동을 조정하게 되면 보다 만족스러운 최종적인 결과를 얻을 수 있게 된다. 즉, 목표달성도가 조금이라도 미흡하면 앞 단계를 다시 점검·보완하도록 한다는 것이다. 또 스스로를 강화하는 자기강화계획을 미리 세워두었다면 이를 놓치지 않도록 한다.

### 3) 학습 전이자

학습 전이(轉移)란 이전에 학습한 것이 새로운 학습이나 상황에 영향을 미치는 현상을 말한다. 효율적인 학습 전이자란 하나를 배우면 열가지를 알게 되는 사람일 것이다. 이러한 학습 전이자가 되기 위해서는 다음과 같은 철저한 이해 학습, 실생활 적용학습, 다양한 상황속의 학습을 강조해야 할 것이다.

#### (1) 철저한 이해

학습의 전이는 학습내용을 얼마나 철저하게 이해했느냐에 달려있다. 학습을 위해 최소한 같은 내용을 몇 번을 정독·요약하면서 파악하려고 노력하되, 기계적이 아닌 의미 있는 방식으로 이해해야 할 것이다. 공부하는데 시간을 많이 투자했음에도 불구하고 성적이 좋지 않다는 것은 자기 나름의 철저한 이해 학습이 부족했기 때문일 것이다(Bereiter, 1995; Mayer & Wittrock, 1996).

### (2) 실생활 적용

학생이 학교에서 배운 것을 실제 상황에 적용하기 위해서는 학습이 전이될 수 있는 실제 상황과 비슷한 상황에서 적용하는 학습을 계획· 실천해야 한다. 학습의 전이는 학습한 상황과 그것이 적용되는 상황 간에 유사할수록 잘 이루어진다(Bransford, Brown, & Cocking, 2000).

### (3) 다양한 학습상황 활용

학습의 전이가 잘 이루어지기 위해서는 학습 상황이 다양해야 한다. 어떤 영어 단어가 실생활 회화에 잘 활용· 전이되기 위해서는 그 단어가 다양한 상황에서 활용되는 예를 통해 습득되어야 한다. 만약 학생이 취업 면접에서 좋은 점수를 받고자 한다면 가상의 다양한 면접 상황에서 학습력을 키워야 한다. 예컨대, 다양한 면접관 앞에서(예: 부모, 친구, 선후배, 교수 등), 시기나 상황을 달리해서(예: 수업 도중, 식사시간, 일하는 실제 현장 등) 학생이 피면접자가 되어 본다.

## 4. 목표설정 및 학습계획

21세기 효율적인 학습자란 어떤 사람인지 간단히 살펴보았다. 여기서는 학습의 과정에서 가장 먼저 고려해야 하는 목표설정과 학습계획에 대해 다루어 볼 것이다.

### 1) 단기 목표설정 및 과제설정

뚜렷한 목표는 동기유발을 위한 핵심 조건이다. 9장을 참고하여 나의 인생 청사진을 그려 본 다음, 이를 바탕으로 해서 나의 장기목표, 그리고 장기목표에 근거를 둔 단기 목표를 설정하면 될 것이다. 흔히 꿈이라고 말하는 장기목표는 9장을 참고하고, 여기서는 단기목표와 단기목표에 따른 과제 설정에 대해 다룰 것이다. 이들을 설정하기 위해 유념해야 할 사항은 다음과 같다.

- 단기목표는 학기단위(혹은 1년 단위)로 세우도록 한다. 단기목표는 장기목표의 영역, 즉 전공, 이중전공(혹은 복수전공), 부전공, 나의 독특성 계발, 나의 발전(약점보완/강점강화), 나만의 취미, 기타 등의 각 영역을 좀 더 구체화하여 학기나 1년 단위(방학기간 포함)로 세울 수 있다. (보다 체계적이고도 현실적인 실행을 위해 월 단위나 주 단위로 시간을 배분하여 하위목표를 세우고, 하위목표에 따른 과제를 설정할 수도 있다. 여기서는 하위목표를 생략한다.)
- 단기목표에 따른 과제를 설정하면 그 과제에 대해 번호를 매겨 우선순위를 두도록 한다.
- 단기목표에 따라 설정된 과제를 잘 수행하기 위해 필요한 정보와 자료를 사전에 충분히 확보한다. 예컨대, 특정 과목의 학점 A+ 획득을 목표로 세웠다면 교재를 비롯한 부교재 및 참고문헌, 그리고 과목에 성격에 따라 놓치지 않아야 하거나 극복해야 할 정보 등을 미리미리 확보한다.
- 목표달성이 가져올 이득과 보상을 미리 분명히 한다. 이는 동기유발 차원에서, 그리고 자신감을 얻을 수 있다는 차원에서 필요한 부분이다.
- 일정한 간격을 두고 목표달성 정도를 평가한다. 이는 목표달성을 위한 개선점을 찾기 위해, 혹은 목표를 상향 혹은 하향 조정하는 융통성을 발휘하기 위함이다.

〈표 5-5〉 학기별 단기목표와 과제 설정하기

| 장기목표 | 현재(대학시기)의 나의 꿈 | | | | | |
|---|---|---|---|---|---|---|
| 장기목표 영역 | 전공 | 이중 전공/부전공 | 나의 독특성 계발 | 나의 발전 (약점보완/강점강화) | 나만의 취미 | 기타 (봉사, 인턴십, 알바 등) |
| 1학기 (단기목표 및 과제) | | | | | | |
| 2학기 (단기목표 및 과제) | | | | | | |
| 유념 사항 | | | | | | |

## 2) 학습 계획 및 실행

학기별(혹은/학년별) 단기목표와 과제를 설정하게 되면 이를 근거로 해서 월 단위나 주 단위로 시간을 배분하여 실제로 학습하기 위한 계획을 세우면 될 것이다. 대개 대학 학사 운영이 학기별로 중간고사 및 학기말 고사 일정에 맞추어지기 때문에 이를 중심으로 한 월 단위 및 주 단위의 계획표, 과목별 계획표를 소개하면 각각 <표 5-6>, <표 5-7>과 같다. 그리고 실제 학습계획과 실행을 위한 유의점은 다음과 같다.

- 우선 특정 공부에 필요한 나의 역량을 알고 공부의 양을 고려해야 한다. 다른 친구가 해낼 수 있는 분량은 나의 것과 다르다. 우선 나를 정확하게 알고 공부 양을 판단내리도록 한다.

- 공부 계획은 구체적으로 세워서 이를 반드시 지키도록 노력한다. 중간고사(4월 중순) 및 학기말 고사(6월 중순) 전후의 1~2개월 공부 계획, 그리고 이를 주단위로 배분한 일주일 공부 계획, 필요하다면 일일계획을 구체적으로 세워서 이를 지키도록 노력한다(표5-6, 표5-7 참조).
- 공부방법은 과목별로 예습, 복습, 자투리 시간(수업전후 5~10분씩), 오답노트, 스터디 그룹 등 어떤 방법이 짧은 시간 내 최대한의 효과가 있을지 생각해서 실천에 옮기도록 한다.
- 최적의 학습 환경을 만들어 공부의 집중력을 높이도록 한다. 공부에 집중하는데 TV, 컴퓨터, 휴대폰, 정돈되지 않은 책상, 옆에 놓인 침대 등은 방해가 된다. 나의 공부를 특별하게 훼방을 놓는 것에 대해서는 이를 차단하는 방법에 대해 생각해보고 실행하는 의지를 갖는다.
- 일정한 시간을 정해놓고 공부계획에 따른 실행을 평가하도록 한다. 공부의 계획 → 실행 → 평가 → 계획 → 실행 ... 순서로 점검하는 습관을 기르도록 한다.
- 만약 취약과목이 있다면 그 원인부터 분석하도록 한다. 취약과목은 대체로 흥미가 없거나 공부방법을 제대로 모르는 경우가 많다. 취약과목은 어떤 과목보다 우선적으로 공부하도록 하고, 일정 공부 시간을 지속적으로 투자해야 한다. 취약과목에 대한 흥미는 해당 과목의 내용을 조금씩 알아가는 데서 생겨나기 때문이다.

〈표 5-6〉 중간 및 학기말 고사 중심의 계획표 (월 및 주 단위)

| | 교과명 | 과목 1 | 과목 2 | 과목 3 | 과목 4 | 과목 5 | 과목 6 | 나만의 독특성 계발 및 나의 발전 | 나의 취미 | 기타 |
|---|---|---|---|---|---|---|---|---|---|---|
| 중간 고사 준비 (3월) | 1주 | | | | | | | | | |
| | 2주 | | | | | | | | | |
| | 3주 | | | | | | | | | |
| | 4주 | | | | | | | | | |
| 중간 고사 (4월) | 1주 | | | | | | | | | |
| | 2주 | | | | | | | | | |
| | 3주 | | | | | | | | | |
| | 4주 | | | | | | | | | |
| 기말 교사 준비 (5월) | 1주 | | | | | | | | | |
| | 2주 | | | | | | | | | |
| | 3주 | | | | | | | | | |
| | 4주 | | | | | | | | | |
| 기말 고사 (6월) | 1주 | | | | | | | | | |
| | 2주 | | | | | | | | | |
| | 3주 | | | | | | | | | |
| | 4주 | | | | | | | | | |

* 나만의 독특성 계발 및 약점보완, 나의 취미 등을 위한 시간투자가 학기 중에 어렵다면 방학을 활용할 수 있음

〈표 5-7〉 과목별 계획표 (주 및 일 단위)

| 주간계획 ( 월 일 ~ 월 일) *매일/주별 평가-○△×-표시 | | | | | | | | | | | | | | | | |
|---|---|---|---|---|---|---|---|---|---|---|---|---|---|---|---|---|
| 과목 | 공부범위 | 월 | | 화 | | 수 | | 목 | | 금 | | 토 | | 일 | | 주별 평가 |
| 과목1 | | | 매일 평가 | | | | | | | | | | | | | |
| 과목2 | | | | | | | | | | | | | | | | |
| … | | | | | | | | | | | | | | | | |

## 5. 학습전략

### 1) 학습스타일의 점검

학생은 자신의 학습스타일(learning style), 즉 학습방식과 태도를 파악하면 보다 효과적인 학습전략을 구상할 수 있다. 학습스타일은 개인에 따라서 매우 다양하지만 크게 네 가지, 적극적인 학습스타일, 숙고하는 학습스타일, 논리적인 학습스타일, 실용적인 학습스타일로 나눌 수 있다. 우선 자신이 어떤 스타일인지, 강점과 약점이 무엇인지 점검하여 네 가지 학습스타일의 강점을 고루 갖추는 노력을 하면 효과적인 학습 결과를 얻게 될 것이다(조용개 외, 2010).

〈표 5-8〉 학습스타일의 4가지 유형

| 학습 스타일 | 강점 | 약점 |
|---|---|---|
| 적극형 | 적극적으로 정보를 활용하여 이해하려고 하고 새로운 것을 시도해 보려는 경향이 강함. 열정적이고 부지런하며, 개방적임 | 충분한 생각과 준비 없이 새로운 시도를 많이 하고, 면밀한 적용이나 장기간의 수행이 미흡하고, 고착화된 일상적인 업무에는 집중력이 약함 |
| 숙고형 | 적극적인 학습자와는 달리 주의 깊게 생각을 많이 함. 다른 사람의 말에 귀 기울이고 철저하게 자료를 수집함. 어떤 결론에 도달하기 전에 문제를 여러 각도에서 조망해서 최선의 결과를 얻으려고 함 | 과도하게 조심하는 경향이 있어 어떤 일을 결정하는데 지체하고, 소극적이고 모험을 꺼리는 경향이 있음 |
| 논리형 | 합리적이고 객관적임. 분석·종합하는 것을 좋아하는 방법론적 경향이 강함 | 주관적이고 직관적인 시도에 대해 가치를 부여하지 못하고, 창의적인 생각을 꺼리는 경향이 있음 |
| 실용형 | 실용적이고 현실적이어서 어떤 문제에 대한 해결방안을 찾고 결론을 잘 도출해 냄. 새로운 생각이 실제로 효과를 발휘할 수 있는 지 시험하는 것을 즐김 | 이론과 기본적인 원칙이나 여러 가지 대안들에 충분히 주의를 기울이지 않음. 어떤 문제에 대한 특정 해결방법에만 집착하는 경향이 있음 |

### 2) 나만의 학습전략 개발

학습전략(learning strategy)이란 학습자 자신의 학습효과를 높이기 위한 의도적인 학습 행동방식 및 인지양식을 말한다. 앞서 언급한 학습스타일은 의도성이 없는 반면, 학습전략은 의도성이 포함된 의식적인 노력이 요구된다. 수강하는 전 과목에 공통적인 학습전략과 각 과목별 독특한 학습전략이 있을 수 있다. 예컨대, 깊이 있는 이해가 요구되는 과목, 암기해야 할 내용이 많은 과목, 흥미를 끄는 과목, 공식이나 전공용어가 많은 과목, 내용이 복잡하거나 어려운 과목 등과 같이 과목마다 학습자에게 요구하는 사항이 달라 학습전략 역시 달라야 할 것이다. 하지만 공통적으로 요구되는 학습전략은 다음과 같다. 다양한 학습전략의 유형을 살펴보고 나의 학습전략을 점검·개발하는 기회를 갖도록 하자(이명조, 김소아, 2009).

〈표 5-9〉 다양한 학습전략의 유형

| 학습전략 | 내용 |
|---|---|
| 초인지 | * 초인지란 자신의 학업 인지에 관한 지식을 말하며, 학업을 위한 기초 역할을 하는 인지활동과정, 즉 계획(planning), 점검(monitoring), 조정(regulating)이 포함됨<br>- 공부하기 전에 목표를 세우고, 세운 목표에 성공적으로 도달하기 위한 구체적인 계획을 세움 (계획)<br>- 학습 목표달성을 향해 나아가는 인지과정을 지속적으로 점검함. 학습내용을 이해·적용·평가하는 등과 같은 인지과정의 효율성 점검과 아울러 도움을 요청해야 하는 경우가 있는지도 점검함 (점검)<br>- 목표달성도에 미흡하면 앞 단계를 다시 점검·보완하도록 함. 또 스스로를 강화하는 자기강화계획을 미리 세워두고 이를 놓치지 않도록 함 (조정) |
| 조직화 | * 조직화란 광범위한 학습내용을 체계화하여 지식의 조직을 형성하는 것을 말함<br>- 교과목의 각장마다 맨 앞에 제시되는 개관, 간단한 이야기, 학습목표목록 등과 같은 선행조직자를 파악하게 되면 후속 |

| 학습전략 | 내용 |
|---|---|
| | 학습의 조직화를 촉진시킬 수 있음<br>- 높은 범주 아래 세부 정보가 담기도록 위계적으로 학습내용을 정리·요약함<br>- 개념도(혹은 다이어그램), 즉 교과가 담고 있는 개념체계를 조직화하여 서로 다른 개념들 간의 관계를 시각적으로 일목요연하게 보여주는 개념도는 인지적 틀을 제공함 |
| 정교화 | * 새로운 학습내용을 기존의 지식구조에 관련시키는 것을 말함<br>- 새로운 학습내용을 이미 내가 알고 있는 것, 나의 경험, 나의 일상생활 등과 연결시킴<br>- 수강하고 있는 교과목들의 내용 간에 연관성을 파악함<br>- 새로운 개념을 실제 현장에서의 적용 가능성을 생각해 봄 |
| 비판적 검토 | * 비판적 검토란 학습내용에 대한 질문을 제기하여 비판적 학습능력을 개발하도록 함<br>- 학습내용을 자신의 생각으로 이해하면서 스스로 질문하고 답을 찾아 봄<br>- 주어진 학습문제에 대해 다각도로 답을 찾아 봄 |
| 주의집중 | * 주의집중은 공부 효율성과 직접적으로 관련되는 전략 요소임<br>- 공부에 방해가 되지 않는 물리적 환경(예: 장소, 환경, 분위기 등)을 미리 조성함<br>- 책상의 정리정돈을 습관화 함<br>- TV, 휴대폰, 인터넷 등을 차단 함 |
| 반복학습 | * 반복학습이란 학습내용에 대한 철저한 이해를 기초로 한 반복적인 암기를 말함<br>- 반복학습의 효율성은 평소에 학교 학습 진도에 맞춘 학습내용의 조직화, 정교화, 비판적 검토 등을 요약·정리해 가면서 철저하게 이해하는 것이 전제되어야 함. 완벽한 이해와 암기는 2주 정도의 시험 준비기간 동안 이루어지지 않음<br>- 적절한 시간(예: 수업 직후 복습, 수업 시작 전 지난 시간 복습과 예습 등)에 반복적으로 암기함 |
| 노력 | * 노력이란 학습목표에 도달하기 위해 심신을 다해 열심히 공부하는 것을 말함<br>- 시간 배분을 적절히 하여 학습에 집중·반복하는 의지와 열정을 지니도록 함<br>- 시험 보기 전까지 학습내용을 충분히 이해하고 암기했다는 확신이 들도록 공부함<br>- 학습에 대한 동기유발 요인을 활용함 (예: 인생의 목적 설정, 학습목표 세우기, 나를 격려하는 문장 벽에 붙이기, 자기보상하기 등) |

| 학습전략 | 내용 |
|---|---|
| 시간관리 | * 시간관리는 공부분량에 따른 적절한 공부시간표를 미리 짜서 지켜나가는 것을 말함<br>- 공부시간 관리를 제대로 이행하려면 공부하기에 적합한 조용한 물리적인 환경 속에서 집중적으로 공부하는 자세를 지녀 공부의 효율을 높이도록 함<br>- 공부시간 계획표는 잘 보이는 곳에 붙여두어 낭비하는 시간을 줄임과 동시에 짬짬이 운동이나 오락을 즐길 수 있는 여유도 가져야 함<br>- 흔히 시간이 모자라 학습목표 도달이 어려운 경우가 있는데 평소에 자투리 시간을 활용하는 습관을 붙이도록 함<br>- 취약과목부터 먼저 공부하도록 함 |
| 학습 환경조성 | * 학습 환경조성이란 집중적으로 공부하기 위해 물리적 환경을 조성하는 것을 말함<br>- 조용하고, 주의분산을 막는 일정한 장소를 정하도록 함<br>- 규칙적으로 공부하는 것을 습관화 함 |

### 3) 스터디그룹의 운영

학습의 능률을 높이기 위해 2~5명의 학생들이 모여 함께 공부하는 스터디그룹은 여러 이점이 있다. 혼자 공부할 때보다 좀 더 뚜렷한 목적의식을 갖게 되어 학습의욕을 높일 수 있을 뿐만 아니라 학습주제를 서로 분담하여 자료를 수집·정리하여 함께 나누게 되므로 짧은 시간에 다양한 정보에 접할 수 있다. 그리고 혼자 명확하게 정리하지 못한 학습내용은 여러 학생들이 함께 고민하게 되므로 좀 더 명확해 질 수 있다. 스터디그룹의 성공적인 운영을 위한 수칙은 다음과 같다.

[Box 5-2] 스터디그룹의 운영 수칙

첫째, 자신의 공부목표나 기대가 일치하는 친구들을 찾도록 한다. 신뢰할 수 있고 책임감이 강한 학생들이면 좋다.

둘째, 시간계획을 철저히 세워 일정한 간격으로 주기적으로 만나 공부할 수 있도록 한다. 장시간 단위의 빽빽한 공부보다는 짧은 시간 단위로 여러 번 공부하는 것이 효과적이다.

셋째, 스터디 그룹 공동의 학습목표를 설정하고, 이를 실천하기 위한 구체적인 세부목표를 설정하도록 한다.

넷째, 스터디 그룹의 원활한 진행을 위해 팀 리더와 서기를 매 모임마다 각각 1인을 선정하는 것이 좋다. (리더는 주제가 논의되고 모임이 진행되도록 이끌어 가도록 하고, 서기는 모임에서 제안된 것들을 기록하고 복사해서 나누어준다.)

다섯째, 공부할 학습내용을 항목별 목차로 정리하고, 항목별로 과제에 집중할 사람을 정하고, 그 사람이 다른 친구들을 가르치는 방식으로 운영한다. '가르치는 것'은 배우기 위한 가장 좋은 방법이다.

여섯째, 모임에서 다루었던 학습 자료나 모임일지 등은 파일로 정리하며 스터디그룹 구성원들이 공유하여 활용하는 데 용이하도록 한다.

일곱째, 매 모임마다 공부가 끝나고 나서 '스터디그룹 운영 평가표'를 활용하여 스터디그룹 운영에 대한 평가를 하고 문제점으로 드러난 부분은 다음 모임에서 어떻게 개선할 것인지에 대해 함께 토의한다.

위 해당 수칙들에 대해서는 구성원들이 동의하도록 하여 원활한 진행이 이루어지도록 한다.

출처: 조용개 외, 2010, p.86

### 4) 이-러닝 학습전략

이-러닝(e-Learning)은 electronic-Learning의 약자로, 인터넷 등의 정보통신기술을 활용하여 이루어지는 학습을 말한다. 전통적인 면대면의 오프라인 교육에서는 학교라는 고정된 장소·교사·학생을 중심으로 이루어지는 반면, 이-러닝은 인터넷을 통해 이루어지기 때문에 언제(anytime), 어디서나(anywhere), 누구나(anyone) 수준별 맞춤형 학습을 할 수 있는 열린 학습을 지향하게 된다. 따라서 이-러닝의 중심개념은 학습자 스스로 학습활동에 적극적으로 관여하는 자기주도적인 학습이다. 이러한 자기주도 학습은 학습에 대한 자율성이 학습자에게 주어지게 되어 언제, 어디서, 무엇을, 어떻게 학습할 것인지에 스스로 선택하게 된다. 이-러닝의 학습전략으로 계획 수립, 시간관리, 내 것으로 만들기, 공유하기, 동기부여를 들 수 있다(조용개, 2010).

〈표 5-10〉 이-러닝 학습전략

| 전략 | 내용 |
| --- | --- |
| 계획 수립 | - 무엇을 배울 것인가에 대한 목표를 세움<br>- 목표를 실행하기 위해 구체적인 활동내용을 기간별로 계획함 |
| 시간관리 | - 효율적인 시간관리를 위해 일주일 단위로 시간을 확보해서 과제를 하기 위한 시간을 배정하고 평가함 |
| 내 것으로 만들기 | - 학습내용을 내 것으로 만들기 위해 주의를 집중하고, 정리하고, 반복연습함 |
| 공유하기 | - 매일 학습 사이트를 방문하여 게시판에 적극적으로 질문-답글을 남김 |
| 동기부여 | - 즐거운 학습이 되도록 내외적인 강화물을 마련함 |

### 5) 학습 포트폴리오 작성

학습 포트폴리오란 대학의 전 과정을 통해 학생들의 성장과 발달, 능력, 성취, 노력을 증명하기 위한 목적으로, 학습과정이 진행되면서 달성한 자신의 학습 성과를 체계적으로 정리·반성할 수 있는 학습활동 종합 시스템을 말한다. 이는 학생의 전반적인 학습 역량을 보여줄 수 있는 모든 결과물이기 때문에 진로 방향을 결정할 때나 취업 시 자기를 소개하는 자료로 활용될 수 있다.

학습 포트폴리오는 학습의 과정(process)과 결과(output)를 모두 포함하는 것으로 그 구성요소를 소개하면 다음과 같다(조용개, 2010, p. 164, 165).

〈표 5-11〉 학습 포트폴리오의 구성요소

| 학습 포트폴리오 구성요소 | |
|---|---|
| 개인 정보 | - 개인 신상 명세 - 이름, 사진, 이메일, 홈페이지 또는 블로그 등<br>- 자기소개 - 성장 과정, 자신의 목표(장기/단기 목표), 취미 및 관심사, 강점과 약점 등<br>- 개인 이력 - 학력, 경력, 자격, 연수 등<br>- 기타 증빙 자료 - 졸업장, 성적증명서, 각종 이수증 등 |
| 학습 활동 | - 학습 신념(철학) - 학습(공부)에 대한 자신의 신념이나 철학<br>- 학습 목표 - 학습(공부)의 장단기 목표<br>- 학습 방법 - 자신 만의 학습노하우, 학습습관 및 전략<br>- 학습 내용 - 학기(년), 교과(전공)별, 주제별 학습 내용<br>- 학습 활동 - 학습스터디, 튜터링, 학습 블로그 활동 등<br>- 학습 결과 - 학습노트, 보고서, 발표 자료, 논문 등<br>- 학습 평가 - 평가 결과, 교수님으로부터의 피드백, 동료 평가<br>- 학습 관련 자료 - 학습 활동 결과물 등 |
| 학습 외 활동 | - 동아리 활동 - 동아리 및 학생회 활동 자료<br>- 봉사 활동 - 각종 봉사 활동 자료<br>- 국내외 연수 및 인턴십 - 국내외 연수 및 인턴십 경험 관련 자료<br>- 연구 및 개발 활동 - 프로젝트, 학회, 세미나 활동 자료<br>- 공모, 공연, 작품 활동 - 각종 공모, 공연, 작품 활동 자료 등 |
| 성찰(반성) 활동 | - 학습 목표에 대한 성찰 - 학습 목표 설정 및 실천에 대한 성찰(반성)<br>- 학습 과정에 대한 성찰 - 학습 방법, 내용, 활동에 대한 성찰(반성)<br>- 학습 결과에 대한 성찰 - 학습 결과, 평가 결과에 대한 성찰(반성) |
| 기타 자료 | - 자신의 학습의 과정과 결과를 보여 줄 수 있는 기타 각종 자료 또는 결과물(증빙 자료)<br>- 자신의 이력 및 경력을 보여 줄 수 있는 기타 각종 자료 또는 결과물(증빙 자료) |

## 5장의 연습과제

1) 5장에서 소개된 21세기 효율적인 학습자에 대한 자기의 견해를 제시해 보도록 하자.

2) 이번 학기 수강 과목들의 평균학점을 A(혹은 A+)로 받고자 한다. 나만의 학습전략을 짜보도록 하자.

# 3부

# 청년의 사랑

# 사랑과 성

'일'과 '사랑'은 인간의 삶 그 자체를 뜻한다. Freud는 '일하고 사랑하는 것'을 정신건강의 근원이라고 했다. 즉, 일생을 정신적으로 건강하게 살아가는 사람이란 즐기면서 할 수 있는 보람된 일이 있고, 또한 사랑을 주고받을 수 있는 사랑하는 대상이 있는 사람이라는 것이다. 이렇게 일과 사랑은 인간의 삶에 핵심이다. 이 장에서는 특히 이성간의 사랑을 본격적으로 시작하는 청년기 대학생의 사랑을 중심으로 다음과 같은 주제에 대해 다루어 볼 것이다.

## 1. 사랑

1) 사랑의 시작
2) 사랑의 단계
3) 사랑의 감정과 경험
4) 사랑의 호르몬
5) Fromm과 Maslow의 사랑의 의미

## 2. 사랑의 유형

1) Lee의 사랑의 색깔이론
2) Sternberg의 사랑의 삼각형이론
3) 대학생의 사랑

## 3. 사랑의 능력

1) 어린 시절의 안정적인 애착 형성
2) 긍정적인 자기개념
3) 사랑의 기술
4) 사랑의 실패경험

## 4. 사랑과 성

1) 대학생의 성의식 및 성경험
2) 대학생의 성경험에 대한 자기보고
3) 남녀 호르몬과 성행동
4) 사랑 없는 성, 사랑 있는 성

## 6장의 연습과제

# 6장 사랑과 성

## 1. 사랑의 의미

인간의 삶에서 사랑이 빠지면 어떨까? 문학도 영화도 노래도 TV 드라마도 온통 사랑이 주제인데, 사랑이 빠진다는 것은 상상조차 하기 어렵다. 청년기 대학생의 최대 과제인 사랑의 의미를 탐색하기 위해 우선 사랑의 시작부터 살펴보도록 하자.

### 1) 사랑의 시작

우선 어떤 사람에게 끌려 사랑을 시작하게 되는가.

첫째, 물리적으로 근접해 있는 사람인 경우가 많다. 당연한 이야기겠지만 사람들은 주변에 있는 사람들을 선택하기 쉽다. 면적이 큰 나라일수록 이러한 경향이 있다.

둘째, 신체적 좌우 균형을 이루어야 한다. 이는 매력적인 얼굴과 체형을 지닌 자라는 의미를 담고 있다. 매력적인 얼굴과 매력적인 체형에 대한 선호는 인간의 대뇌 활성화를 통한 자동적인 사고 과정에 의한다.

또한 매력적인 사람도 누군가로부터 눈길을 받게 되면 이러한 대뇌 활성화가 일어난다.

셋째, 낯선 사람에 대한 신비감에 끌린다. 인간은 기본적으로 유전적으로 가까운 사람은 이로운 것이 없을 뿐만 아니라 꺼려하는 경향이 있다. 그래서 자기와 반대되는 낯선 사람, 자기의 부족한 부분을 채워줄 사람의 신비함에 끌리게 된다.

넷째, 자신과 비슷한 배경을 가진 사람에게 끌린다. 친숙하지 않은 낯선 사람의 신비함을 좋아하나 민족적, 사회적, 종교적, 지적, 교육적, 경제적 배경이 유사한 사람에게 끌린다. 특히 민족적, 사회적, 지적 영역에서 서로 다르지 않는 것을 선호한다. 이러한 유사성은 연인관계를 지속하는데도 긍정적인 영향을 준다.

다섯째, 정서적 각성의 타이밍이 맞아야 한다. 우리는 정서적으로 각성된 상태에서, 예컨대 그것이 기쁨에서든, 슬픔에서든, 불안에서든, 두려움에서든, 호기심에서든, 아니면 다른 기분에서든 각성된 정서상태가 되면 사랑의 열정에 더 쉽게 굴복한다. 많은 영화가 전쟁이나 테러의 위기 속의 애틋한 사랑을 주제로 다루고 있고, 사람들은 이런 사랑을 공감하고 열광한다.

사람들은 흔히 그녀(혹은 그이)와 첫 눈에 사랑에 빠졌다고 말한다. 충분히 그럴 수 있다. 소개팅에서 만난 여자나 커피숍에서 건너편 자리에 앉아 있는 남자를 보고 사랑에 빠지게 되고, 비행기 좌석에 나란히 앉아 몇 마디 말을 나누고 사랑에 빠질 수도 있다. 알랭 드 보통(Alain de Botton, 2007)의 『왜 나는 너를 사랑하는가』에서 주인공과 클로이는 비행기 안에서 만나 첫눈에 사랑을 느낀다. 주인공은 왜 사랑을 느꼈는지 자신 있게 말할 수 없다고는 하나, 앞서 언급한 복합적인 요인들이 작용했을 것이고 그래서 이들의 사랑은 시작된다. 인간은 항상 사랑할 준비를 하고 살아가고 있고, 그 시간에 그들이 그곳에 함께 있어 사랑하게 되었던 것이다.

### 2) 사랑의 단계

첫눈에 반해 사랑을 하건 점진적으로 사랑을 하게 되건 사랑을 키워 나가는 데는 단계가 있다. 파인즈(Pines, 1998)는 사랑의 단계로 호감, 검증, 자기노출, 상호기대와 욕구충족의 4단계를 제시한다. 그의 4단계론은 다음과 같다.

첫 호감단계는 신체적 요인, 외모, 과거의 경험 등이 기준이 된다. 앞서 언급한 물리적 근접성, 신체균형, 낯선 사람의 신비감, 배경의 유사성, 정서적 각성의 타이밍 등과 같은 사랑의 시작단계에서 요구되는 요인이 작용한다.

둘째 검증 단계에서는 서로의 어울림을 검증한다. 사회경제적 배경에 따른 사회적 어울림, 교육수준과 관심 분야에 따른 지적인 어울림, 함께 있음으로써 얻는 감정적인 어울림 등을 검증하는 작업이 이루어진다.

셋째 자기노출 단계에서는 서로의 생각과 감정이 주요 요인이 된다. 서로 친밀감이 형성되고 자신의 깊은 생각과 감정을 드러내는데, 이 때 부정적인 감정도 숨기지 않는 것이 일반적이다.

마지막 넷째 단계는 상호기대와 욕구충족의 단계이다. 상대방이 서로 어떤 기대와 욕구가 있는지 알게 되고, 이러한 기대와 욕구에 부응하기 위해 사회경제적, 감정적, 성적 등의 측면에서 서로 노력한다.

### 3) 사랑의 감정과 경험

사랑에 빠지면 우리에게 어떤 변화가 생길까? 사랑의 느낌이나 경험을 간단하게 말로 표현하는 것은 그리 쉽지 않다. 행복감으로 충만하게 되고, 들뜬 기분 상태가 되고, 가슴이 두근거리고, 주의집중이 곤란하고, 안절부절못하게 되고, 사랑에 관한 유행가에 귀를 기울이게 되고, 잠이 안 오게 된다. 사랑에 빠지면 이렇게 다양하고도 묘한 감정에 사로잡히게 되고 색다른 경험을 가지게 되는데, 앞서 언급한 주인공과 클로이의 경우, 매일 전화통화를 하고, 때로는 하루에 다섯 번씩 전화한다. 특별히 할 말이 있어서가 아니다. 이들 둘 다 전에는 누구에게도 이런 식으로 이야기 해본 적이 없는 새로운 경험을 한다. 그리고 이들은 그들의 만남을 단순한 우연이 아닌 필연적이고 운명적인 만남이라고 스스로 그 이유를 만들어낸다. 사람들이 사랑에 빠지면 가당치도 않은 말을 억지로 끌어다 대어 조리에 닿도록 하는 '견강부회(牽强附會)'는 필연적인 것 같다. 이는 쥐스킨트(Suskind, 2006)가 말하는 사랑에 빠진 사람들의 다음과 같은 '멍청함'과 일맥상통한다.

> "사랑에 빠지게 되면 누구나 어느 정도 멍청해진다. 이것을 확인하려면 자신이 쓴 연애편지를 20~30년쯤 지난 후에 다시 읽어 보라.... 얼굴이 빨개지지 않을 사람이 없을 것이다. 내용은 얼마나 유치하고, 문체는 또 얼마나 격정적인가....

사랑에 빠지면 왜 이렇게 멍청해질까? 마치 약물 중독자와 같이 내일이 없는 것처럼 사랑에 자신의 모든 에너지를 쏟아 붓는다. 남자와 여자 모두 깨어 있는 시간의 85%를 연인에 대한 백일몽으로 소비하는 불합리한 행동을 한다. 우리의 조상들은 모두 이러한 사랑에 빠졌기에 여기에 지금의 우리가 있는 것이다.

미국의 유명한 인류학자인 피셔(Fisher, 2005)는 인간이 사랑에 빠지는 이유를 알아내기 위해 설문조사를 했다. 사랑에 빠져있는 사람들을 대상으로 45개 문항으로 구성되어 있는 설문지를 배포해 미국인 437명과 일본인 402명에게 답변을 받았다. 그런데 그 결과는 나이, 성별, 성적 취향, 종교적 배경, 민족적 차이에 상관없이 놀랍게도 비슷했다. 예컨대, 45세가 넘은 사람이 사랑하는 이에게 느끼는 감정은 25세 이하의 사람들이 느끼는 것과 비슷하게 강했고, 이성애자와 동성애자는 설문의 86퍼센트에 비슷한 대답을 내놓았다. 그리고 설문의 87퍼센트에서 미국인 남자와 여자는 사실상 거의 똑같이 대답했고, 미국인 중 백인과 유색인은 질문의 82퍼센트에 비슷하게 대답했다.

이와 같이 사랑에 빠진다는 것은 인간 모두의 보편적인 본성이라 할 수 있다. 사랑에 빠지게 되면 모든 남자와 여자는 거역할 수 없는 사랑의 힘에 맹목적으로 빠져들며, 이 과정은 거의 무의식적으로 이루어진다.

### 4) 사랑의 호르몬

사랑에 빠지면 남녀 모두 가장 불합리한 행동을 하는 비논리적인 상태가 된다. 신경정신과 의사이자 신경정신분석학자인 브리젠딘(Brizendine, 2007)은 PET(Positron Emission Tomography, 양전자 방출 단층 촬영)와 fMRI(functional Magnetic Resonance Imaging, 기능성 자기공명 영상장치) 기술을 활용하여 사랑에 빠진 남자와 여자의 뇌 활동에 대한 관찰을 통해 남녀 모두 사랑의 신경회로를 가지고 태어난다고 보았다. 사랑에 빠진 남녀의 황홀함은 뇌회로에서 내보내진 엄청난 양의

'도파민'과 관련되고 이것은 마치 무엇엔가 중독된 사람처럼 만들어 버린다고 한다. 초기 6개월 동안 이들은 서로를 갈망하고 상대방의 안녕이 자신의 생존보다 더 중요하게 여겨질 정도로 강열한 사랑의 감정을 가진다.

최근 우리나라에서도 열정적 사랑에 빠진 커플들의 뇌를 fMRI로 촬영한 결과, 이들의 뇌에선 도파민이라는 호르몬을 분비하는 미상핵 부위가 활성화되는 것으로 확인되었다(사진 6-1 참조). 미상핵은 대뇌 속 깊숙이 자리 잡은 회백질 덩어리이며, 흥분과 쾌감을 일으키고 원기를 왕성하게 하고 성취욕을 강하게 만드는 도파민을 분비한다. 따라서 사랑하는 사람 앞에서는 얼굴이 홍조를 띠면서 자주 미소 짓게 되고 호흡도 가빠지는 것과 같은 생리적인 변화와 더불어 사랑에 빠져 있는 기간 동안 행복감을 느끼게 되고, 어떤 역경도 가볍게 느껴지게 된다. 하지만 시간이 지나면서 미상핵의 활성이 약해지고, 이성적 판단을 주관하는 전두엽이 활성화된다. 즉, 6~12개월 정도가 경과되면 도파민 분비가 줄면서 애인에 대한 콩깍지가 점점 벗겨지고 이성적인 판단을 하게 된다는 것이다(KBS1TV, 2010. 3. 15; Fisher, 2005).

이와 같은 실험에서 알 수 있듯이, 인간의 사랑은 마음이 아니라 머리, 다시 말해 뇌의 화학물질로 하고 있음을 알 수 있다. 사랑도 이렇게 과학적인 설명으로 가능한 것이다.

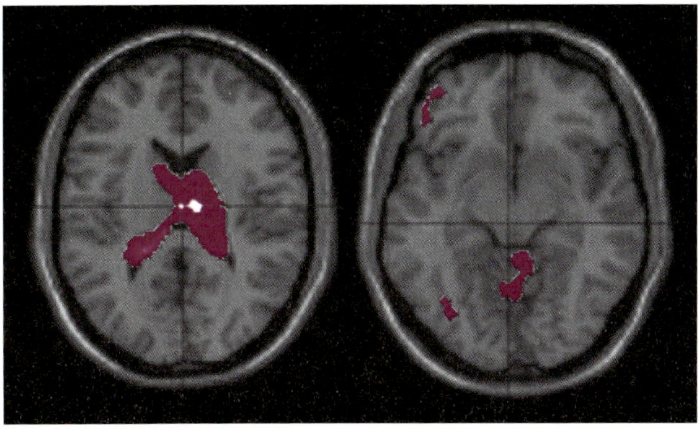

◦ 붉은 부분은 열정에 빠진 이들에게 기쁨을 느끼게 해주는 러브 칵테일 도파민
◦ 열정적 사랑에 빠져 미상핵이 활성화된 뇌〈좌측 사진〉
◦ 시간이 지남에 따라 미상핵의 활성화가 사라지고 전두엽이 활성화된 뇌〈우측 사진〉

**[사진 6-1] 사랑의 호르몬**

### 5) Fromm과 Maslow의 사랑의 의미

실존 철학자이자 심리학자인 프롬(Fromm)은 사랑을 인간 실존의 문제를 해결하는 방안으로 본다. 즉, 인간은 어릴 때 자연과의 합일(合一) 상태였다가 성장과 더불어 자연과 분리되면서 불안해지고 외로워지게 된다. 사랑은 이러한 불안과 외로움을 극복하기 위한 궁극적인 방법이라는 것이다.

프롬은 사랑이란 두 사람을 하나로 묶는 인간 융합이지만 동시에 각자 개성을 지닌 존재로 통합감을 유지하는 것이 중요하다고 강조한다. 그리하여 프롬은 사랑을 '빠지는 것'이 아니라 '참여하는 것', '받는 것'이 아니라 '주는 것'이라 본다. 여기서 사랑에 빠진다는 말은 앞서 언급된 사랑에 빠진다는 것과는 구별되어야 할 것이다. 즉, 프롬의 사랑에의 빠짐은 상대방에 대한 사랑의 확인과 구속, 질투, 불안, 소유욕, 집착 등으로 행동을 제약하는 수동적인 받는 사랑을 의미한다. 예컨대, 청년들은 연인과 사랑을 하면서 동시에 학업에 열중해야하고 취업도 준비해야 하고 친구들과 만나고 동아리 활동도 하면서 자기성장을 도모하고자 한다. 그러나 빠지는 것, 받는 것과 같은 수동적인 사랑을 하게 된다면 자신만의 시간이 없어지게 되고 자유와 성장욕구를 방해받게 되어 결국 헤어지는 원인이 되기도 한다.

프롬이 강조하는 참여하는 사랑과 주는 사랑은 무엇인가. 서로가 상대방을 잘 알고 상대방의 화, 불안, 외로움, 괴로움 등의 정서에 민감하며, 자신의 기쁨, 슬픔, 이해, 유머 등을 아낌없이 표현함으로써 행복을 느끼는 능동적인 사랑을 말한다. 능동적인 사랑 속에는 사랑하는 사람의 생명과 성장에 대한 적극적 관심이 들어있고 또한 상대방에 대한 존경, 보호와 책임의식이 있다. 이렇게 참여하고 주는 능동적인 사랑은 포기하고 희생하는 것이 아니고 지배하고 소유하는 것도 아니다. 상대방을 있는 그대로 보고 독특한 개성을 가진 자로 본다. 프롬은 이러한 사랑에 의해서 인간은 불안과 외로움에서 벗어날 수 있다고 본다.

그래서 프롬은 사랑은 누구나 행운만 있으면 우연히 경험하는 황홀한 감정만은 아니라고 본다. 그는 사랑이란 열정과 같은 강렬한 감정이라기보다는 상대방의 성장과 행복을 도모하는 의지와 결단이며, 의지와 결단은 행동을 통해 나타나야 한다고 본다. 사랑하기 위해 끊임없는 노력, 예컨대 참고 기다리는 인내와 상대방에 대한 관심을 프롬은 강조한다(Fromm, 2006).

인본주의 심리학을 대표하는 매슬로(Maslow, 1970)의 욕구위계이론에 의하면 인간은 욕구충족을 위해 동기화된다고 보았다. 그는 인간의 욕구에는 결핍욕구와 성장욕구의 두 종류가 있듯이, 사랑의 욕구 역시 결핍과 성장에 의해 동기화된다고 본다. 그리하여 그는 사랑을 결핍사랑(Deficiency-love)과 존재의 사랑(Being-love)으로 나누고 있다. 결핍사랑이란 애정결핍을 메우기 위해 상대방으로부터 끊임없이 사랑을 요구하고 갈구하는 소유욕구가 큰 사랑이다. 그리하여 결핍사랑을 하는 사람은 사랑을 잃을까봐 두려워하고, 불안해하고, 질투하고, 적대감을 가지기 쉬워 상대방에 대해 자유롭거나 독립적이지 못하다. 이는 사랑을 받기만 하지 주고받으려 하지 않기 때문에 이기적인 사랑이고, 결코 충족되기 어려운 사랑이라 할 수 있다.

그러나 매슬로의 존재의 사랑은 애정결핍이 아니라 성장의 동기에 의해 유발된다. 사랑을 요구하고 갈구하는 것이 아니라 주는데서 즐거움과 행복을 느낀다. 존재의 사랑을 하는 사람은 상대방에 대한 소유욕에 메이지 않아 사랑을 잃을까봐 그리 두려워하거나 불안해하거나 적대감을 가지지 않는다. 이들은 사랑하는 것 자체를 즐거워하는 심리적으로 건강한 사람이다. 이들은 상대방의 결함을 있는 그대로 수용하고 남이 보지 못하는 장점을 볼 수 있는 상대방의 존재 그 자체를 사랑하는 사람이다. 이러한 존재의 사랑은 비이기적인 사랑이며, 자신과 상대방 모두를 성장시키게 된다.

이와 같이 프롬의 참여하는 사랑과 주는 사랑은 매슬로의 존재의 사랑과 그 함축하는 뜻이 다르지 않음을 알 수 있다. 이들에게 사랑이란 쾌락적이거나 충동적이거나 순간적인 사랑이 아니라 자신과 상대방 모두의 자아를 성장시키고 행복을 가져다주는 성숙된 사랑을 말한다.

## 2. 사랑의 유형

리(Lee)의 사랑의 색깔이론과 스턴버그(Sternberg)의 사랑의 삼각형이론을 통해 사랑의 유형을 살펴보도록 하자.

### 1) Lee의 사랑의 색깔이론

캐나다의 심리학자 Lee(1973)는 사랑의 색깔이론을 제시했다. 그는 사랑에는 기본색의 일차적 사랑이 있고 이들 기본색을 혼합해서 질적으로 다른 색깔을 띤 이차색의 이차적 사랑이 있다고 본다. 이러한 일차적 이차적 사랑은 학습되고 일생동안 변화가 가능하다고 한다.

Lee는 일차적 사랑에는 열정적 사랑(eros), 놀이적 사랑(ludus), 우애적 사랑(storage)이 있고, 이들 세 가지 원형적 사랑이 혼합되어 질적으로 다른 이차적 사랑, 즉 소유적·의존적 사랑(mania), 실용적 사랑(pragma), 헌신적 사랑(agape)이 생겨난다고 설명한다. 이들 다양한 유형의 사랑을 간단히 그림과 표로 나타내면 다음과 같다.

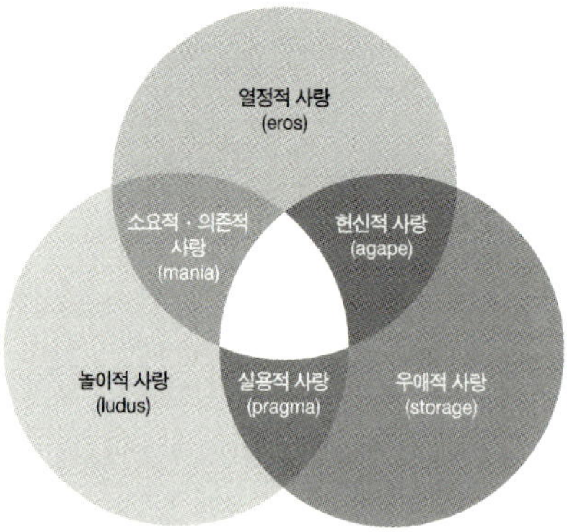


[그림 6-1] Lee의 사랑의 색깔

〈표 6-1〉 Lee의 일차적 사랑과 이차적 사랑

| | 사랑의 유형 | 사랑의 내용 |
|---|---|---|
| 일차적 사랑 | 열정적 사랑 (eros) | 큐피드의 화살이 꽂힌 것처럼 낭만적이고 황홀한 사랑의 감정이 전체 생활을 지배함. 강한 신체적 결합 욕구가 생김 |
| | 놀이적 사랑 (ludus) | 심리적 거리를 유지하면서 여러 대상과 단순한 놀이친구로 여기는 사랑. 미래를 약속하거나 깊은 애착을 느끼지 않음 |
| | 우애적 사랑 (storage) | 우정이 점차 애정으로 변한 사랑. 친구로 시작해서 오랜 사귐을 통해 서로가 사랑하고 있다는 것을 깨닫게 됨 |
| 이차적 사랑 | 소유적·의존적 사랑 (mania) | 열정적 사랑과 놀이적 사랑이 조합된 사랑. 서로를 소유하고 자기 것으로 생각함. 심리적 부담으로 실패로 끝날 수 있음 |
| | 실용적 사랑 (pragma) | 놀이적 사랑과 우애적 사랑이 조합된 사랑. 가족 배경, 학력, 재산 등을 사랑의 조건으로 봄. 공정한 거래에 의해 사랑이 성립됨 |
| | 헌신적 사랑 (agape) | 열정적 사랑과 우애적 사랑이 조합된 사랑. 사랑하는 사람을 위해서라면 어떠한 고통도 감수하려는 이타적이고 헌신적인 사랑 |

우리 대학생들의 사랑에 대한 성향(홍대식, 1996)이나 선호하는 사랑의 유형(연문희, 이정윤, 이은경, 1997)은 남녀 모두 우애적 사랑이 가장 많았고, 그 다음 남성인 경우 열정적, 헌신적, 소유적·의존적 사랑, 여성은 열정적, 실용적, 소유적·의존적 사랑의 경향을 보인다. 그러나 실제로 경험하는 대학생들의 사랑은 상대방이 누군가에 따라 혹은 교제하는 기간에 따라 <표 6-1>처럼 뚜렷하게 구분되기 보다는 조금씩 혼합·변형될 수 있을 것이다. 학생들이 더욱 성숙한 사랑을 하기 위해서는 자신의 사랑의 색깔이 어떻게 조합된 것인지 들여다 볼 필요가 있다.

### 2) Sternberg의 사랑의 삼각형이론

사랑의 삼각형이론을 제시한 스턴버그(Sternberg, 1986)는 사랑이란 친밀감(intimacy), 열정(passion), 결심/헌신(decision/commitment)의 3요소로 이루어져 있다고 본다. 그는 이들 사랑의 3요소를 조합하여 일곱 가지의 사랑 유형이 존재한다고 본다.

#### ① 사랑의 3요소 개념

Sternberg(1986)는 사랑의 3요소로 친밀감, 열정, 결심/헌신을 들고 있다. 친밀감이란 정서적으로 '따뜻한' 느낌의 관계를 뜻하는 사랑 요소이다. 서로 연결되어 유대감과 밀착감을 지니고, 원활한 의사소통을 통해 상호 생각과 느낌을 공유한다. 그리하여 서로 이해하고, 지지하면서 성장과 행복을 도모한다.

열정이란 낭만적 연애감정과 신체적 끌림에 의한 성적 결합의 강력한 욕구를 지닌 사랑의 '뜨거운' 요소이다. 원래 열정은 행동을 유발하게 하는 강력한 힘을 지닌 동기 유발의 요인인데, 이성간의 사랑에서는 이러한 열정이 성적 욕구로 표출되곤 한다. 이러한 사랑에 빠지게 되면 상대방을 끊임없이 갈망하면서 양가적 감정을 갖게 된다. 강한 행복감과 충만감을 느끼기도 하고 우울, 초조, 불안, 공허, 허탈, 절망과 같은 정서도 함께 경험한다. 마치 약물 중독된 사람이 점차 더 많은 약물 복용으로 각성효과를 얻게 되면 황홀의 극치 감을 느끼지만, 그러지 못하게 되면 우울, 초조, 불안과 같은 금단증상을 경험하는 것과 유사하다. 대체로 이런 열정적 사랑은 초기에 불타오르지만 점차 그 관계의 지속이 어려울 수 있다.

결심/헌신이란 사랑의 인지적 측면의 '차가운' 요소다. 이 요소는 단기적으로는 어떤 대상을 사랑할 것이라고 결심해서 장기적으로 그 사랑을 유지하겠다고 스스로 약속하는 것을 말한다. 변동이 심한 사랑의 관계를 일정하고도 안정되게 유지시켜주는 것이 바로 결심/헌신이며, 이것을 법적으로 제도화시킨 것이 결혼이다. 이는 또한 앞서 프롬(Fromm)이 언급한 의지와 결단과 유사하다고 할 수 있을 것이다.

**② 사랑의 3요소의 발달적 특징과 양상**

Sternberg(1986)는 사랑의 3요소의 특징과 양상을 다음과 같이 제시한다.

첫째, 친밀감, 열정, 결심/헌신은 서로 다른 발달적 특징을 보인다. 친밀감의 경우, 점진적으로 형성되고 사라지는 특징이 있다. 그런데 친밀감은 일단 형성되면 마음 속 깊이 잠재되어 그 존재여부를 모르다가 이별이나 사별 후에 새삼 깨닫게 된다. 열정은 마치 뜨거운 냄비 같은 사랑이어서 그 형성과 사라짐이 빠르다. 열정에 휘말린 강력한 갈망욕구가 일단 충족되면 이러한 열정이 쉽게 사라져 버리고 이전의 격정적 감정은 우울, 후회, 공허, 배신 등과 같은 감정으로 바뀌어 고통스러워한다. 결심/헌신은 사랑한다고 결심하기 까지 시간이 걸리지만 두 사람이 결심과 약속을 잘 실행하려고 노력하게 되면 대체로 그 지속관계가 성공적으로 유지된다.

둘째, 친밀감, 열정, 결심/헌신의 양과 균형은 사랑의 양상을 나타낸다. 다음 [그림 6-2]의 사랑의 3요소에서 그 양은 삼각형의 크기, 그 균형은 삼각형의 모양으로 알 수 있다. 즉, 삼각형이 클수록 사랑의 양이 많고, 삼각형의 3면이 같을수록 균형 잡힌 사랑이다. 만약 연인끼리 이와 같은 삼각형을 그려본다면 그 크기와 모양을 가지고 사랑의 양상을 비3

교·예측할 수 있을 것이다. 삼각형의 크기와 모양의 일치 정도가 높을수록 별 갈등 없이 만족할 것이고, 일치의 정도가 낮을수록 갈등이 많아 불만스러울 것이다. 따라서 안정되고 성숙한 사랑이란 친밀감, 열정, 결심/헌신의 3요소 모두를 갖추고 있되, 크기가 크고 균형이 잡혀있는 사랑이라 할 수 있을 것이다.

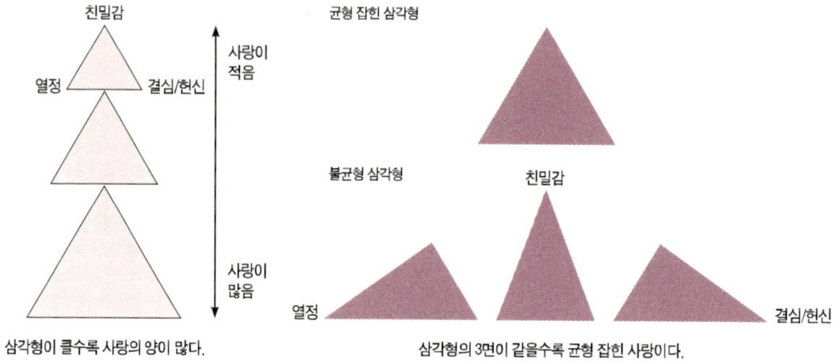


[그림 6-2] Sternberg의 사랑의 3요소: 크기와 균형

### ③ 사랑의 유형

Sternberg(1986)는 사랑의 3요소인 친밀감, 열정, 결심/헌신을 조합한 사랑의 유형 일곱 가지를 다음 <표 6-2>, [그림 6-3]과 같이 제시한다.

〈표 6-2〉 Sternberg의 사랑의 일곱 가지 유형

| 사랑의 유형 | 사랑의 내용 |
|---|---|
| 좋아함 | 친밀감만 있는 사랑. 정서적으로 따뜻하고 친밀한 감정을 느끼는 마치 친한 친구 같은 관계임 |
| 도취적 사랑 | 친밀감과 결심/헌신 없이 성적 결합의 뜨거운 열정만 있는 사랑. 한 눈에 반해 빠져드나 금방 시들해지는 경향이 있음 |
| 공허한 사랑 | 친밀감과 열정 없이 결심/헌신만하는 사랑. 이러한 사랑을 서구사회에서는 공허한 사랑이라 하지만 과거 우리 전통사회에서 볼 수 있었던 사랑의 유형임. 결심/헌신만의 사랑은 두 사람이 향후 친밀감과 열정을 어떻게 가꾸어 나가느냐에 따라 사랑의 유형이 달라질 수 있음 |
| 낭만적 사랑 | 친밀감에 열정까지 합친 사랑. 좋아하는 것 이상의 친밀한 감정뿐만 아니라 신체적 끌림 및 성적 결합의 욕구도 큼. 서로 아끼고 보살피고 이해하는 유대감이 크고 행복이 넘치는 감정을 가짐. 그런데 결심/헌신이 없는 이러한 사랑관계를 결혼으로 이어지게 하면 성숙한 사랑이 될 것임 |
| 얼빠진 사랑 | 열정과 결심/헌신은 있지만 친밀감이 없는 사랑. 뜨거운 열정으로 성적 결합을 갖고 동거나 결혼을 결정할 수 있음. 향후 친밀감을 발달시키지 못하면 이 같은 사랑은 식어 버리기 쉽고 헤어질 위험이 뒤 따를 수 있음 |
| 우애적 사랑 | 열정은 없지만 친밀감에 결심/헌신이 더해진 우정과 같은 사랑. 처음에는 친밀감만 있었지만 점차 신뢰와 존경, 희로애락(喜怒哀樂)을 나누는 관계로 발전하면서 평생을 함께 하고자 하는 결심/헌신까지 한 사랑. 이러한 사랑은 결혼한 지 오래된 노부부가 신체적 매력과 끌림에 별 상관없이 끈끈한 유대감으로 서로를 보살피며 살아가는 모습에서 엿볼 수 있음 |
| 성숙한 사랑 | 사랑의 3요소인 친밀감, 열정, 결심/헌신 모두가 조화롭게 갖추어진 사랑. 사람들은 이러한 완벽한 유형의 사랑을 원하지만 이러한 사랑을 유지하는 것이 쉽지 않음. 많은 인내와 노력이 요구되기 때문임 |

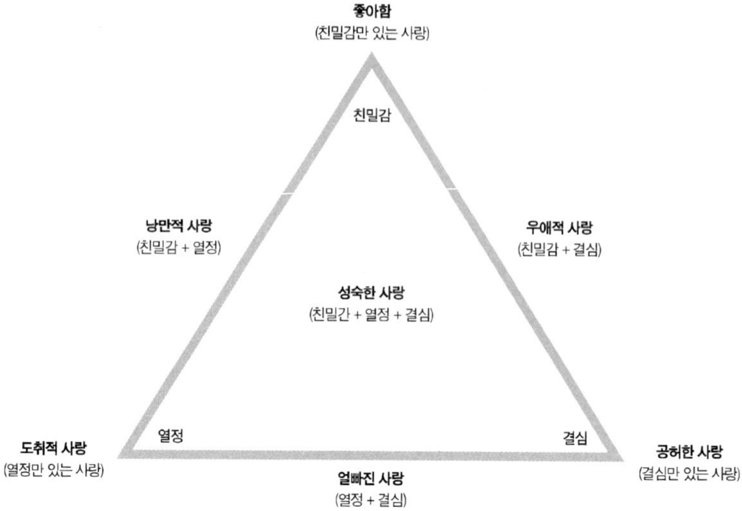


[그림 6-3] Sternberg의 사랑의 삼각형과 사랑의 일곱 가지 유형

### 3) 대학생의 사랑

우리 대학생들의 연애는 이성관계가 허용되는 자유로운 공간인 대학 캠퍼스에서 대체로 시작된다. 입시를 통과한 청년들은 그동안 꿈꾸어 왔던 아름다운 사랑을 하고 싶어 하지만 이 일이 그다지 만만치 않음을 발견한다. 한 사람과 지속적인 사랑을 하기도 하나 여러 대상과 만남과 헤어짐을 반복하는 경우가 많다. 앞서 소개한 다양한 유형의 사랑 가운데 우리 한국대학생의 사랑은 '우애적 사랑'과 '열정적 사랑'이 가장 많다(연문희 등, 1997; 홍대식, 1996). 이를 중심으로 살펴보면 다음과 같다.

#### (1) 우애적 사랑

한국 청년의 우애적 사랑은 스턴버그(Sternberg)의 친밀감과 결심이 더해진 우애적 사랑이기보다는 리(Lee)의 사랑의 색깔이론에서 우정이 서서히 애정으로 변한 우애적 사랑(storage)이라 할 수 있다. 처음에는 친구로 시작해서 일상적인 이야기를 나누면서 지내다가 오랫동안 자주 만나면서 서로 지난 어린 시절 이야기, 인생관, 가치관, 차이점, 희망 등을 공유하게 되고 신뢰를 쌓게 된다. 서로의 신뢰는 친밀감을 가져오게 되고 점차 애정이 생기게 된다. 이렇게 사랑을 잘 이끌어가는 친구 같은 사랑을 하게 된다면 상당한 심리적 안정을 도모할 수 있는 동시에 낭만적인 사랑도 경험할 수 있게 된다. 학업과 진로로 고민하는 대학생들에게 이러한 유형의 사랑은 서로 돕고 지지하면서 성장을 가져올 수 있어 바람직하다.

그런데 서로의 만남이 우정인지 애정인지 분간을 못해 고민하는 경우도 있다. 이러한 청년들에게 Sternberg(1986)는 부재검사(absence test)를 제안한다. 즉, 물리적으로 멀리 떨어져 있는 동안 느끼는 감정을 가지고 우정과 애정을 구분할 수 있다는 것이다. 만약 친한 친구를 오랫동안 못 만났다면 그립기도 하고 보고 싶기도 할 것이다. 하지만 연인끼리라면 사무치는 그리움으로 몇 날 밤을 지세우거나 가슴 아파하는 상실감으로 고통스러워할 것이다. 이것이 우정과 애정을 구분하는 차이점이다. 애정은 우정보다 더 정서적으로 친밀하고, 보살피고 책임지려는 마음이 강하고, 독점적으로 성적 결합을 갈망하게 된다. 그리하여 만약 이러한 강한 애정 욕구가 충족되지 못하면 상처를 입게 되고 그 관계가 어려울 수 있다. 그러나 우정은 오랜 세월은 친하게 지내면서 서로 믿고 이해하고 돕는 관계이지 집착하거나 독점하려는 관계라고는 볼 수 없다. 그래서 우정은 그만큼 변질될 가능성도 적어 장기간 지속될 수 있는 것이다(김애순, 2005).

#### (2) 열정적 사랑

열정적 사랑은 큐피드의 화살이 꽂힌 것처럼 강한 사랑의 감정과 신체적 끌림과 성적 결합의 강력한 욕구가 결합된 사랑이라고 앞서 언급한 바 있다. 한마디로 열정적 사랑이란 서로가 함께하기를 강렬히 원하고 생리적인 흥분을 수반하는 상태다. 열정적 사랑에 빠진 사람은 상대방으로부터 기쁨과 충만감과 황홀감을 얻지만, 상대방으로부터 대가가 없으면 공허감, 걱정, 절망으로 고통스러워하거나 혹은 상대방을 잃어버릴까 불안해서 어쩔 줄 몰라 한다. 친구 같은 우애적 사랑이 안정적인 낭만적 사랑이라면 열정적 사랑은 양극단적인 정서, 즉 환희와 절망, 황홀감과 공허감이 함께하는 감정을 지니게 된다.

## 3. 사랑의 능력

열심히 공부해서 높은 학점을 따고 좋은 직장을 구하는 일은 자신의 노력과 능력이 많이 작용한다. 그러나 남녀 간의 사랑은 두 사람의 관계에서 발생하므로 자신의 능력에만 기인하지 않는다. 두 사람 각자 어린 시절의 애착 경험, 자기 개념, 사랑의 기술, 사랑의 실패 경험 등이 복합적으로 작용한다.

### 1) 어린 시절의 안정적인 애착 형성

'결혼은 3살부터 준비하는 것'이고, '사랑을 받아본 사람이 사랑을 주는 것'도 알며, '자신을 사랑하는 사람이라면 자신을 사랑하듯이 모든 사람들을 사랑할 것'이라는 등과 같은 말들을 들어보았을 것이다. 이는 이성을 사랑하는 능력은 자신을 사랑하는 데서 비롯됨을 뜻하고, 여기에는 어린 시절 나-부모와의 관계가 중요하게 작용한다.

앞서 2장에서도 언급했듯이, 나-부모의 관계의 질은 출생 3개월~3년 동안의 일차적 양육자(주로 어머니)와의 애정적 유대관계, 즉 애착(attachment)에 달려있다(Bowlby, 1969, 1988). 애착은 양육자가 영아의 신호(예: 울음, 몸짓, 얼굴표정, 언어 등)에 민감하게 반응하여 영아에게 사랑과 위안의 대상된다는 누적된 경험을 통해 형성된다. 이러한 안정적인 애착은 평생 동안 부모-자녀 관계, 자녀의 정서·인지·성격·대인관계 발달에 결정적인 역할을 할 뿐만 아니라 특히 청년기에 이르러 이성과의 관계 형성에도 영향을 준다. 다시 말해, 민감하고 반응적인 양육자에 의해 길러진 아이는 양육자와 자신에 대한 기본적인 표상이 대상을 확대하면서 타인에게도 일반화되어 긍정적인 내적 작동모델(internal working model)을 발달시키게 된다. 부모에 의해 안정적인 애착을 형성한 사람은 자신에 대해 타인이 좋아할 만한 긍정적인 면이 있고 타인에 대해서도 신뢰할 만하고 의지할 수 있다는 긍정적인 생각을 하게 되어 친구나 이성에 대해 친밀한 관계를 형성하게 된다는 것이다.

반면에 둔감하고 무관심하거나 학대적인 양육을 받은 사람, 다시 말해 어린 시기 애착욕구가 좌절된 사람은 부정적인 내적 작동모델(internal working model)을 발달시켜 상반된 표상을 지니게 된다. 즉, 자신은 사랑받거나 가치 있는 존재가 아니고, 타인에 대해서도 믿거나 의지할 수 있는 사람이 아니라는 부정적인 표상을 형성하게 되어 타인을 사랑하고 친밀한 관계를 형성하는데 어려움을 겪게 된다(Bretherton, 1990) (표 6-3 참조).

〈표 6-3〉 어린 시절 애착과 청년기 이성과의 관계 형성

| | | | | |
|---|---|---|---|---|
| 어린 시절 안정적인 애착형성 | → | 긍정적인 내적 작동모델의 발달 | → | 높은 자존감/ 이성과 친밀한 관계 형성 |
| 어린 시절 애착욕구의 좌절 | → | 부정적인 내적 작동모델의 발달 | → | 낮은 자존감/ 이성과 친밀한 관계형성의 어려움 |

그리하여 어린 시절 형성된 애착은 청년의 사랑 유형과도 관련되는 것으로 지적되고 있다. 리(Lee)의 사랑의 색깔이론에서 제시된 사랑의 유형과 애착간의 관련성에서, 안정애착을 지닌 대학생들은 열정적·헌신적 사랑을 하는 경향이 있고, 불안정애착을 지닌 대학생들은 소유적·의존적 사랑을 할 가능성이 높은 것으로 나타났다(장휘숙, 2002a). 이는 부모의 민감하고 반응적인 양육으로 나-부모 간에 신뢰를 형성한 대학생, 즉 안정애착을 형성한 대학생들은 이를 일반화시켜 이성에 대해서도 신뢰와 자율을 바탕으로 한 사랑을 할 수 있음을 의미한다.

### 2) 긍정적인 자기개념

타인이나 연인과의 관계는 나-부모의 애착관계이외 나에 대한 자기개념도 중요한 요인으로 작용한다. 자기개념(self-concept)이란 개인이 자기의 외모, 타인에 의한 수용도(인기도), 학업, 운동, 품행 등이 어떠한지 총체적으로 갖는 생각이나 평가이다. 이러한 자신에 대한 이해는 어린 시절에는 자신에 대해 이해할 수 있는 부분에 한계가 있기 때문에 '부모가 나를 이렇게 생각하시는 구나'라는 부모의 태도에 대한 자신의 느낌에 따라 자기를 이해하게 된다. 자기개념은 점차 성장해 감에 따라 또래

와 교사의 언어적 비언어적 반응, 자기가 수행한 성취의 정도, 성취에 대한 타인과의 비교 등과 같은 여러 요인에 의해 영향을 받는다.

자기를 긍정적으로 보는 긍정적인 자기개념이 형성된 사람은 자신의 장단점을 수용하고 자신의 있는 그대로를 사랑하면서 자신을 가치 있게 여기는 자기존중감이 높은 사람이다. 이들은 자신감이 있고 열린 마음을 지닌 개방적인 사람이다. 그래서 이들은 자신의 생각이나 감정을 표현하는 데 매우 솔직할 뿐만 아니라, 타인의 감정과 욕구도 민감하게 배려할 줄 안다. 남을 수용하고 사랑할 수 있는 여유와 여력이 있는 것이다. 반면에 자기개념이 부정적인 사람은 열등감과 자기혐오 때문에 자아존중감이 낮은 사람이다. 이들은 자신감이 낮아 자신의 결함이나 단점이 드러날까 봐 방어적이고 자기노출을 기피하는 마음이 닫힌 사람이다. 그리하여 자신의 감정이나 생각을 솔직하게 표현하지 못할 뿐만 아니라, 타인을 수용하고 배려할 여유가 없어 사랑을 주고받기 힘들어 한다.

간혹 사랑이 넘치는 타인과의 만남을 통해 사랑의 능력을 발달시키는 운 좋은 경우도 있다. 하지만 사랑의 능력은 기본적으로 어린 시절의 애착과 자기개념과 밀접한 관련이 있고, 자기를 사랑하는 사람이 남을 사랑하게 된다(김애순, 2005; 이명조, 김소아, 2009).

### 3) 사랑의 기술

흔히 사람들은 사랑을 노래하고 사랑에 심취하지만 사랑의 기술을 배우려고 하지 않기 때문에 사랑의 관계가 지속되기 어렵다. 프롬(Fromm)이 말했듯이, 사랑에서 성공하려면 '기술(art)'이 필요한 것이다. 사랑의 기술을 몇 가지 측면으로 나누어 살펴보면 다음과 같다.

■ 사랑은 상대적이다.

사랑의 기술이란 상대방에 대한 이해와 존중에 기초한 자연스럽게 주고받는 상대적인 사랑에서 나온다. 하지만 많은 연인들은 사랑을 받는 것에 대해서는 당연한 것으로 여기나 사랑을 주는 것에 대해서는 인색한 것 같다. 연인 중 어느 한 쪽이 더 많은 투자로 인해 돌아오는 보상이 적다고 느껴지면 이는 평등하지 못한 불균형의 관계가 되어 사랑의 지속을 어렵게 만든다. 이는 어린 시절 보아왔던 부모들의 사랑 방식에 의해 영향을 많이 받는다. 예컨대, 부모 중 한쪽이 상대방에게 헌신적으로 베푸는 것만 보아왔던 청년이라면 주고받는 상대적인 사랑에 익숙하지 않을 것이다(Fromm, 2000).

■ 사랑은 상대방에 대한 민감성이다.

사랑하는 능력은 상대방이 무엇을 생각하고, 느끼고, 원하는지를 잘 알아차려 적절한 반응을 보이는 것이다. 이를 위해서는 상대방의 말을 경청하고, 얼굴표정이나 몸짓에서 어떤 속마음이 숨어있는지를 파악하려고 노력해야 한다. 남자와 여자의 사랑의 욕구에 대한 개인적인 차이점이 있겠지만, 다음 <표 6-4> 와 같은 일반적인 차이점을 안다면 상대방에 대한 욕구를 이해하는데 도움이 될 수 있을 것이다(Gray, 2004). 많은 청춘 남녀들은 자기의 잣대로 상대방을 이해함으로써 오해를 불러일으켜 사랑의 어려움을 겪는다. 상대방의 입장에서 이해하고 느끼는 공감능력과 이러한 공감의 마음을 상대방에게 되돌려 표현하는 능력은 아주 중요하다.

〈표 6-4〉 남녀 사랑의 욕구 차이

| 남자 | 여자 |
|---|---|
| 목표지향적임. 유능함, 타인의 인정과 신뢰, 자율성, 힘의 과시, 찬사 등을 받고 싶어 함 | 관계 지향적임. 친밀함, 관심, 보살핌, 대화를 원함 |
| 여자가 자기를 필요로 한다고 느낄 때 힘이 생기게 되고 그 문제를 해결해 주어야한다고 생각하는 반면, 도움·보살핌·조언·충고를 받으면 자존심을 손상 받고 조종당하고 있는 듯 한 느낌을 가짐 | 남자가 자기를 사랑하고 있다고 느낄 때 마음을 움직이게 되고, 어떤 문제의 해결보다는 이해와 공감을 원함. 도움·보살핌·조언·충고를 받으면 호의·관심·애정으로 간주함 |
| 스트레스를 받게 되는 상황에서 타인을 만나기보다 혼자 조용히 할 수 있는 활동, 예컨대 등산이나 낚시를 하고 싶어 함 | 스트레스를 받게 되면 타인과의 대화를 통해 감정을 표출하고 공감을 받고 싶어 함 |

■ 나의 마음을 적절히 표현한다.

상대방에 대한 민감한 반응과 더불어 나의 마음을 표현하는 것도 사랑의 지속을 위해 필요하다. 자신이 욕구불만이 가득한 상태에서는 친밀감도 사랑의 마음도 생겨나지 않는다. 사람마다 마음을 표현하는 방식에 차이가 있겠지만 '나 메시지(I-Messages)' 전달이 유용할 수 있다. 불만을 가져다 준 상대방의 행동이 무엇인지를 분명하게 이야기하고, 그 행동으로 인해 미치는 영향과 자신의 솔직한 감정을 표현한다. 실제로 이러한 자신의 속마음을 드러내는 메시지를 표현하는 일은 쉽지 않다. 흔히 내 마음을 몰라주면 화부터 내게 되는데 화를 내기 전에 내가 정말로 무엇을 느끼는지를 자문하고 나 메시지를 전달하도록 한다. 이때 말하는 시기와 태도는 메시지 전달내용 이상으로 중요하다. 기분이 괜찮은 적절한 시기를 골라 신뢰하고 존중하는 마음이 들어있는 태도로 메시지 내용을 전달하도록 한다. 자칫 따지고 무시하는 듯 한 태도는 상대방을 멀어지게 할 뿐이다.

■ 서로의 관심을 공유한다.

두 사람이 사랑하는 동안 관심의 대상이 달라서 싫증을 느끼게 되면 사랑의 실패를 가져올 수 있다. 사랑의 과정에서 겪게 되는 어려움이나 실패의 원인이 관심의 차이라는 것을 미리 알았더라면 이를 극복하는 노력이 있었을 텐데 하며 아쉬움을 가지는 청춘남녀가 많다. 상대방의 관심을 공유하려고 하는 노력은 중요한 사랑의 기술이다. 사랑하는 사람을 위해서라면 자신의 희생을 감수하려는 이타적이고 헌신적인 사랑이 내포되어 있는 것이다.

■ 적당한 거리를 유지한다.

사랑의 능력에는 적당한 거리를 유지하려는 노력도 포함된다. 남녀 간의 관계를 두고 흔히 '불가근 불가원(不可近 不可遠)'이라는 말을 잘 쓴다. 즉, 너무 가까이도 너무 멀리도 하지 말라는 의미이다. 서로 간에 너무 먼 거리에 있어도 친밀한 관계를 형성하기 어렵지만 너무 가까이 있어도 오히려 위험을 초래할 수 있다. 그 이유는 너무 가까이 지내다보면 서로 간의 약점들이 쉽게 노출되어 상대방에 대한 존경심이 사라질 수 있기 때문이다.

**사랑하는 사람이 과거 문제로 고통스러워한다면?**

사랑을 하게 되면 상대방에게 중요한 사람이 되고 싶고, 상대방으로부터 인정과 감사를 받고 싶어 한다. 그런데 만약 사랑하는 사람이 오래된 과거의 고통에서 벗어나기를 바란다면 어떻게 해야 할까? 그 해답은 그가 스스로 그 문제를 해결할 때까지 기다려 주어야 한다. 있는 그대로 그를 사랑하면서 말이다.

그런데 연인들은 사랑하니까 상대방을 구원하려들고 치유하려든다. 그러면 그 관계는 깨어지게 되어있다. 사랑하는 사람을 지배하려 할 것이고, 상대방은 자신을 통제하려는 상대방에게 분노를 쏟아 낼 것이다. 그리하여 서로의 통제되지 않은 감정은 점차 상대방에게 상처를 주게 되고 결국 파국으로 치닫게 된다.

사랑은 상처를 치유하는 힘을 가지고 있다. 그러나 그것은 사랑하는 사람에게 쏟는 사랑 그 자체에서 나오는 것이다. 문제를 해결하고 치유하는 것은 상대방 자신이고, 그것이 어려우면 전문적 상담을 받아보아야 한다. 가장 강한 사랑은 그저 상대방 옆에 있어주고 기다려주는 일이다.

출처: 김혜남(2009)

### 4) 사랑의 실패경험

사랑을 시작한 대학생들은 그 사랑이 영원할 것이라 생각하지만 불행하게도 오래가는 경우가 많지 않다. 사랑의 초기는 열정적인 감정으로 달콤한 행복감에 젖어들지만 시간이 흐를수록 두 사람 사이에 생기는 크고 작은 여러 갈등들로 인해 욕구불만, 질투, 좌절감, 원망과 같은 부정적인 감정이 생겨나 그 관계가 멀어지고, 돌아갈 수 없는 절망의 늪에 빠질 수 있다.

많은 대학생들은 이성을 만나고 헤어짐을 반복하면서 사랑을 배워나간다. 일반적으로 사랑의 실패로 인한 상처가 회복되는 기간은 6개월 이내라고 한다. 대체로 실연을 극복하는 과정은 다음과 같다(권석만, 1997).

- 자신이 실연으로 아파하며 슬퍼하고 있다는 사실을 받아들이고 이러한 현상이 실연에 대한 자연스럽고 정상적이라는 것을 자각하도록 한다. 사랑이 실패로 끝나게 된다면 상실감, 자존심의 손상, 허탈, 배신감 등으로 많은 상처와 고통으로 힘들어 한다. 이러한 현상을 실연에 대한 자연스럽고도 정상적인 반응임을 자각하고 받아들이도록 한다.
- 실연의 상처를 충분히 아파하고 표현한다. 실연의 상처는 그 고통을 충분히 느끼고 표현할수록 빨리 아물 수 있다. 친구나 선배, 혹은 상담자와 지난 사랑의 아픔에 대한 마음을 터놓고 대화를 나누도록 한다.
- 일상의 변화를 통해 기분을 전환하도록 한다. 흥미 있는 분야에 빠져보기도 하고 여행을 다녀보는 것은 마음을 새롭게 가다듬을 수 있는 계기가 된다.
- 실연에 대해 반성한다. 자신의 사랑의 과정에 대한 전반적인 점검을 해본다. 앞서 '사랑의 기술'에서 언급한 사랑의 상대성, 상대방에 대한 민감성, 적절한 나의 마음 표현, 서로간의 관심 공유, 적당한 거리 유지 등에 대한 나의 대처 방식을 점검하면서 반성한다. 이러한 점검과 반성을 통해 이전의 이성에 대한 집착으로부터 점차 벗어나게 되고 자유와 정서적 안정을 되찾게 되고 자신을 보는 통찰력이 생기게 된다.
- 학업이나 진로로 시각을 돌리면서 자신을 발전시켜 나아간다. 대학생으로서의 본분에 충실한 학업이나 진로라는 궤도에 진입하려고 노력하게 되면 실연의 아픔은 점차 퇴색하게 된다.

실연을 하게 되면 다시는 어떤 사람과도 사랑할 것 같지 않다고 말한다. 하지만 얼마 지나지 않아 새로운 사람을 만나서 사랑을 나누는 자신의 모습에 놀라면서 이제는 실패하지 않겠다고 다짐한다. 이는 실연의 극복 과정을 거치면서 같은 경험을 되풀이하지 않으려고 노력하는 사람이다. 사랑의 실패경험이 사랑의 능력을 키우는데 기여한 것이다.

## 4. 사랑과 성

이성간의 사랑의 감정에는 정신적인 교감뿐만 아니라 육체적인 성관계도 중요한 요소로 작용한다. 최근 성에 대한 윤리, 가치, 태도가 크게 변하면서 많은 대학생들은 사랑하는 관계라는 이유로 혼전성교를 당연한 것으로 생각하는 경향이 있고 연애를 시작한지 6개월 이내 상당수의 학생이 성교를 경험한다고 한다. 대학생의 성의식 및 성경험에 대해 살펴보기로 하자.

### 1) 대학생의 성의식 및 성경험

대학생의 성의식 및 성경험에 대한 실태조사 두 가지를 소개하면 다음과 같다. 하나는 전국 대학생을 대상으로 성의식, 첫 성경험 및 성 행동에 대한 성차를 조사한 것이며(손애리, 천성수, 2006), 다른 하나는 서울시내 5개 대학 대학생 442명(남자 227명, 여자 215명; 1학년 64명, 2학년 158명, 3학년 89명, 4학년 131명)을 대상으로 설문조사한 것이다(김애순, 2010).

〈표 6-5〉 대학생의 성의식 및 성경험 실태조사

| '전국 대학생의 성의식, 첫 성경험 및 성 행동에 대한 성차'(손애리, 천성수, 2006) | | |
|---|---|---|
| 혼전·혼외 성관계 태도 | 사랑하는 사이의 혼전 성관계 | 허용하는 남성은 65.5%, 여성은 31.3%, 반대하는 남성은 15.1%, 여성은 39.7% |
| | 결혼 후 배우자 이외의 성관계 | 허용하는 남성은 19.9%, 여성은 11.2%, 반대하는 남성은 57.7%, 여성은 72.6% |
| 첫 성경험 시의 상황 | 첫 성관계 상대 | 사랑하는 사람(남성은 39.6%, 여성은 52.4%), 호감 가는 사람(남성은 26.7%, 여성은 14.6%), 사랑하지 않는 사람(남성은 13.4%, 여성은 6.1%), 배우자가 될 사람(남성은 8.0%, 여성은 19.5%) |
| | 첫 성관계 시 음주 여부 | 음주를 한 남성은 34.5%, 여성은 27.7%이고, 음주를 하지 않은 남성은 58.4%이고, 여성은 65.1% |
| | 첫 성관계의 계획 여부 | 계획을 한 남성은 19.4%, 여성은 23.2%이고, 계획을 하지 않은 남성은 80.6%이고, 여성은 76.8% |
| | 첫 성관계 시 피임 여부 | 피임한 남성은 24.4%, 여성은 27.7%이고, 피임하지 않은 남성은 56.3%, 여성은 49.4% |
| **'대학생의 혼전 성행동에 대한 태도와 성경험 실태'(김애순, 2010)** | | |
| 혼전 성교에 대한 태도 및 학년별 추이 | 남성 | 사랑하는 사이라면 허용(68.47%), 결혼을 약속한 사이라면 허용(11.71%), 특별한 감정 없이도 즐김(11.26%), 절대순결을 지킴(8.56%) |
| | 여성 | 사랑하는 사이라면 허용(47.64%), 결혼을 약속한 사이라면 허용(25.47%), 절대순결을 지킴(24.53%), 특별한 감정 없이도 즐김(2.36%) |
| | 학년별 추이 | 남성의 경우 사랑하는 사이라면 허용(2학년 76.47% ⇒ 4학년 61.84%), 절대순결을 지킴(2학년 7.35% ⇒ 4학년 9.21%), 여성의 경우 사랑하는 사이라면 허용(2학년 35.63% ⇒ 4학년 62.96%), 절대순결을 지킴(2학년 33.33% ⇒ 4학년 7.41%) |
| 혼전 성경험 유무 및 학년별 추이 | 혼전 성경험 있음 | 남성은 52.04% 여성은 13.53 |
| | 학년별 추이 | 남성은 1학년(33%), 2학년(34%), 3학년(58.82%), 4학년(67.53%), 여성은 1학년(0%), 2학년(5.81%), 3학년(22.86%), 4학년(29.4%) |

| 결혼을 약속한 사람이 과거 혼전 성경험을 털어놓았을 때 관용성 | 남성 | 개의치 않음(50.22%), 사정을 들어보고 가능하면 용서하겠음(41.70%), 결혼을 보류하고 생각할 시간을 가지겠음(6.73%), 헤어지겠음(1.35%) |
|---|---|---|
| | 여성 | 사정을 들어보고 가능하면 용서하겠음(50.00), 개의치 않음(33.64%), 결혼을 보류하고 생각할 시간을 가지겠음(15.89%), 헤어지겠음(0.47%) |
| | 학년별 추이 | 남성은 개의치 않음(2학년 60.87% ⇒ 4학년 44.74%), 사정을 들어보고 가능하면 용서하겠음(2학년 36.23% ⇒ 4학년 46.05%), 여성은 개의치 않음(2학년 33.64% ⇒ 4학년 51.85%), 사정을 들어보고 가능하면 용서하겠음(2학년 56.18% ⇒ 4학년 35.19%). |

이상의 손애리와 천성수 (2006) 연구에서는 다음과 같은 해석을 내리고 있다.

첫째, 남성이 여성보다 혼전 성관계에 대한 태도가 개방적이다(남녀 각각 약 66%, 31%).

둘째, 첫 성경험은 남성과 여성 모두 사랑하는 사람을 대상으로 하나 남성의 경우 호감 가는 사람도 높은 첫 성경험 비율을 보였다(사랑하는 사람: 남성 39.6%, 여성 52.4%, 호감 가는 사람: 남성 26.7%, 여성 14.6%).

셋째, 첫 성관계는 남녀 모두 계획 없이 술김에 저지르는 충동성을 어느 정도 보이고 있다.

그리고 김애순(2010, pp. 428-432)의 설문조사에 대해서는 다음과 같은 해석을 하고 있다.

첫째, 남녀 모두 사랑하는 사이라면 허용할 것을 1순위(남 68%, 여 48%)로 두고 남성이 여성보다 혼전 성교에 대한 태도가 개방적이다. 하지만 학년이 올라가면서 남녀는 정반대의 경향, 즉 남성은 2학년 때 가장 개방적이다가 차츰 보수로, 여성은 2학년 이후 점차 개방성을 띠게 되어 결국 4학년이 되면 혼전 성교에 대한 태도가 남성과 비슷하게 수렴된다.

둘째, 실제 혼전 성경험은 남성이 여성보다 훨씬 많으며 학년이 올라갈수록 남녀 모두 혼전 성경험이 증가하여 4학년 남성과 여성 각각 약 70%, 30%에 이르게 된다.

셋째, 남성이 여성에 비해 관용성이 조금 높은 편이나 혼전 성경험에 대한 관용성의 학년별 추이에서는 남녀가 뚜렷하게 다르다. 즉, 남성은 '개의치 않음'이 2학년에 절정에 이르나, 학년이 올라갈수록 관용성이 낮아지고, 그 대신 '사정을 들어보고 가능하면 용서하겠음'이 약간 증가한다. 반면에 여성의 혼전 성경험에 대한 관용성은 '개의치 않음'이 학년이 올라갈수록 높아져 4학년에 절정을 이루고, '사정을 들어보고 가능하면 용서하겠음'은 학년이 올라갈수록 감소한다. 즉, 학년이 올라갈수록 남성의 경우 보수적, 여성은 개방성을 띠게 되어 결국 4학년이 되면 혼전 성경험에 대한 관용성이 수렴하는 경향을 보인다.

### 2) 대학생의 성경험에 대한 자기보고

많은 대학생들에게 나타난 '사랑하면 혼전 성교를 허용하겠다.'는 성에 대한 의식과 태도가 실제 성 행위를 한 이후에는 어떠한지 김애순(2010)은 대학생들의 자기 보고서를 통해 다음과 같이 요약하고 있다.

#### (1) 첫 성경험 이후의 감정

첫 성경험은 여러 복합적 감정을 불러일으킨다. 자신의 정체를 상실한 듯 두려움과 혼란에 빠져든다. 사회적 윤리와 도덕률을 이탈한데서 오는 불안감, 대학캠퍼스에서의 수많은 또래나 선후배의 시선에 대한 불안이나 두려움, 지금까지 지켜온 성이 무너진 듯 허전함, 수치심, 죄책감, 자기비하감으로 힘들어 한다. 이러한 마음은 '사랑하면 혼전 성교를 허용하겠다.'는 대학생들의 반응은 확신이 아닌 매우 막연한 의식과 태도를 말해준다. 성행위가 아무리 사랑하기 때문에 자발적으로 일어났다고 할지라도 불안, 자존심 저하, 자기비하감이 뒤따른다면 그것은 정상적인 성 행위라고 하기는 어려울 것이다. 비교적 성에 대한 가치관이 확실하게 형성된 청년들조차도 비슷한 상황에서 흔들리는 자신의 모습을 보이는 경우가 있다. 과거에 성 문제에 관한한 여성에게는 엄하게 순결을 요구하고 남성에게는 너그러운 성의 이중 기준이 최근 들어 약화되고 있고 많은 청년들이 혼전 순결의 가치를 구시대적이라고는 하나, 이러한 자신의 모습은 혼전 순결이 어떤 의미를 지니는지 이해하는데 충분한 메시지가 될 것이다.

### (2) 성 행위 이후의 사랑

성 행위 이후에는 더욱 친밀한 사랑을 확인할 수 없는 것이 일반적이다. 대학에 들어오게 되면 누구나 연애에 대한 환상을 실현해보려고 한다. 일부 청년들은 이성과 사귄지 얼마 지나지 않아 스킨십을 하고 소위 사랑한다는 명분하에 깊은 성관계까지 맺게 된다. 성관계를 하는 상황은 다양하나 충동적인 경우가 적지 않다. 한순간 사랑의 열정으로 성적 욕구를 제어하지 못해 관계를 맺을 수 있고, 음주 후 분위기에 휘말려 들거나 한쪽의 요구에 어쩔 수 없이 원치 않은 성행위를 가질 수 있다. '사랑하니까', '사랑하는 사람이 원하니까', '거부하면 사랑을 잃어버리지 않을까'하는 두려움이 그 원인으로 작용하지만 그 결과는 아이러니

하다. 아주 성숙한 사랑인 경우를 제외하고는 성 행위이후 대부분 사랑의 열정은 식어버리고 결국 이별의 쓰라린 고통을 겪기 때문이다. 즉, 처음의 낭만적인 사랑 감정은 중독성의 섹스 파트너로 변하고 점차 이도 물리게 되고 지겨워지게 된다. 또한 상대방에 대해 집요한 사랑 확인 작업은 구속과 부담을 안겨주어 갈등이 증폭되고 결국 여성에게 일방적인 상처를 안겨주는 것으로 끝나는 비극을 낳는다. 이는 성 행위가 남성의 본능적 성 욕구의 충족이 위주인 반면, 여성은 사랑과 친밀감에서 성 행위를 가지기 때문이다(Box 6-1 참조). 사랑과 성이 무엇인지 정확하게 모르는 채, 사랑하면 성 행위가 당연한 것으로 여기는 것은 재고의 여지가 있다.

그렇다고 혼전 성 경험으로 상처를 받았다하더라도 이것을 사랑의 전부라고 생각할 필요는 없다. 혼전 성 경험이 사랑을 표현하는 한 가지 수단에 불과하다고 보아야 한다. 자신의 자존심 저하나 자기비하감으로 고통 받고, 자칫 '쉬운 여자', '쉬운 남자'로 전락하는 어처구니없는 짓은 금물이다. 진정으로 사랑하기 때문에 혼전 성교를 허용하겠다는 태도나 가치관을 고수하고자 한다면, 사랑의 요소나 사랑의 색깔을 분별할 수 있는 능력이 반드시 필요하다. 성적 열정이외 상대방에 대한 정서적 친밀감, 상대방에 대한 배려, 보호, 책임의식까지 고려하는 성숙한 사랑인지 확신이 서야 한다.

### 3) 남녀 호르몬과 성행동

뇌에서 작용하는 남녀 호르몬은 그들의 행동에 큰 영향을 미친다. 남자와 여자의 뇌는 모두 사랑의 신경회로를 가지고 태어나며, 사춘기에 이르러 특정 신경전달물질에 의해 활성화된다. 남녀의 뇌를 생물학적으로 이해하는 것은 남자와 여자 사이의 성적 차이를 상당 부분 이해하는 데 도움을 줄 수 있다(Box 6-1 참조).

[Box 6-1] 생물학적인 남녀의 뇌와 성

남자와 여자의 뇌에서 작용하는 호르몬이 남녀의 어떤 성행동 차이를 만드는 것일까. 브리젠딘(Brizendine, 2007, 2010)의 내용을 발췌·요약하면 다음과 같다.

- 20대 남성의 뇌는 짝짓기를 갈구한다.

다음의 남자의 뇌에 대한 설명은 18~22세의 젊은 남자를 대상으로 한 연구에 근거하고 있다.

"남자의 뇌시상하부에는 성적 충동에 할애된 공간이 여자의 뇌보다 2.5배 크다. 남자 시각 피질의 배경에는 밤이나 낮이나 성적인 생각이 떠돌면서 성적 기회를 포착할 준비를 갖추고 있다(Brizendine, 2007, p.13). 평균적으로 성적 충동을 남자의 경우 52초마다, 여자는 하루에 1회 정도 느낀다. 이러한 뇌구조의 불일치는 남녀가 동일한 상황을 서로 다르게 인식하는 이유를 설명해준다(Brizendine, 2007, p.21)."

"오늘날 지구상의 모든 남자는 수백만 년 동안 생식력이 있는 여성에게 집중해온 생물학적으로 선택받아온 자손들이다... 남자의 뇌는 여성의 몸매가 다른 남자의 아이를 임신한 상태가 아닌 날씬한 몸매라는 사실을 알고 '짝짓기 모드'로 돌입하면 이 한 가지 생각밖에 하지 못한다(Brizendine, 2010, pp. 104~105.) 이는 조상들로부터 짝짓기에 관한 뇌회로를 물려받았기 때문일 것이다. 또한 사회적 평판 역시 여자를 평가하는 중요한 요소가 되는데, 이는 자기하고만 성관계를 할 여자를 골라야만 자신의 유전자를 성공적으로 재생산할 수 있기 때문이다(Brizendine, 2007, p.116).”

“남자에게 짝짓기 게임에 승리한다는 것은 기본적으로 자신의 DNA와 유전자를 다음 세대로 전달하는 일이다. 비록 의식적으로 그런 생각을 하지는 않지만, 남자 뇌의 본능적인 부분은 자신이 많은 여자와 섹스를 할수록 더 많은 자손을 남길 수 있음을 알고 있다(Brizendine, 2010, p.100). 연구결과에 따르면 남자들은 평생 동안 평균 14명 정도의 성적 파트너를 원하는 반면, 여자들은 평균 1~2명 정도를 원한다(Brizendine, 2010, p.134).”

이상과 같은 18~22세의 젊은 남자의 섹스와 관련된 뇌는 화학물질인 도파민에 테스토스테론과 바소프레신이 섞여 행복한 도취감을 유발하고, 사랑을 더 많이 나눌수록 두 사람의 몸과 뇌는 더욱 중독된다. 그런데 남자의 뇌는 평생 엄청난 변화를 겪는다. 예컨대, 나이가 들면서 원숙해져서 테스토스테론의 자연스런 감소로 사람들과 좋은 관계를 유지하는데 노력하고, 아내가 임신과 더불어 성적욕구도 줄어들면서 자상한 아빠가 될 준비를 한다. 아이와 놀아주는 방식, 즉 야단법석을 떨고 짓궂게 괴롭히며 놀아주는 것은 아이들이 현실세계를 준비하는데 도움을 준다(Brizendine, 2010, pp. 256-257).

▪ 여자의 사랑 신경회로는 남자의 신뢰를 원한다.

“남자와 여자가 사랑을 시작하는 방식은 서로 많이 달라서 남자가 여자를 쫓아다니고 여자가 선택을 한다. 이것은 수백만 년에 걸쳐 자신의 유전자를 어떻게 번식시킬 것인지를 학습해온 조상들에게서 물려받은 유산이며, 뇌회로 방식이다. 여자의 사랑 신경회로는 남자를 볼 때 애인보다는 남편감으로 적당한지를 먼저 판단하려는 경향이 있다. 전 세계 모든 여자들은 공통적으로 남자의 외모에 관심이 적은 반면, 물질적 자원과 사회적 지위에 관심을 갖는다. 여자는 남자의 정자에 비해 한정된 난자로 아이를 낳아 키우고 보살피므로 난자를 잘 지키기 위해 세심한 주의를 기울인다. 남자는 한 번의 성행위로 여자를 임신시키고 그대로 떠나버릴 수 있다. 하지만 여자는 9개월 동안 태아를 보살피고, 출산의 위험을 감수하고, 몇 개월씩 수유를 하고, 그 이후로도 아이를 계속 보살피기 위해 힘든 과정을 겪어내야 한다. 홀로 이런 도전에 직면해야 했던 아주 먼 옛날의 여자 조상들은 유전자를 성공적으로 남기는 일이 쉽지 않았고, 그래서 성행위나 그로 인한 임신에 대해 남자보다 더 조심스러울 수밖에 없었던 것이다. 결과적으로 여자들에게 가장 안전한 선택은 오랫동안 자기 곁에 머물 수 있는 남자를 고름으로써 아이와 자신을 보호해주고 식량, 은신처, 다른 자원에 접근할 수 있는 기회를 높이는 것이다. ... 최악의 사태가 될 수 있는 바람피우는 성실하지 못한 남자 만나는 것을 피하기 위해 여러 명의 남자를 계속 후보로 올려놓게 되고 그를 신뢰할 때까지 관찰하게 된다(Brizendine, 2007, pp. 107-112)."

"인간의 본능상 여자를 속이고 성관계를 맺는데 능숙한 남자일수록 여자들에게 선택받을 확률이 높다고 한다. 그래서 여자의 뇌는 이러한 남자들의 거짓말과 과장된 모습을 잘 짚어낼 수 있도록 발전되어야 했다. 과도한 주의력 때문에 전형적인 여자의 뇌는 남자와 달리 성행위에 쉽게 빠져들거나 흥분하지 않는다(Brizendine, 2007, p. 117)."

이렇게 남자 뇌와 여자 뇌는 서로 다른 사랑의 신경회로를 갖고 있다. 여성의 경우 도파민에 에스트로겐 및 옥시토신이 섞인다. 사랑에 빠진 여자 뇌에서는 본능적인 직감, 주의력, 기억력 회로가 활발해지나, 남자 뇌에서는 시각적 처리에 관련된 회로가 높은 활동을 보인다. 특히 포옹과 같은 스킨십은 여자에게서 옥시토신이 방출되도록 하여 더욱 쉽게 상대 남자를 신뢰하게 된다. 엄마가 딸에게 새 남자친구에게 너무 빨리, 너무 가까이 다가가지 말라고 주의를 주는 것도 이러한 이유일 것이다(Brizendine, 2007, p.122).

남녀의 뇌는 생물학적 차이가 분명히 있다. 남녀 간의 많은 갈등은 상대방의 이와 같은 선천적인 차이점을 모르고 오해함으로써 발생된다. 하지만 문화와 환경에 따라 생물학적 차이도 변화한다는 점 역시 유념해야 할 것이다.

▪ 성적 환상, 백일몽, 자위행위는 자연스런 현상이다.

인간이 가지는 이성과의 성 행위 욕구는 자연스런 현상이다. 그러나 현실적으로 용납되지 않으면 그 욕구는 자위행위 혹은 꿈이나 상상 속에서 나타나게 되는데, 이러한 행위나 현상 또한 비정상적인 것이 아니다. 특히 자위행위는 대체로 청소년기에 시작되어 20대에 절정에 달하고 남성이 여성에 비해 2배 정도로 많다. 자위행위는 성교와 같은 정도의 만족감을 얻을 수 있고 성적 긴장을 해소해 줄 수 있는 안전한 성 행위이나, 죄의식이나 수치심 혹은 자기혐오감을 가지고 이를 부인하거나 지나치게 억압하거나 혹은 강박적으로 반복될 경우가 문제다. 특히 성욕이 왕성한 청년기에 이러한 욕구를 지나치게 부인하고 억압할 경우, 자신을 통제하기가 어려운 상황이 발생할 수 있다. 자기조절을 통한 적절한 빈도의 자위행위는 신체적으로 심리적으로 나쁜 영향을 준다는 보고는 없다. 자신의 본능적 성적욕구를 인정하고 긍정적으로 생각하는 것이 중요하다.

### 4) 사랑 없는 성, 사랑 있는 성

청년들은 사랑과 성에 대해 잘 알고 대처하지 않는다면 사랑의 관계를 유지하는 것이 쉽지 않다. 많은 청년들이 사랑에 빠져보고 싶어 하지만 사랑 없는 성, 사랑 있는 성을 분별할 수 있는 능력부터 길러야 할 것이다(김애순, 2005).

### (1) 사랑 없는 성

인간은 사랑 없이 성 행위(sex)를 할 수 있는 성적 존재이다. 사랑 없는 성 행위는 크게 두 가지 형태로 설명될 수 있다. 그 하나는 마치 목마를 때 물을 찾고 배고플 때 음식을 찾는 것과 같은 인간의 1차적인 욕구에 해당하는 본능적 행위다. 프로이드(Freud)는 이러한 본능을 인간의 자연스러운 욕구라서 지나친 억압이나 금기는 문제가 된다고 본다. 그 이유는 인간의 심리적 에너지는 한정되어 있어 어느 한 기능, 예컨대 성적 욕구의 억압에 에너지를 소모하면 그만큼 다른 일을 수행 하는데 쓸 에너지가 부족해져서 지장을 초래하기 때문이라는 것이다. 이러한 프로이드의 관점은 인간의 성 행위는 본능적인 성적 쾌락과 심리적 에너지의 균형과 조화에 기초한 생물학적 긴장해소를 위한 것임을 의미한다. 하지만 이러한 성 행위가 현실적으로 충족되기 어려운 사회에서는 다른 방향, 예컨대 독서, 운동, 사회봉사 등과 같은 활동을 통하여 승화시킬 수 있다고 본다.

또 다른 형태의 사랑 없는 성 행위는 외로움, 호기심, 정복욕 혹은 피정복욕, 영웅심, 허영심, 호감 등에 의해 유발되는 육체적인 성에 집착하는 경우이다. 겉으로는 사랑하는 것 같아 보이지만 정신적 교류나 친밀감이 없기 때문에 서로의 욕구충족이 이루어지면 헤어지고 또 다시 만나기를 반복하는 중독증상을 보이다가 결국 심한 상처만 받고 헤어지게 된다. 친밀감 없이 열정만 지니거나 자존심이 낮은 청년일수록 이런 상황에 빠질 위험이 크다.

### (2) 사랑 있는 성

인간은 사랑 없는 성행위도 할 수 있지만 사랑에 기초한 진정한 성행위도 하는 인격적 존재이다. 이것이 인간이 다른 동물과 다른 점이라 할 것이다. 性이라는 한자에 心(마음)과 生(몸) 모두의 뜻이 내포되어 있듯이, 인간의 본능적 욕구와 함께 심리사회적 요인, 예컨대 이성에 대한 감정과 사고·가치관·분위기·경험 등에 의한 사랑의 마음이 성 행위에 작용한다. 이러한 사랑에 의해 유발된 성 행위는 육체적인 결합에 그치지 않고 정서적으로 따뜻한 친밀감을 가지고 상대방의 만족을 배려하는 마음, 서로 간의 충만감을 위해 노력하려는 의지, 보호하고 책임을 지려는 마음이 포함된다. 물론 육체와 정신 양면의 합일 정도는 남녀, 연령, 개인적 배경에 따라 다소 차이는 있겠지만 이들 요소 모두를 포함한 성을 우리는 아름다운 성, 진정한 성이라 할 수 있을 것이다. 인간은 성적 성격(sexual personality 혹은 sexuality)을 지닌 존재이다. 즉, 성적 즐거움과 쾌락에서 존재가치와 의미를 찾으려는 성적인 존재(sexual being)임과 동시에 이성을 포함한 타인들과 인격적 교류를 통해 존재가치나 삶의 의미를 추구하는 인격적 존재(human being)라는 것이다. 이들 양면성의 아름다운 조화야말로 성숙한 이성관계의 모습일 것이다.

[Box 6-2] 대학사회의 성희롱과 성폭행

1. 성희롱의 의미

성희롱이란 교수, 직원, 학생 등 대학 내 모든 관계에서 지위를 이용하거나 교육 등의 업무와 관련하여 상대방이 원하지 아니하는 성적 언동 등으로 성적 굴욕감과 혐오감을 유발하거나 교육 및 고용상의 불이익을 초래하는 것을 의미한다.

### 2. 성희롱의 유형

#### 1) 조건형 성희롱

(1) 교수가 학생에게 원치 않는 성적 접근을 하고, (2) 교수의 접근에 대한 수용여부가 학생에 대한 학문적 결정(시험점수, 학점, 논문 통과, 추천서 등)을 하는데 이용되는 경우에 해당된다. (예: 교수의 데이트 신청을 받아들이지 않으면 F학점을 주겠다.)

#### 2) 환경형 성희롱

(1) 교수가 수업시간에 원치 않는 성적 언급이나 행위를 지속적으로 하며, (2) 그 성적 언급이나 행위가 수업의 내용과 관련이 없으며, (3) 그 성적 언급이나 행위가 학생의 학문적 성취를 방해하고, (4) 그 성적 언급이나 행위가 학생에게 위협적이고, 적대적이고, 불쾌하게 간주되는 경우에 해당된다. (예: 교재준비를 안한 남학생들은 막노동판에서 일하고, 여학생들은 몸이라도 팔아서 교재를 구입하라.)

### 3. 성희롱의 판단 기준

통상적으로 가해자의 성적행위로 인해 피해자가 성적굴욕감 또는 혐오감을 느꼈다면 성희롱이 될 수 있다. 즉, 성희롱 판단 기준은 가해자의 의도가 아니라 피해자의 입장에서 보는 것이다. 그런데 성적 굴욕감이나 혐오감을 유발하는 피해자의 인식은 주관적인 판단인데 이를 어떻게 신뢰할 것인가? 성희롱 판별은 해당 사건에 관한 상황의 총체성을 고려해야 하는 것으로 대법원 판례를 통해 알 수 있다. 예를 들면, 서울대 우조교 사건에 관한 대법원의 판례는 (1)피해자와 가해자의 관계 (2)가해자와 피해자의 연령 (3)행위가 발생한 장소 (4)행위가 행해진 당시의 상황 (5)성적 동기 (6)성적 의도 (7)상대방의 명시적 반응의 내용 (8)상대방의 추정적 반응의 내용 (9)가해자의 행위의 내용 (10)가해자의 행위의 정도 (11)가해행위의 단절 또는 지속성 여부 (12)사회공동체의 건전한 상식 (13)사회공동체의 관행 (14)선량한 풍속 (15)사회질서 등에 비추어 성적 표현행위의 위법성을 결정해야 한다.

### 4. 성희롱과 성폭행의 규정

성희롱은「남녀차별금지 및 규제에 관한 법률」에 근거한 대학 내 법규와 「교육공무원 징계규정」, 그리고 성폭력은「형법」과 「성폭력 범죄의 처벌 및 피해자 보호 등에 관한 법률」에 의거한다. 여기서 「형법」은 성폭력 범죄로 강간과 강제추행을 규정하고, 「성폭력 범죄의 처벌 및 피해자 보호 등에 관한 법률」은 강간과 강제추행, 음행매개, 음란물 등의 제조 배포, 공연음란 등을 규정한다. 따라서 대학 내 성희롱의 내용에 강간이나 강제추행 등과 같은 범죄 행위가 포함될 때 그것은 대학 내부의 규제의 범위를 벗어나 법원의 형사 처분의 대상이 되는데, 이때 그 처벌의 항목이 '성희롱'이 아니라 '성폭력'으로 규정된다.

출처: 이명조(2008)

## 6장의 연습과제

1) 스턴버그(Sternberg)는 사랑의 3요소(친밀감, 열정, 결심/헌신)를 조합해서 일곱 가지 사랑의 유형을 제시했다. 대부분의 사람은 파트너에 대해 두 가지 이상의 사랑 유형을 경험할 수 있다고 한다. 나는 어떠한가? 아래 [Box 6-3]에서 사랑의 3요소 각각에 대해 점수를 내서 점수끼리 서로 비교해보자. 나의 사랑의 유형은 어떤가?

2) 나의 사랑의 능력을 친구들의 것과 비교해보도록 하자.

[Box 6-3] 나의 사랑의 유형

각 문항에 대해 점수를 매겨 친밀감, 열정, 결심/헌신 등 사랑의 요소에 점수를 기입한다.

1-------2-------3-------4-------5-------6-------7-------8-------9

전혀 아니다　　　　　　보통이다　　　　　　정말 그렇다

■ 친밀감 ______________

1. 나는 파트너의 행복을 위해서 적극적으로 지원한다. (　)
2. 나는 파트너와 따뜻한 관계를 맺고 싶다. (　)
3. 나는 힘들 때 파트너에게 의지할 수 있다. (　)
4. 파트너는 힘들 때 나에게 의지할 수 있다. (　)
5. 나는 파트너와 나의 모든 것을 공유할 의향이 있다. (　)
6. 나는 파트너로부터 상당한 정서적 지지를 받고 있다. (　)

7. 나는 파트너에게 상당한 정서적 지지를 주고 있다. ( )
8. 나는 파트너와 말이 잘 통한다. ( )
9. 나는 내 인생에서 파트너를 매우 중요시한다. ( )
10. 나는 파트너와 친밀감을 느낀다. ( )
11. 나는 파트너와 편안한 관계를 느끼고 있다. ( )
12. 나는 파트너를 정말 이해하고 있다고 느낀다. ( )
13. 나는 파트너가 나를 정말 이해한다고 느낀다. ( )
14. 나는 내가 파트너를 정말 신뢰한다고 느낀다. ( )
15. 나에 관한 매우 개인적인 정보를 파트너와 공유하고 있다. ( )

■ 열정 ________________

1. 파트너를 보기만 해도 나는 흥분된다. ( )
2. 나는 낮에도 파트너에 대해서 생각하는 나 자신을 자주 발견한다. ( )
3. 파트너와 나의 관계는 정말 낭만적이다. ( )
4. 나는 파트너가 매우 매력적이라고 느낀다. ( )
5. 나는 파트너를 이상화하고 있다. ( )
6. 나는 파트너처럼 나를 행복하게 만드는 사람을 상상할 수 없다. ( )
7. 나는 다른 어떤 사람보다도 파트너와 함께 있고 싶다. ( )
8. 파트너와의 관계보다 더 중요한 것은 이 세상에 없다. ( )
9. 나는 파트너와 신체적으로 접촉하는 것을 특히 좋아한다. ( )
10. 파트너와의 관계에는 마술적인 힘이 있다. ( )
11. 나는 파트너를 찬미한다. ( )
12. 나는 파트너 없는 인생을 생각할 수 없다. ( )
13. 파트너와 나의 관계는 열정적이다. ( )
14. 낭만적인 영화나 책을 보면 파트너를 생각하게 된다. ( )
15. 나는 파트너에 대해서 공상을 하곤 한다. ( )

■ 결심/헌신

1. 내가 파트너에 대해서 염려하고 있다는 것을 알고 있다. (  )
2. 나는 파트너와의 관계를 지속시키기 위해 최선을 다하고 있다. (  )
3. 다른 사람이 우리 사이에 끼어들지 않도록 나는 파트너에게 헌신할 것이다. (  )
4. 나는 파트너와의 관계가 흔들리지 않을 것이라는 점에 대해 자신감을 가지고 있다. (  )
5. 나는 어떤 난관에도 불구하고 파트너에게 헌신할 것이다. (  )
6. 파트너에 대한 나의 사랑은 남은 인생 동안 계속되리라고 예상한다. (  )
7. 나는 파트너를 위해서 항상 강한 책임감을 느낀다. (  )
8. 파트너에 대한 나의 사랑은 확고한 것이다. (  )
9. 나는 파트너와의 관계가 끝나는 것을 상상할 수 없다. (  )
10. 나는 파트너에 대한 나의 사랑을 확신한다. (  )
11. 나는 파트너와의 관계가 영원히 지속될 것이라고 생각한다. (  )
12. 나는 파트너와 사귀는 것을 잘한 결정이라고 생각한다. (  )
13. 나는 파트너에 대한 책임 의식을 느낀다. (  )
14. 나는 파트너와의 관계를 계속 유지할 것이다. (  )
15. 파트너와 갈등이 생긴다 해도 나는 여전히 우리 관계를 유지할 것이다. (  )

출처: 권석만(1997)

# 결혼

요즘 대학생들 사이에 '결혼은 선택, 직업은 필수'라는 말이 있듯이 진로나 취업을 무엇보다 중요하게 여긴다. 그렇다고 대다수 청년들이 결혼을 해도 그만 안 해도 그만이라고 생각하는 것 같지는 않다. 물론 소수의 여성들이기는 하나 진정으로 사랑하는 사람이 생기면 몰라도 직업을 통한 자아실현을 결혼보다 우선시하는 경향은 있다. 하지만 우리 부모님이 했듯이 결혼은 해야 하는 것으로 생각한다. 결혼을 앞 둔 청년들이 이 장을 통해 배우자 선택과 행복한 결혼생활을 위해 도움 받기를 기대해 본다.

# 7장 결혼

## 1. 배우자 선택

많은 사람들은 사랑하기 때문에 결혼한다고 하고, 결혼을 하면 정서적으로 안정된다고 한다. 청년기의 치열한 삶의 주제였던 사랑은 결혼으로 그 결실이 맺게 되며, 그리하여 결혼을 통해 심리적인 안정을 얻게 되는 것은 당연한 일인지 모른다. 그밖에 경제적인 안정과 사회적 지위 또한 결혼으로 인해 얻어진다고 한다. 우선 연애대상과 결혼대상, 배우자 선택을 위한 여과망이론부터 살펴보기로 하자.

### 1) 연애대상과 결혼대상

대학생들에 의하면, 연애상대와 결혼상대는 다소 다르다고 한다. 연애상대로 남자는 친절과 이해심, 신체적 매력, 재미있는 성격, 지성 등의 순으로 여자의 특성을 선호하고, 여자는 친절과 이해심, 재미있는 성격, 지성, 신체적 매력 등의 순으로 남자를 선호한다. 하지만 결혼상대로는 남자는 친절과 이해심, 건강, 지성, 신체적 매력, 여자는 친절과 이해심,

건강, 지성, 경제적 능력 등의 순으로 상대방 특성을 든다(홍대식, 1996).

〈표 7-1〉 남녀 대학생의 연애대상과 결혼대상에 대한 선호특성

| 순위 | 연애대상 | | 결혼대상 | |
|---|---|---|---|---|
| | 여자 | 남자 | 여자 | 남자 |
| 1 | 친절과 이해심 | 친절과 이해심 | 친절과 이해심 | 친절과 이해심 |
| 2 | 신체적 매력 | 재미있는 성격 | 건강 | 건강 |
| 3 | 재미있는 성격 | 지성 | 지성 | 지성 |
| 4 | 지성 | 신체적 매력 | 신체적 매력 | 경제적 능력 |

<표 7-1>에서 볼 수 있듯이, 남자나 여자나 연애대상과 결혼대상 모두 '친절과 이해심'을 가장 선호하는 으뜸 특성으로 들었다. 연애대상과 결혼대상에서 남녀의 차이를 든다면, 연애 대상 선호특성은 남녀 차이 없이 순위만 다를 뿐이고, 결혼대상 선호특성은 남자는 여자의 신체적 매력(4순위), 여자는 남자의 경제적 능력(4순위)을 들었다. 이는 여자가 남자에 비해 보다 현실적인 측면을 중요한 배우자 선택 조건으로 본다는 것을 의미한다.

### 2) 배우자 선택: 여과망의 이론

인생의 기나 긴 여정(旅程)을 함께 할 배우자 선택은 인생의 최대 과제 중 하나일 것이다. 우리 전통사회에서는 정신적·신체적 조화를 예측하기 위해 결혼 당사자들의 출생 연월일시(年月日時)로 사주와 궁합을 보았고, 이를 결혼의 조건으로 여겼다. 그러나 오늘날 20대 청년들은 다르다. 배우자 선택 조건은 그 첫 번째가 사랑이다. Udry(1971)의 배우자 선택의 여과망이론(filter theory)에 의하면, <표 7-2>에서 볼 수 있듯이, 근접성, 매력, 사회적 배경, 의견일치, 상호보완성, 결혼준비상태 등 6개

의 여과망을 통해 상대 배우자의 특성을 좁혀 나가다가 결국 한 사람의 배우자를 선택한다고 한다. 이러한 배우자를 선택하는 과정에 작용하는 특성들을 보면 6장에서 언급한 사랑의 시작과 사랑의 단계에서 언급한 내용과 유사하다. 이는 사랑이 결혼의 전제조건임을 말해준다.

〈표 7-2〉 배우자 선택의 여과과정

| 여과망 | 배우자 선택을 위한 주요 특성 | 사랑의 시작 및 사랑의 단계 특징 |
|---|---|---|
| 근접성 ⬇ | 지리적으로 가까운 사람 | 물리적으로 근접한 사람 |
| 매력 ⬇ | 매력적인 사람(처음에는 신체적인 매력이 중요하지만 점차 능력이나 성격적인 요인이 매력으로 작용) | 신체적 좌우 균형(매력적인 얼굴과 체형) |
| 사회적 배경 ⬇ | 사회적 배경의 유사성(교육수준과 직업, 종교·가족·경제 측면의 배경이 비슷할수록 선택가능성이 커짐). 부부간의 유사성은 이 여과망에 의해 비슷한 사람끼리 결혼했기 때문이라고 추측할 수 있음 | 비슷한 배경을 가진 사람(민족적, 사회적, 종교적, 지적, 교육적, 경제적 배경이 유사한 사람) |
| 의견 일치 ⬇ | 앞의 사회적 배경이라는 여과망을 통해 결혼 당사자들끼리 서로 수용한다면 배우자선택의 가능성이 높아짐. 이때 사회적 배경의 요인들이 상대방과 다소 차이가 있더라도 서로간의 의견의 일치가 중요하게 작용할 수 있음 | 사랑의 단계에서 어울림을 검증하게 됨 |
| 상호 보완성 ⬇ | 상호보완성이란 성격, 관심이나 전공분야 등에서 서로를 보완해 줄 수 있는가를 말함. 예컨대 성취욕구와 대리성취욕구, 지배욕구와 순종욕구는 서로 보완될 수 있음 | 낯선 사람에 대한 신비감(자기의 부족한 부분을 채워줄 사람) |
| 결혼 준비 상태 | 이상의 5가지 여과망을 통과했어도 타이밍이 맞지 않으면 결혼까지 이르기가 어려울 수 있음. 최근 들어, 우리 한국사회는 취업과 경제적 독립이 결혼의 우선적 요소로 작용하고, 그밖에 학업, 집안의 특별한 사정과 같은 주변 일이 결혼준비에 걸림돌로 작용할 수 있음. | 이상의 사랑의 시작 및 사랑의 단계를 통과해도 결혼으로 골인하기 위해서는 경제적인 능력이 요구됨 |

이와 같은 여과망이론은 6개의 여과망의 통과과정을 거쳐 배우자를 선택하게 된다고 하지만 실제로는 이들 단계가 압축되거나, 단계마다 다

른 단계의 여러 요인들이 함께 작용하여 배우자를 선택하게 될 수 있다.

특히 두 번째 여과망인 매력은 외모를 비롯해서 성격, 능력 등 다양한 차원에서 발산된다. 현대사회에서는 변화하는 환경에 잘 적응할 수 있는 사람을 좋아하고, 이런 사람을 매력을 지닌 사람으로 본다. 환경에 잘 적응할 수 있는 매력적인 사람이란 누구인가. 바로 여성과 남성 양쪽의 긍정적인 속성만을 소유한 양성성(androgyny)을 가진 사람이다. 여성에게는 외모를 능가하는 내면에서 우러나오는 수용과 포용성, 친절과 배려, 상냥함, 따뜻함, 친화력 등과 같은 속성들, 남성의 경우는 거칠고 공격적인 말투와 행동이 아니라 독립성, 적극성, 주체성, 진취성 등과 같은 속성들이 긍정적인 속성이다. 여성이건 남성이건 매력적인 사람이란 이들 남녀 긍정적인 속성들을 지닌 사람일 것이다.

## 2. 행복한 결혼생활의 조건

사랑해서 결혼했다면 그 결혼이 잘 유지되는 것이 무엇보다 중요하다. 결혼식 주례사에서 흔히 인용되는 '검은 머리 파뿌리가 될 때까지' 사랑하기로 결심을 했으면, 그 결심이 변하지 않도록 노력하는 의지를 가져야 할 것이다. 그러나 흥미롭게도 결혼을 일단 하게 되면 사랑하는 사람과 함께 한다는 행복이나 기쁨이 이전에 비해 감소하게 되고 평상시 수준으로 돌아가는 게 일반적이다. 그래서 사랑이란 결혼의 조건이라기보다 결혼생활 속에서 만들어나가는 것이라고 하는 것이다. 결혼생활을 이끌어나가는 능력에 따라 사랑을 키워 갈수도 못 키울 수도 있다. 행복한 결혼생활을 유지하기 위한 조건을 살펴보기 위해 우선 결혼생활에서 갈등을 불러일으키는 원인이 무엇인지 밝혀 보기로 하자.

### 1) 부부갈등의 원인

30년 정도의 긴 세월동안 따로 살아왔던 두 사람이 같은 공간에서 여러 가지를 공유하다 보면 그동안 숨겨왔거나 보이지 않았던 결점이나 좋게만 여겨졌던 서로간의 차이점들이 결혼생활에 걸림돌이 되곤 한다. 심지어 사소한 일상적인 일, 예컨대 아침에 먹는 음식의 종류나 잠 잘 때 코고는 소리와 같은 일에서도 갈등이 생길 수 있다. 부부간에 흔히 발생하는 갈등의 원인은 다양하다.

■ 가치관의 차이가 갈등을 일으킨다.

만약 아내는 현실적인 삶, 경제적 안정, 가족 간의 유대, 건강에 비중을 두지만, 남편이 비현실적인 이상적 삶, 타인 지향, 친구와의 관계에 가치를 두는 경우라면 갈등의 소지가 충분하다. 이러한 극단적인 경우라면 결혼이전 배우자 선정과정에서 조정되어야 바람직할 것이다. 그러나 만약 이러한 가치관의 차이가 결혼이후에 드러났다면 서로의 가치관을 대화를 통해 조정해야 할 것이다.

■ 성역할 분담의 기대 차이가 갈등을 유발한다.

최근 맞벌이 부부가 늘어나면서 가사와 자녀양육을 누가 어떻게 분담할 것인가는 원활한 가정생활을 유지하는데 필수적인 부분이 되고 있다. 이를 융통성 있게 잘 조절한다면 문제가 될 수 없겠지만, 특히 전통적인 가부장적 가정에서 자란 남편이라면 역할분담에 불만과 갈등을 가져다 줄 수 있다.

■ 지나친 소유욕이 갈등을 일으킨다.

결혼생활을 하다보면 배우자이외 관심을 가져야 하는 경우가 많이 발생한다. 직장일, 육아일, 친구모임, 취미활동 등으로 바쁘게 지내다 보면 부부간의 관계가 소홀해지기 쉽다. 자존감이 낮은 배우자일수록 상대방에 대한 소유욕이 강해 이러한 소홀한 대접에 참지 못하는 경향이 있다. 배우자를 자신의 소유물로 여기고 통제를 가하는 일은 부부관계의 악화를 가져오는 주요 원인이 된다.

■ 성 생활의 불만족이 갈등을 일으킬 수 있다.

부부관계는 서로간의 성적 만족감으로 좋아지고 고양될 수 있다. 부부의 성 생활은 인간의 기본적 성 욕구 충족이외, 서로간의 사랑의 친밀감을 표현하는 수단이기도 하다. 그러나 최근 들어 맞벌이 부부가 늘면서 부부관계가 좋아도 심리·신체적 피곤이 성 생활의 불만이나 임신의 어려움으로 연결되는 경우가 흔하다. 일과 성 생활의 조화를 위해 서로 노력하고 대화하는 자세가 중요하다.

■ 원 가족과의 관계가 갈등을 불러일으킬 수 있다.

결혼이란 두 사람의 결합임과 동시에 집안끼리의 결합이기도 하다. 두 사람의 사이가 좋더라도 원 가족과의 관계가 원만하지 않으면 결혼생활에 갈등과 고통의 원인이 될 수 있다. 이러한 갈등의 여지를 만들지 않기 위해서는 부모는 결혼한 자녀에 대해, 결혼한 자녀는 부모에 대해 지나친 집착에서 벗어나서 적절한 심리적 독립이 이루어져야 한다. 자녀 세대와 부모 세대와의 적절한 도움과 애정은 필요하나 이것이 과도하다면 갈등의 원인을 제공할 수 있다.

■ 의사소통의 문제가 갈등을 불러올 수 있다.

가정 대소사(예: 자녀의 진로, 돈 지출, 집 이사 등)에 대한 결정의 결과가 가족 모두에게 영향을 줌에도 불구하고 남편이나 아내 단독으로 결정을 내리게 되면 부부 혹은 가족 갈등의 원인이 될 수 있다. 남편과 아내, 혹은 집 식구 모두가 터놓고 이야기하게 되면 만족스럽지 못한 결과를 방지하는 것은 물론이고 서로 간에 갈등도 줄어들게 되어 결국 가족의 평화를 도모하게 된다.

[Box 7-1] 대학생의 동거와 결혼생활

동거란 두 남녀가 공식적인 결혼 없이 같은 공간에 거주하면서 생활하는 것을 말한다. 서구사회에서 이혼율이 급증하면서 서로의 공존 가능성을 결혼이전에 시험해봄으로써 결혼의 가능성을 시험해보고 이혼의 부담을 줄이려는 의도에서 많은 청년들이 동거를 선호하는 경향이 있었다. 그러나 이러한 의도와는 달리 동거경험에 관한 보고서의 주된 내용은 부정적이다.

첫째, 대개 남녀 모두 사랑이 전제 조건이 되어 동거를 선택하고 성적 관계를 유지하지만, 여성들은 남성과 달리 정서적 친밀성과 헌신을 더욱 추구하게 되어 불안정한 관계에 놓이게 된다.

둘째, 결혼만족도를 높여 주리라 여겼던 동거경험은 결혼생활의 만족은 커녕 더 높은 이혼율을 초래하는 경우가 많다. 이렇게 처음의 의도와는 달리 동거에 대해 부정적인 면을 보고한다.

우리나라의 경우, 동거를 긍정적인 시선으로 바라보는 젊은이들이 증가하고 있다. 특히 부모의 집을 떠나 대학에 진학하거나 직장생활을 하는 청년들 사이에 동거가 급속하게 늘어나고 있다. 동거를 하는 주된 이유는 사랑하는 사람을 더 잘 알기 위해서, 떨어지고 싶지 않아서, 결혼식을 할 형편이 안 되기 때문에, 생활비를 절감하기 위해서 라고 한다. 어떠한 이유이든, 앞서 지적한 바와 같이, 이미 동거를 해본 사람들이 겪은 부정적인 면이 동거에 대해 많은 것을 시사 하리라 본다. 동거에 대한 판단과 책임이 내 자신에게 있음을 미리 심사숙고하는 지혜가 필요한 것 같다.

### 2) 행복한 결혼생활의 조건

행복한 결혼생활의 조건은 사람마다 다를 수 있다. 여기서는 두 사람의 관계를 지속시킬 수 있는 요인을 중심으로 결혼생활의 조건을 살펴볼 것이다.

#### (1) 존중

행복한 결혼생활의 첫 번째 조건은 존중이다. 여기에는 자신과 상대 배우자에 대한 존중 모두를 포함한다. 사랑을 받아본 사람이 남을 사랑할 수 있듯이 행복한 결혼생활을 위해서는 자기에 대해 가치를 지닌 존재라는 자기 존중의 마음이 있어야 배우자에 대한 존중이 생겨난다. 배우자에 대한 존중이란 배우자를 독립적인 인격체로 여기고 배우자의 의견과 감정을 존중하고 자기와 다른 다양한 차이점을 인정해주는 넓은 아량을 지녀야 함을 말한다. 부부간의 공존과 발전은 서로 각자의 자율성과 주체성을 존중해 주고 자아실현을 북돋아 줌으로써 가능한 것이다.

'남이 당신에게 해주기를 원하는 대로 당신도 남에게 해주라.'는 존중의 황금률은 부부 사이에도 적용된다. 상대방을 우선 존중해 주면 자신에 대한 상대방의 존중은 자연스럽게 생겨난다. 그리하여 앞서 지적한 갈등의 원인들, 즉 가치관의 차이, 성 역할분담 기대의 차이, 지나친 소유욕, 성 생활의 불만족, 원 가족에 대한 지나친 집착, 의사소통의 문제 등이 좀처럼 발생되지 않는다.

#### (2) 결혼의 지속성에 대한 믿음

부부의 강한 믿음, 즉 '검은 머리 파뿌리가 될 때까지', '죽음이 갈라놓을 때까지' 수많은 역경을 헤쳐 나가면서 결혼을 유지해야 한다는 믿음이 두 사람의 관계를 지속시키는 큰 동기가 될 수 있다. 이는 일생동안 어떤 사람을 사랑하기로 한 '결심'과 그 사랑을 유지시키기 위한 '책임'을 합법화한 것이 결혼이라는 Sternberg(1986)의 결혼의 정의와 상통한다. 즉, 결혼이라는 말에는 결혼 이전의 열정적인 사랑의 감정 여부와 관계없이 이제부터 배우자를 사랑하고 책임지겠다는 결혼 당사자들의 굳은 의지를 함축하고 있다. 요즘 들어 이혼의 증가는 이러한 과거 우리 사회가 중시한 결혼의 지속성에 대한 믿음이 희박해진 것이 주된 원인일 것이라 추측해 본다.

#### (3) 독립과 의지(依支)의 조화

과거 우리 전통사회에서 여자는 결혼 전에는 아버지, 결혼하면 남편, 노후에는 아들에게 의존하고 살아야 한다고 여겼다. 그러나 요즘 이렇게 편향된 여성의 남성 의존 경향은 사라지고 있으며, 여성의 독자성이나 주체성이 남성에 비해 뒤쳐지지 않는다. 아내와 남편 각자 자신의 삶의 목표를 달성할 수 있도록 자율과 독립을 서로 허용하면서 동시에 서로를 필요로 하고 의지하는 애착을 형성한다면 그 관계는 지속될 수 있고 결혼 만족도 또한 높을 것이다. 맞벌이 부부들도 바쁜 시간을 쪼개어 서로 공유할 수 있는 시간적 여유를 가진다면, 이는 결혼생활의 주요 조건인 독립과 의지의 조화를 모색하고 있는 것이라 볼 수 있다.

#### (4) 긍정적인 충분한 대화

대화가 많은 부부는 서로 이해하는 폭이 넓고 행복의 지수가 높다. 특히 상대방의 언어적·비언어적 표현에 민감하게 반응하고, 자신의 감정과 생각을 솔직하고도 완곡하게 표현하는 효율적인 의사소통은 행복한 결혼생활에 핵심 역할을 한다. 이러한 의사소통은 습관화되지 않으면 실행하기 쉽지 않다. 대개 부부는 서로 내 것이라는 친밀성을 내세워 함부로 비판하고 명령하고 충고하고 심지어 멸시까지 한다. 이는 심적 고통을 안겨주고, 불화와 불행의 씨앗이 된다. 아마도 갈등이 없는 부부는 없을 것이다. 그러나 이를 해결하고자 하는 능력, 특히 상대방의 감정을 수용하고 마음을 헤아려주는 반영적 경청과 자신의 생각이나 감정을 진심으로 솔직하게 전달하는 '나-메세지'(8장 참조)는 서로의 갈등을 줄이는 것은 물론이고 행복한 결혼생활을 유지시키는 마술과 같은 힘을 발휘할 것이다.

### (5) 자녀 출산과 양육

'무자식 상팔자'라는 말이 있지만 자녀를 낳아 유능한 사회인으로 잘 기르는 일만큼 인생의 보람을 느낄 수 있는 일은 없을 것이다. 자녀가 잠재력을 키워 훌륭한 모습으로 자랄 수 있도록 보살피고 도와주고 지지하고 격려 하는 일 자체가 삶의 의미와 즐거움을 가져다준다. 물론 건강한 아이를 낳아 잘 기르는 일은 쉽지 않다. 적절한 자녀 양육과 교육, 이를 위한 부부의 협조와 인내, 양육과 교육을 위한 경제적인 비용 등이 만만치 않기 때문이다. 하지만 많은 부부들이 아이를 낳고 싶어 하고 낳아서 잘 기르려고 하는 것은 인간의 후손 번성이라는 기본적 욕구 때문일 것이다.

자녀양육과 결혼생활 만족도는 순환의 관계에 놓여있다. 훌륭한 자녀양육은 좋은 부부관계에서 비롯되고, 자녀의 성장과 발달은 부부관계를 좋게 만든다. 자녀가 있음으로 해서 부부간의 대화가 더욱 풍성해질 수 있고, 자녀의 행복을 위해 섣불리 이혼하는 것을 막고, 노후의 심리적 허전함을 줄일 수 있을 것이다. 출산 후 1년 동안 결혼 만족도가 떨어진다고 하나 아이양육을 위한 부부간의 대화, 적절한 역할 분담, 영유아 보호와 교육을 위한 국가 차원의 질 높은 유아교육기관의 활용 등이 양육의 효율을 높여 줄 것이다.

## 3. 이혼

앞서 언급된 부부갈등의 원인이나 행복한 결혼생활 조건과 상반된 내용을 추론해 본다면 이혼 가능성도 가늠해 볼 수 있을 것이다. 여기서는 이혼의 사유, 젊은 부부들의 이혼, 이혼 시 고려사항을 중심으로 살펴볼 것이다.

### 1) 이혼의 사유

수많은 결혼하례객 앞에서 평생을 함께 하겠다고 약속했지만 세 쌍 중 한 쌍은 이혼을 하고 그것도 주로 결혼 초반부에 발생한다고 한다. 우리나라 부부의 이혼상담 사유를 간단히 표로 제시하면 다음과 같다(한국가정법률상담소, 2010).

〈표 7-3〉 이혼상담 사유

| 순위 | 여성 | 남성 |
|---|---|---|
| 1 | 가정폭력(35.9%) | 기타 혼인을 계속하기 어려운 중대한 사유(성격차이, 배우자의 이혼강요, 장기별거, 경제 갈등·생활양식 및 가치관 차이, 불성실한 생활 등의 순으로 나타남)(47.6%) |
| 2 | 기타 혼인을 계속하기 어려운 중대한 사유(경제 갈등, 생활무능력, 성격차이, 빚, 배우자의 이혼강요, 장기별거 등의 순으로 나타남)(35.4%) | 아내의 가출(24.7%) |
| 3 | 남편의 외도(19.0%) | 아내로부터 부당한 대우(14.5%) |

<표 7-3>에서 알 수 있듯이, 이혼의 사유는 다양하지만, 남편의 폭력과 아내의 가출이 가장 문제가 되고 있다. 그런데 이 두 가지 사유들은 서로 관련된다. 남편의 폭력이 있으면 처음에는 대개 친정으로 피해 도움을 구하나 남편이 친정식구들에게까지 폭력과 협박 등을 일삼으면, 결국 거처를 알리지 않고 쉼터 등으로 몸을 숨기게 된다. 따라서 가출 초기에는 남편의 폭력 사실이 크게 부각되나 시간이 지나면 점차 아내의 가출이 더욱 부각되는 것이다.

### 2) 젊은 부부들의 이혼

최근들어 젊은 부부들의 이혼이 증가하는 것은 사회 전반적으로 약화된 전통적 가치와 규범이 작용한다고 볼 수 있다. 결혼생활에 어떤 고난이 닥치더라도 반드시 헤쳐 나가야 된다는 결혼 지속에 대한 신념의 부족, 이러한 신념에 따른 노력의 부족이 크게 작용한다는 것이다. 특히 젊은 부부들은 인생의 경험이 아직 부족하므로 결혼생활에서 올 수 있는 갈등의 문제를 서로 해결하려는 노력과 인내도 별로 없이 이혼이라는 극단적인 처방으로 몰고 갈 수도 있다. 한 지붕아래 평생 남남으로 살거나 그 이상의 험한 관계로 사는 것은 당연히 문제다. 그러나 젊은 부부들의 결혼생활에 대한 노력과 인내심 부족도 문제가 될 수 있다. 이혼이 자칫 경솔한 처사가 되어 나중에 후회로 남게 되지 않을지 깊이 생각해보아야 할 것이다.

### 3) 이혼 시 고려사항

부부의 연을 끊겠다고 마음먹고 이혼을 결정하고 실행에 옮기게 되는 과정에는 다음과 같은 여러 요인들이 작용한다.

### (1) 경제적 문제

이혼 시 일차적으로 고려하게 되는 것은 배우자의 경제적 도움 없이 혼자 자녀 양육을 하면서 살아갈 수 있는가이다. 기존의 경제적 기반이나 재산분배에 있어 문제가 없는지, 독자적으로 경제적인 삶을 꾸려갈 수 있는 능력은 어떤지 등의 여러 문제를 고려하게 된다. 요즘 여성의 취업이 보편화되면서 여성의 경제적 능력이 이혼율을 높이는 요인으로 작용한다고 한다.

### (2) 정서적 문제

한 때는 사랑한 사이였는데 이유야 어떠하든 부정적인 감정이 쌓이면서 정서적 거리를 두게 되고 급기야 지울 수 없는 적대감으로 고통스러운 지경에 이를 수 있다. 이는 인생의 실패, 소중한 관계의 상실 등으로 이어져 자기비하감, 우울, 불안, 후회, 수치감, 죄책감 등에 빠질 수 있다. 그밖에 주변 친인척 관계·직장 생활·친구 관계도 떳떳치 못하고, 자신감 없는 자기를 발견할 수도 있다. 하지만 개인의 심리적 자원에 따라 자율성, 해방감, 안정감과 같은 새로운 통합된 감정을 가질 수도 있다.

### (3) 자녀 문제

자녀를 둔 부부의 이혼이라면 보다 신중하게 이혼을 생각해 보아야 한다. 가족이 해체되고 안정을 되찾기 까지는 적어도 5년에서 7,8년이 걸리는 긴 과정을 거쳐야 한다. 사소한 불만을 참지 못하고 관계개선을 위한 노력도 별로 없이 이혼 시도를 하는 것은 아닌지 반드시 고민해야 한다. 물론 부부 갈등과 싸움, 폭언과 폭행이 상습적이고 최대한의 노력을 기울여도 변화의 조짐이 전혀 보이지 않는다면 오히려 이혼이 나을 수도 있다. 문제 청소년은 문제 가정에서 비롯되듯이, 부부의 심각한 갈등은 아이에게 상당할 정도로 부정적인 영향을 미친다. 경솔한 이혼도 문제지만 미련하게 참고 견디는 것도 아이의 장래를 위해 바람직한 처사가 아닐 수 있다. 이혼과 관련해서 상담기관을 문의하고 도움을 받는 것도 해결방안을 찾는 길이 될 수 있다.

(4) 재혼 문제

결혼 관계를 청산한 이혼 당사자들은 홀가분한 심정을 가질 수도 있겠지만 일반적으로 매우 고통스러운 과정을 겪었기 때문에 힘들어 한다. 원 가족이나 친한 친구를 자주 만나 정서적 상처를 위로받고 미래 생활을 격려 받는 것이 필요하다. 그런데 경제적으로 정서적으로 힘들고 지치게 되면 재혼을 생각하게 된다. 하지만 대체로 재혼의 성공률은 초혼보다 낮다. 특히 자녀문제가 재혼 부부갈등의 주요 요인이 되고 있다.

결혼을 앞 둔 청년이라면 배우자 선택의 중요성과 행복한 결혼생활의 조건에 대해 또다시 생각해 보는 것은 아무리 강조해도 지나치지 않을 것 같다.

## 7장의 연습과제

1) 장차 나의 행복한 결혼생활을 영위하기 위한 다짐을 써보도록 하자.

2) 친구들과 미래 행복한 결혼생활을 위한 생각들을 나누어 보도록 하자.

# 4부

# 청년의 자기관리

# 대화의 기술

대학에 갓 입학한 학생들은 캠퍼스가 새롭다. 학과 친구나 선후배들과 어울려 친하게 지내고 싶고, 전공 교수님과도 좋은 관계를 맺고 싶다. 그러나 무슨 말을 꺼내고 어떻게 대화를 해야 자신에 대한 좋은 인상을 심어주어 친한 관계가 될 수 있을지 고민일 것이다.

'대화 원칙 1,2,3' 은 1분 동안 말을 하고, 2분 동안 상대방 이야기에 귀를 기울이면서 최소한 세 번은 맞장구를 치라고 한다. 하지만 자기 나름의 대화 방식이 습관에 배어 따라 하기가 그리 쉽지 않을 것이다. 우선 자신의 대화방식을 점검하기 위해 가족이나 친한 친구로부터 조언을 구하고, 다음과 같은 대화기술들을 익히는 노력이 필요할 것이다.

# 8장 대화의 기술

## 1. 대화의 시작

‘말 한 마디가 천 냥 빚을 갚는다.’는 옛말이 있다. 그만큼 대화가 중요하다는 것이다. 같은 캠퍼스에서 지내지만 대화가 없어 서먹서먹한 관계라면 어떤 대화로 시작해야 자신의 긍정적인 인상이나 이미지를 심어줄 수 있을지 궁리할 것이다. 흔히 사용하는 몇 가지 방법을 제안하면 다음과 같다.

■ 자기소개를 한다.

우선 웃으면서 반갑게 인사하는 첫 인상이 중요하다. 처음 자기를 소개할 때는 전공이나 진로에 대한 소개와 이에 대한 자기 생각을 간단히 이야기하고, 그밖에 취미, 최근에 본 영화 등과 같은 가벼운 주제를 중심으로 이야기한다. 점차 자기에 대한 긍정적인 면을 알리는 것도 좋은 인상을 남길 수 있다. 하지만 이는 대화 속에서 적절한 타이밍을 찾아 효과적으로 제시되지 않으면 자칫 자기자랑만 내세운다는 부정적인 인상을 심어줄 수 있다.

■ 시작하는 대화 내용이나 질문은 주로 일상적인 공통 관심사를 다룬다.

흔히 WHEAT 주제를 활용할 수 있을 것이다. 즉, W(where)는 초 · 중 · 고교 학창시절의 동기나 선후배 관계, H(hobby)는 취미, E(event)는 경험해 보았던 사건이나 뉴스, A(acquaintance)는 알고 있는 지식, T(travel) 여행을 가본 지역 등에 대한 질문은 공통된 관심사가 될 수 있어 대화진행이 쉽다(이태연 외, 2006).

■ 상대방에 대해 관심을 표현한다.

기회가 되면 상대방의 말에 동조해서 맞장구 쳐준다. 다시 말해, 상대방의 취미나 하는 일에 대해 자신의 지식을 동원해서 맞장구쳐주면 공유하는 대화 내용을 가지게 된다. 또한 상대방의 장점이나 특성에 대해 칭찬을 하는 것도 관심을 얻을 수 있는 좋은 방법이다.

■ 도움을 요청하거나 도움을 제의한다.

도움의 요청(예: ~을 어디서 구했는지 알려주시겠어요?)은 상대방에 대한 나의 인정으로, 도움의 제의(예: ~을 제가 찾아 알려드릴까요?)는 상대방에 대한 나의 관심으로 해석될 수 있어 대화를 시작할 수 있는 실마리를 얻기에 적당한 방법이 될 수 있다.

■ 적절한 개방적 질문을 한다.

질문은 상대방에 대한 관심 표명이자, 상대방이 말문을 열게 함으로써 상대방을 더 잘 알 수 있는 좋은 방법이다. 처음에는 쉽게 대답할 수 있는 일상적인 생활내용, 예컨대 좋아하는 운동, 음식, 영화, 노래와 관련된 질문을 하면 될 것이다. 주의해야 할 점은 처음부터 꼬치꼬치 묻는 질문이나 자세한 답을 해야 하는 질문은 부담을 줄 수 있어 피하도록 한다.

[Box 8-1] 지나친 수줍음

지나친 수줍음은 자연스러운 인간관계를 가로막는 원인이 된다. 지나친 수줍음의 원인과 그 대처방안을 간단히 살펴보면 다음과 같다(이태연 외, 2006).

**1) 지나친 수줍음의 원인**

사람마다 정도의 차이는 있지만 수줍음을 느낀다. 하지만 거의 모든 상황에서 수줍음을 느껴 사회적 상호작용을 회피하고 사회적 상황에 적절히 참여하지 못하는 지나친 수줍음은 인간관계에 문제가 될 수 있다.

수줍음의 원인은 대체로 어린 시기에 형성된 열등감이나 외상경험이다. 열등감은 부모의 권위적이고 지시적인 양육방식, 형제간의 경쟁, 학교 또래와의 비교 등을 통해 형성되고, 외상경험은 부모의 과도한 체벌, 선생님의 심한 질책, 왕따 사건 등을 들 수 있다.

**2) 지나친 수줍음의 대처방안**

첫째, 자신의 증상에 대해 우선 이해한다.

현재의 수줍음 원인이 과거 초기 경험들이었다는 것을 충분히 이해하고 통찰한다면 지금의 수줍음에서 다소 자유로워질 수 있다.

둘째, 완벽하려는 비합리적인 신념에서 벗어나도록 노력한다.

사람들은 좋은 사람으로 인정받고 싶어 한다. 그래서 흠 잡히지 않는 완벽한 모습만 보여야 한다는 비합리적인 신념을 가지게 되는데 여기에는 마음 속 깊이 자리 잡은 열등감이 작용하는 경우가 많다. 완벽해야 한다고 생각할수록 그만큼 자신의 능력을 과소평가하게 되고 사회적 관계에서 많은 부담을 느끼게 된다. 이러한 자기 과소평가와 사회적 부담은 어떤 상황에 직면하기도 전에 막연하게 걱정과 불안에 휩싸이게 하고 실제 상황에서는 더욱 긴장된 어색한 행동을 초래하게 만든다. 수줍음이 지나친 사람의 큰 문제는 비록 사소한 실수라도 도저히 회복될 수 없는 부정적 인상을 남긴다고 판단하는 것이므로 결국 사회적 관계를 회피하게 된다. 이를 다음과 같이 나타낼 수 있다.

완벽해야 한다는 비합리적인 신념 → 능력의 과소평가와 사회적 관계에서 부담감→ 실제 상황이전 걱정과 불안 → 실제로 긴장된 어색한 행동 → 회복될 수 없는 부정적인 인상을 남기는 것으로 판단 → 사회적 관계 회피

따라서 이러한 완벽해야 한다는 비합리적인 신념이 자신에게 있는지 파악하고, 여기서 벗어나는 노력을 하도록 한다. 예컨대 "앞에 서서 발표하려고 하니 많이 떨리네요."라고 자신의 긴장과 불안을 알리는 것도 좋은 방법이다.

셋째, 개인상담이나 집단상담 프로그램에 참여하도록 한다.

지나친 수줍음 해소를 위해 위에서 언급된 과거 경험에서 자유롭고, 비합리적인 신념에서 벗어나도록 개인상담을 받을 수 있다. 혹은 소집단내에서 자아존중감을 향상시키고 사회적 기술을 습득하기 위해 집단상담(예: 교내 학생생활상담연구소에서 실시하는 대인관계 향상 집단상담 프로그램)에 참여할 수도 있다. 집단상담에서는 장점 발표하기, 칭찬이나 격려와 같은 상호 긍정적 피드백 주고받기 등을 통해 자아존중감을 향상시킬 수 있고,

이완훈련에 의한 긴장 해소하기, 질문하고 대답하기, 함께 참여해서 놀기, 협동적 활동하기 등과 같은 사회적 관계 활동을 통해 사회적 기술을 배울 수 있다.

## 2. 경청의 기술

'사람의 마음을 움직이는 가장 중요한 무기는 입이 아니라 귀'라는 말이 있다. 이는 대인관계에서 중요한 것은 능숙한 화술이 아니라 상대방 말을 주의 깊게 듣는 경청에 있다는 뜻이다. 그렇다고 누구도 다른 사람의 말을 100% 다 듣는 것은 어려운 일이다. 설령 듣는다 하더라도 우리의 뇌가 금방 탈진해 버리기 때문이다. 따라서 경청이란 상대방의 모든 말을 다 듣는 것이 아니라 상대방의 말을 주의 깊게 듣고 그 말 속에 들어 있는 마음을 이해하는 작업을 말한다(김혜남, 2009). 상대방 말 속에 숨어있는 마음을 이해하기 위한 경청의 방법을 살펴보도록 하자.

### 1) 경청의 방법

경청을 잘하기 위해서는 어떻게 반응해야 하는지 그 방법을 소개하면 다음과 같다.

- 상대방의 이야기에 주의를 기울이고, 그리고 주의를 기울이고 있음을 표현한다.

상대방의 이야기에 주의를 기울이게 되면 자연히 고개 끄덕이기, 몸 앞으로 구부리기, 미소 짓기, 얼굴 찡그리기 등 비언어적 행동이나 '음',

'오!', '그렇구나!'와 같은 언어적 신호를 보내게 된다. 이러한 행동이나 신호의 표시는 상대방의 마음을 열게 하여 대화를 통하게 만든다.

■ 상대방이 충분히 이야기할 수 있는 시간적 여유 주고 끼어들지 않는다.

이야기 도중에 상대방의 말이 자기 생각과 다르면 자신도 모르게 끼어들고 싶은 때가 있다. 이것은 내 기준과 평가에 따른 것이고 절대적인 잣대에 의한 것이 아니다. 나는 완벽한 사람이 아니다. 끼어드는 것은 상대방에 대한 예의가 아닐 뿐만 아니라 상대방을 깊게 이해하려는 마음도 없다는 것을 의미한다.

■ 상대방 입장이 된다.

이는 상대방을 이해하고 수용하는 효율적인 반영적 경청을 하라는 것이다. '내가 상대방과 같은 입장이라면 어떻게 느낄까?' 라며 입장을 바꾸어 놓고 생각하면 이야기 내용뿐만 아니라 감정도 더 잘 이해할 수 있게 된다. 두 가지 예를 들어보자.

[예1] 친구의 이야기에 그 마음을 헤아리는 반영적 경청

"이번 기말시험에 갑자기 어머니가 쓰러지셔서 병원 다니느라 성적이 엉망이야."

"시험 치는 동안 어머니께서 쓰러지셔서 힘들었고, 시험성적으로도 속상하겠구나. 대학 들어와서 내내 성적 장학금 받아왔는데.. "

(→ 이렇게 반영적 경청이란 상대방의 생각과 감정을 이해하고 느낀 바를 다시 전달해 주는 것을 말한다. 상대방의 입장이 되어 그 표정이나 말 속에 감춰진 감정을 헤아리는 것은 대화의 수준을 한층 높이게 된다.)

[예2] 취업문제로 걱정하고 있는 학생에 대한 교수의 반응

"뭘 그걸 가지고 걱정하느냐! 너만 취업문제로 고민하지 않아."

(→ 학생은 서운하고 더 이상 이야기하고 싶지 않을 것이다.)

"OO야, 너 요즘 취업이 잘 안되니까 고민이 많은가 보구나."

(→ 이렇게 반영적 경청을 한다면 여러 가지 긍정적 효과를 준다. 학생은 "아.. 나를 이해해주시는 구나!"라는 이해받는 느낌이 들어 생각과 감정을 정리하게 되며, 그리하여 걱정하는 마음이 좀 진정이 되고 보다 이성적이고 합리적으로 자신의 문제를 들여다 볼 수 있게 된다. 뿐만 아니라 친근한 마음을 갖게 되며 행동이 보다 솔직하고 개방적이 된다. 그리하여 하고 싶은 말을 하게 되고 더욱 친밀한 관계를 형성할 수 있게 된다.)

이상의 반영적 경청은 친구-친구나 학생-교수 사이뿐만 아니라 어떤 인간관계에서도 적용될 수 있는 대화법이 될 수 있다.

■ 지쳐서 힘들거나 건성으로 듣게 되는 경우 대화를 미룬다.

피곤하여 지쳐있을 때나 마음이 혼란하여 건성으로 듣게 되는 경우, 이는 경청을 어렵게 만든다. 경청을 하기 위해서는 많은 에너지가 소모되기 때문이다. 지쳐서 힘들어하는 불편한 자세로 듣거나 자신의 마음이 혼란스러워 건성으로 듣게 되면 말하는 상대방의 마음도 불편하고 기분도 나빠지고 상처까지 받을 수도 있다. 자신의 사정을 말하고 양해를 구해서 대화를 미루는 편이 보다 바람직할 것이다(김혜남, 2009).

■ 결정적인 순간에 말한다.

결정적인 순간이란 대화 상황마다 다르겠지만 예를 들어 설명하면 다음과 같다.

○ 상대방이 한 말의 내용에 대해 이유를 알고 싶거나 정확하게 이해하지 못할 때 개입한다. 이는 상대방의 말을 자기 식대로 해석·왜곡해서 받아들이는 실수를 방지할 수 있다. 예컨대, "말 도중에 미안해, 조금 전에 한 말에 대해 잘 모르겠네. 뭐라고 했니?"와 같이 질문하면 된다.

○ 상대방이 장황하게 말을 늘어놓거나, 상대방 자신도 모르게 이야기 내용을 혼동하고 있을 때 상대방 말의 내용을 간결하게 요약해주도록 한다. 예컨대, "혹시 네 말은 ~~ 내용인 것 같은데… 맞니?" 이러한 요약은 상대방이 자신의 생각을 정리하는데 도움을 줄 수 있다.

○ 상대방이 앞뒤 맞지 않는 모순된 말을 할때 개입한다. 예를 들면, "그래, 너 말에도 일리가 있어. 그러나 내 생각으로는 네가 저번에 말한 것과는 좀 차이가 있는 것 같은데... 궁금하다."와 같은 화법은 상대방을 무시하거나 창피를 주지 않의면서 개입하는 배려의 반응이라 할 수 있을 것이다.

### 2) 신체 언어의 중요성

심리학자 앨버트 메러비언(Albert Mehrabian)은 의사소통 요소로 7% - 38% - 55%를 제시한다. 즉, 전체 의사소통의 7%만이 대화 내용을 통해 이루어지고, 38%는 음조, 억양, 말투, 속도 등 청각적 요소, 55%는 외모, 표정, 몸짓, 자세, 신체 접촉, 거리 등 시각적 요소를 통해 전달된다는 것이다. 사람과 사람 사이의 소통은 언어적 요소는 7%에 불과하나, 비언어적 요소가 93%에 달한다는 것이다. 그러므로 상대방의 말에 들어있는 마음까지 잘 이해하려면 무엇보다 비언어적 요소인 신체 언어

(body language)에 주의를 기울여야 한다. 신체 언어는 오랜 동안 반복적으로 행해 와서 습관화된 것으로 언어적 메시지 이면에 숨겨진 심리를 그대로 반영한다고 볼 수 있다. 주의해야 할 신체 언어를 살펴보면 <표 8-1> 과 같다.

〈표 8-1〉 신체 언어의 내용

| 신체언어 | 내용 |
|---|---|
| 표정 | 인간의 다양한 감정은 얼굴표정을 통해 나타난다. 얼굴 표정을 통해 언어 메시지 이면의 심리를 읽을 수 있다. 얼굴 표정을 잘 관리 한다고 하더라도 쉽지 않다. |
| 시선 | 대화를 할 때 상대방에 대한 생각이나 감정에 따라 눈의 시선이 달라질 수 있다. 예컨대, 눈을 위로 뜨면 상대방의 말에 관심이 없고, 아래로 뜨면 불편하고, 다른 곳을 쳐다보면 무시하는 것으로 의미가 전달된다. 서로가 눈을 바라보면서 대화를 나누는 것이 상대방에 대해 관심을 가지고 적극적으로 대화하고 있다는 뜻이다. |
| 신체접촉 | 긍정적 차원의 신체접촉, 즉 스킨십은 사랑, 따뜻함, 격려, 지지 등과 같은 다양한 감정을 전달해 준다. 예컨대, 심리적으로 힘들어 하는 학생에게 등이나 어깨를 살짝 쓰다듬어 주거나 두드려 주는 것은 말보다 훨씬 더 강한 격려의 메시지가 될 수 있다. |
| 손동작 | 무언가를 설명할 때 흔히 사용하는 손동작은 듣는 사람에게 산만한 느낌을 주고, 말의 내용보다는 손짓에 주의를 빼앗기게 한다. 손동작은 중요하고 강조되어야 할 내용을 말할 때 적절하게 사용하여 집중력을 높이도록 해야 한다. |
| 공간적 거리 | 사람은 친밀도에 따라 최적의 거리를 유지하고자 한다. 친밀도가 높을수록 상대방과의 거리를 가까이 하여 편안한 마음을 가지려하고, 친밀도가 낮을수록 거리를 멀리하여 더 편안하게 느끼려 한다. |
| 음성<br>(음조, 억양)<br>말투 | 대화를 할 때 말하는 사람의 매력은 얼굴 모습, 음성, 내용의 순이라고 한다. 무슨 내용을 말하는가 보다 어떤 음성으로 말하는가가 더 중요하다는 뜻이다. 흔히 상냥한 사람, 친절한 사람, 가벼운 사람, 무뚝뚝한 사람, 차분한 사람 등과 같이 사람에 대한 인상을 말하게 되는데 이는 음성이나 말투를 가지고 평가한 것이다. |

### [Box 8-2] 경청의 걸림돌

경청을 한다는 것은 상대방에 대한 진실한 마음이 들어가게 되므로 의사소통에서 큰 힘을 발휘한다. 상대방의 마음이 어떤지 궁금해 하고 상대방을 걱정하는 진실된 마음이 전달되면 상대방은 이해받게 되고 마음을 움직이고 그 관계는 친밀해진다. 그런데 이러한 경청에 걸림돌이 되는 경우가 있다. 경청을 방해하는 걸림돌에 어떤 것들이 있는지 소개하면 다음과 같다(이태연 외, 2006).

#### 1) 지레짐작하기

남자친구가 "넌 정말 착해."고 말하는 경우, 여자친구가 "내가 너무 못나서 마음씨에 대해 이야기를 하려는 거야."로 지레짐작하는 경우이다. 이렇게 상대방의 말을 믿고 받아들이기보다 자기 나름의 생각에 들어맞는 단서를 찾아 자신의 생각이 옳다고 확인하려는 지레짐작하기는 경청을 방해하게 된다.

#### 2) 대답준비하기

"학점이 이게 뭐니? 저번 학기도 안 좋았잖아."라는 어머니의 말에 속상해하고 있는 딸이 그 상황을 모면하기 위해 대답을 어떻게 해야 할지 궁리하고 준비하는 것이 경청을 방해하게 된다.

#### 3) 걸러내기

"나 헤어스타일이 어때?"라는 여자친구의 말에는 인정받고 싶어 하는 욕구가 숨어있다. 그런데 남자친구가 여자친구의 욕구를 인정하고 싶지 않고, 회피하고 싶고, 무시하고 싶은 마음이 자기도 모르는 사이에 작용한다면 상대의 말을 온전하게 듣지 못하고 건성으로 혹은 기계적으로 반응하게 될 것이다. 이를 걸러내기라 하고, 이것이 경청을 방해하게 된다.

#### 4) 딴 생각하기

남편이 최근 회사에서 발생한 큰 문제로 고민을 많이 하는 경우, 머릿속에 회사 문제만이 맴돌게 되어 아내의 이야기에 관심을 기울이지 못할 수 있다. 이렇게 딴 생각하기가 경청을 방해한다.

#### 5) 조언, 판단하기

딸이 엄마에게 학교에서 왕따 당했던 이야기를 하자 엄마가 "네가 그 아이에게 친절하게 말해봐. 그 아이도 널 못살게 굴지 않을 거야."(조언하기)나 혹은 "네가 평소에 엄마 말 안 듣고 고집부리는 것 보면 다 안다. 학교에서 널 누가 좋아하겠니?"(판단하기)와 같이 반응한다면, 엄마의 이러한 조언이나 판단이 경청의 걸림돌이 된다. 그리하여 딸아이의 공감 받고자하는 욕구를 좌절시키게 된다.

#### 6) 언쟁하기

절약하라는 아내에 대해 항상 불만이 많은 남편은 아내가 돈 이야기만 하면 귀 담아 듣기는 커녕 자기 논리대로 자신의 생각을 길게 늘어놓는 경우이다. 이와 같이 언쟁하기란 상대방은 무엇이라 하던 간에 이를 반대하고 자신의 입장만 내세우는 대화유형이기 때문에 마치 논쟁하기 위해 상대방의 말에 귀를 기울이는 것과 같다. 문제 있는 관계의 전형적인 의사소통 패턴이다.

#### 7) 자존심을 건드리는 말 막아버리기

학교 과제물을 제 날짜에 못내는 자녀에 대해 부모가 걱정하면 이를 자존심을 건드리는 것으로 보고 화를 내고 소리 지르는 경우가 있다. 자존감이 낮은 사람은 자존심을 건드리는 어떤 것도 막아버리려고 하고 이를 지적하는 상대방까지 비난한다. 따라서 이런 사람은 자신의 부족한 점에 대한 상대방의 말에 경청하지 않게 된다.

8) **슬쩍 넘어가기**

남편의 밤늦은 저녁식사가 염려가 되어 아내가 "좀 일찍 저녁식사 하면 안 돼요?"라는 말에 엉뚱한 다른 이야기를 꺼내면서 넘어가려 하는 경우이다. 자칫 유머가 있는 사람으로 여겨질 수도 있지만 자신의 문제나 상대방의 부정적인 감정을 회피하기 위해 슬쩍 넘어가면 상대방에 대해 경청하는 것을 놓치게 된다. 즉, 자신의 건강에 대한 아내의 염려나 속상함을 놓칠 수 있다는 것이다.

9) **비위 맞추기**

상대방을 위로하거나 비위를 맞추기 위해 상대방이 말하자마자 "그래, 네 말이 맞아. 나 이해해. 미안하니까 앞으로는 안 그럴게."라고 말하는 경우이다. 이는 상대방을 지지하고 동의하는데 너무 치중해서 상대방이 자신의 생각이나 감정을 충분히 표현할 시간을 주지 못하게 되어 경청을 방해하게 된다.

이상의 9가지 경청의 걸림돌은 상대방이 말하고 있는 동안 자신의 생각 속에 빠져드는 다양한 경우이다. 대화를 하면서 자기 자신이 이들 중 어떠한 생각에 빠지고 있는지 깨닫는 것은 상대방 말을 경청하는데 도움을 줄 수 있을 것이다.

## 3. 자기표현과 자기주장

### 1) 자기표현의 방식

자기를 표현하는 방식은 사람마다 다르다. 대체로 소극적 표현, 공격적 표현, 자기주장적 표현, 부적절한 표현 등의 방식으로 나눌 수 있다.

적절한 대화를 나누기 위해서는 이들 방식 가운데 자신이 어디에 속하는가를 스스로 평가하거나 주변의 친한 사람들로부터 도움을 받아 파악해야 할 것이다.

### (1) 소극적 표현

소극적 표현을 하는 사람은 상대방의 기분 맞추는 일에만 신경 쓰게 되어 자신의 생각과 감정을 제대로 말하지 못한다. 이들은 상대방에게 상처를 줄까봐, 상대방이 위협적으로 나올까봐 걱정되고 두렵기 때문이다. 혹은 자신을 항상 좋은 사람으로 보여야 하니까 화를 내는 것과 같은 자기표현은 나쁘다고 생각하기도 한다. 그래서 이들은 부탁을 거절하거나 부정적인 생각이나 감정을 말해야 할 때는 더 솔직하게 표현하기 어려워한다. 이러한 소극적 표현은 자신 내면의 욕구나 감정을 무시하게 되어 자신에게는 좌절과 분노를 가져다 줄 수 있고, 타인들에게는 솔직하지 못하다는 인상을 줄 수 있다.

### (2) 공격적 표현

상대방의 생각이나 감정에는 관심이 없고 자신의 욕구나 감정만을 앞세워 남에게 상처를 주는 공격적 표현을 하는 사람도 종종 있다. 이러한 공격적 표현을 하는 사람들에게 흔히 볼 수 있는 것은 타인을 주로 비판하고, 타인의 말을 주로 부정한다. 자기 말에만 집착하고 대화의 주도권을 계속 가지려 하고, 상대방의 말을 끝까지 듣지 않고 자주 중단시킨다. 저속한 비어를 사용하는 경우도 있다. 이러한 대화 방식은 외적으로는 강하게 보이나 상대방의 욕구나 감정을 무시하게 되어 그 결과 자기 내적으로는 외롭고 패배자의 두려움을 가질 수 있다.

### (3) 자기주장적 표현

자기주장이란 대인관계에서 상대방을 존중하면서 자신의 생각, 감정, 욕구, 권리 등을 솔직하게 표현하는 것을 말한다. 상대방 의사를 존중하고 수용하는 경청의 자세와 함께 자신의 의사도 분명히 밝히는 자기주장적 표현은 서로 간에 생각과 감정을 교류할 수 있어 인간관계를 조화롭게 유지해 나가는데 도움을 준다. 가지주장적 표현은 다음 '자기주장하기'에서 보다 상세하게 다룰 것이다.

### (4) 부적절한 표현

지나치게 이성적이고 경직된 표현을 하는 사람도 있다. 이들은 감정 표현 없이 논리적인 원칙론을 주장하기 때문에 유머감각이 부족하고, 어조가 단조로워 지루한 느낌을 준다. 상대방에 대해 별 관심 없이 자기 자존심과 책임감에 억매여 외로움과 고립감을 느끼게 된다.

또한 초점 없이 말하는 사람도 있다. 이들은 생각이 자주 바뀌고 주제에 집중하기 어려워서 산만하거나 엉뚱한 말을 잘 한다.

이와 같이 자기표현의 여러 방식 가운데 자기주장적 표현이 가장 바람직함에도 불구하고 이러한 표현을 어려워하는 이유는 무엇일까? 이는 부모의 권위적인 양육으로 인해 생각이나 감정 표현을 억제하는데 익숙할 수도, 혹은 부모의 표현방식을 자기가 모방할 수도, 혹은 자기표현이 완벽해야 한다는 비합리적인 사고에 기인할 수도 있다. 무엇을 말하는가의 말의 내용 이상으로 어떻게 말하는가의 말의 표현방식이 중요하므로 자신의 자기표현 방식을 파악하고 이를 교정하는 훈련이 꼭 필요할 것이다.

### 2) 자기주장하기

사람들은 자기주장적 표현을 하고 싶은 마음은 간절하지만 못하는 경우가 있다. 상대방의 마음을 거스르지 않고 하고 싶은 자기주장을 하기 위한 방법을 제시하면 다음과 같다(Charles, 2002; Gordon, 2003; Rosenberg, 2004).

#### (1) 비난을 위한 '나-메시지' 활용

**① '나-메시지' 의 구성요소**

우리는 종종 누군가로부터 마음의 상처를 받아 속상해서 비난하고 싶을 때가 있다. 그러나 자기 주장하는 방법을 몰라서 용기가 나지 않거나, 자기주장의 방법은 알아도 상대방이 어떻게 반응할지 염려가 되고 불안해서 제대로 비난하지 못한다. 그런데 이를 억제하고 참으면 표정이나 몸짓과 같은 비 언어적 표현으로, 혹은 우회적이거나 과격한 표현으로 은연중에 나타나기도 하고, 혹은 분노가 쌓여 마음의 병이 될 수도 있다. 상대방의 잘못에 대한 비난은 다음과 같이 상대방의 감정을 상하지 않으면서 자신의 마음을 전달하기 위한 '나-메시지'가 훌륭한 해결방안이 될 수 있다. 자칫 나 자신에 대한 이야기 없이 상대방만 겨냥하는 '너-메시지'를 보내기 쉬운데, 이는 금물이다. '나-메시지'와 '너-메시지'를 비교하고, '나-메시지'의 구성요소를 예를 들어 설명해보자.

■ 과제물을 매번 늦게 제출하는 학생에 대한 너-메시지와 나-메시지의 비교

(너-메시지) "학생이 학교를 다니려면 마땅히 과제물을 먼저 끝내고 하고 싶은 일을 해야 하지 않니?" (→ 말속에 '너'가 들어 있음)

(나-메시지) "① 과제물 제출이 늦을까 ② 걱정이 되네. ③ 늦게 제출하면 그것도 학점에 반영 된다." (→ 나-메시지의 세 가지 구성요소 : ① 상대방 행동 + ② 나의 감정 + ③ 구체적인 영향)

이와 같이 나-메시지는 행동, 감정, 구체적인 영향 등 세 가지 요소가 포함된다. 상황에 따라 네 가지 구성요소가 포함될 수도 있다. 그 예는 다음과 같다.

■ 함께 영화 보기로 한 친구가 약속시간에 늦게 온 것에 대한 비난의 '나-메시지'

(너-메시지) "툭하면 약속시간에 늦는다! 약속 시간에 늦게 오면 미안하지도 않니? 도대체 그 이유가 뭐니?" (→ 말속에 '너'가 들어 있음)

(나-메시지) "① 헐레벌떡 뛰어온 걸 보니 약속을 지키려고 노력은 했는데, 약속시간에 20분이나 늦었고 연락도 없었어. ② 내가 너무 답답하고(혹은 초조했고) 짜증이 났어! ③ 영화 시작한지 20분이나 지나서 전체 의미를 파악하기 어렵겠다. ④ 앞으로는 좀 늦게 되면 미리 연락이라도 해주면 좋겠다. 나라도 미리 영화관에 들어가게.." (→ 나-메시지의 네 가지 구성요소 : ① 상대방 행동 + ② 나의감정 + ③ 구체적인 영향 + ④ 대안)

이와 같이 나-메시지는 행동, 감정, 구체적인 영향, 대안 등 네 가지 요소가 포함될 수 있다. 이들 각 구성요소에 대한 설명과 각 구성요소가 필요한 이유는 <표 8-2>와 같다.

〈표 8-2〉 비난의 '나-메시지': 4가지 구성요소 및 구성요소가 필요한 이유

| | '나-메시지' | 구성요소 (구성요소가 필요한 이유) |
|---|---|---|
| 요소1 (행동) | "헐레벌떡 뛰어온 걸 보니 약속을 지키려고 노력은 했는데, 약속시간에 20분이나 늦었고 연락도 없었어." | 잘못된 행동에 대해 객관적인 사실을 기술하되, 상대방의 노력이나 칭찬도 할 수 있음 (비난하고 싶은 것은 상대방의 특정 행동이기 때문에 그 행동만 변화시키면 됨) |
| 요소2 (감정) | "내가 너무 답답하고(혹은 초조했고) 짜증이 났어!" | 잘못된 행동에 대해 나의 생각과 감정을 솔직하게 말함 (특정 행동을 상대방이 해결해야 할 문제로 볼 수 있는 단서는 바로 나의 생각과 감정임) |
| 요소3 (구체적 영향) | "영화 시작한지 20분이나 지나서 전체 의미를 파악하기 어렵겠다." | 상대방의 잘못된 행동이 미치는 분명하고도 구체적인 영향을 언급 (특정 행동을 수정하고자 하는 마음은 그 행동이 미치는 구체적인 영향을 알면 더 확실해져서 효과적임. 구체적인 영향을 모르면 방어적이 되기 쉬움) |
| 요소4 (대안) | "앞으로는 좀 늦게 되면 미리 연락이라도 해주면 좋겠다. 나라도 미리 영화관에 들어가게.." | 상대방에 대한 구체적인 나의 바람, 즉 대안을 말함 (위 단계에서 '나 메시지' 수용이 용이해지면 특정 행동에 대한 바람직한 구체적 대안을 실행할 가능성이 커지게 됨) |

### ② '나-메시지'의 주의 점

■ '구성요소1(행동)'에서 Be언어의 사용에 조심한다.

'구성요소1(행동)'에서, " ~ ~ 약속시간에 20분이나 늦었고 연락도 없었어."와 같은 표현을 Do언어라 하고, "툭하면 약속시간에 늦는다!"와 같은 표현을 Be언어라 한다. 이렇게 Do언어를 사용하면 상대방의 문제 행동을 구체적으로 지적해주기 때문에 그 특정 행동을 변화시키면 된다고 생각하게 된다. 반면에 Be언어는 상대방의 행동을 과잉 일반화하여 전반적인 성격특성으로 확대시켜서 표현하기 때문에 인격적 손상을 당

하는 것처럼 들려 불쾌해질 우려가 있다.

■ '구성요소2(감정)'에서 화내기 이전의 감정을 전달한다.

감정전달에서 문제가 되는 것은 상대방의 잘못된 행동에 대해 화를 내는 경우이다. 화를 내면 상대방은 이를 나의 내적 감정이라기보다 내가 상대방에게 쏘는 비난의 화살처럼 여긴다. 내가 내는 화로 인해 상대방이 비난받는다고 여기게 되면 어떨까? 우선 기분이 나빠져서 감정적으로 대응하려 할 것이고, 그리하여 관계는 나쁜 쪽으로 흘러가게 된다. 그래서 화내기 이전의 감정(예: 초조함, 짜증, 창피, 두려움 등)을 전달해야 한다.

[Box 8-3] 감정: 1차적 감정과 2차적 감정

인간의 감정에는 1차적 감정과 2차적 감정이 있다. 화라는 것은 2차적 감정이다. 즉, 화는 화를 내기 그 이전의 감정, 예컨대 초조함, 짜증, 창피함, 두려움 등과 같은 1차적 감정을 경험한 후에 생기는 2차적 감정이라는 것이다. 1차적 감정에 접하게 되면 화를 낼 필요가 없게 되는데 만약 화를 먼저 낸다면 기본적인 1차적 감정을 전하지 못하게 되어 상대방은 자신을 비난한다고 여겨 자신의 특정 행동을 수정하기는커녕 상대방과의 관계마저 껄끄러워질 수 있다. 물론 화를 내는 것이 거짓은 아니다. 그러나 화란 자기 내면에서 부글거리다가 마침내 터져버리는 감정이어서 비난의 화살로 인식되어 화내기 이전에 '나는 정말 무엇을 느끼는가?'의 1차 감정을 자기자신에 물어보고 이를 전달하여야 한다.

■ '나-메시지'에 응대하는 상대방의 이야기를 경청하고 수용한다.

'나-메시지'가 진정으로 전달되면 상대방은 조용히 자기가 한 행동을 돌이켜보고 변화하려는 의지를 갖게 된다. 십중팔구 "그래, 미안해, 내가 잘못했어."라고 깨끗하게 인정하게 된다는 것이다. 하지만 부분적으로 동의하거나, 혹은 전혀 동의하지 않을 수도 있다. 다음은 앞서 제시된 예에서 보일 수 있는 반응들이다.

[예1] "늦은 것은 내가 정말 잘못했어. 그렇지만... " (→ 이는 상대방의 말에 부분적으로 반박하는 것이다. 이렇게 상대방이 설명하면 이를 경청·수용함으로써 오해가 풀릴 수도 있다.)

[예2] "별일 아닌 일을 가지고 이렇게 화를 내는 것이 이번이 세 번째야. 도대체 나에게 왜 그러니?" (→ 아마도 '나 메시지'를 잘 활용하지 않았기 때문에 나와 상대방 모두 마음의 문이 닫혀 있는 경우일 것이다.)

후자의 [예 2]처럼 혹시라도 자신의 메시지 전달에 대해 상대방이 감정에 초점을 두고 그 이유를 물어본다면, 상대방의 이야기를 수용·인정하고 감정에 내재된 이유에 대해 이야기하도록 한다. 그러다보면 서로 간에 오해로 생긴 것일 수 있으므로 이를 풀면 될 것이다. 혹시 감정적 대결로 가는 상황이라면 대화를 미루는 것도 좋은 방법이다.

### (2) 부탁과 거절을 위한 DESC기법

상대방에게 무엇인가를 부탁해야 하는 경우라면, 부탁을 들어줄 수 있는 상대방의 능력을 강조하면서 부탁하는 내용을 말하는 방법인 DESC기법(Bower & Bower, 1991)을 활용할 수 있다. 즉, 부탁을 요청하게 된 상황을 자세히 설명하고(Description), 상황의 긴급함이나 도움의 절실함을 드러내고(Emotion), 원하는 구체적인 행동과 한계를 제시하며

(Specification), 부탁을 들어주어 나타나는 긍정적인 결과와 도움에 필요한 상대방의 능력을 강조한다(Consequence). 구하기 어려운 책을 빌려달라고 선배에게 부탁하는 예를 들어 보자.

> "선배님이 OO 책 가지고 계시다는 걸 들었는데요.. 다음 주에 보는 기말고사에 교수님이 OO 책 내용이 꼭 포함된다고 하시는데... 며칠 동안 도서관이나 서점, 혹은 친구로부터 구하려고 했는데 귀한 책이어서 빌릴 수 없었습니다. 마침 ㅁㅁㅁ로부터 선배님이 이 책을 가지고 계신다는 말을 듣고 무척 반가웠습니다. 귀한 책이니까 잘 보고 시험 끝나면 돌려드리겠습니다. 시험 잘 보면 선배님모시고 밥 한번 살게요."

그런데 만약에 부탁을 거절해야 하는 경우라면 이는 부탁하는 것보다 더 어렵다. 상대방의 불쾌한 감정을 유발할 수 있기 때문에 상대방을 도와주고 싶은 마음과 더불어 자신이 도움을 줄 수 없는 상황을 납득이 되도록 잘 설명하여 해야 한다. 위의 예의 경우 부탁을 들어줄 수 없다면 다음과 같이 말하면 될 것이다.

> "아, 그랬구나. 시험날짜로 얼마 남지 않아 상황이 급박한데 빌려줄 수 있으면 좋겠다. 그런데 어떡하지? 조금 전에 △△△가 마침 빌려달라고 해서 빌려주었는데... 빌려줄 수 없어 정말 미안하네."

## 4. 친밀감의 형성

서로 간에 안전하고 수용적인 관계로 대화가 깊어지게 되면 서로의 마음을 열게 되고 친밀감을 느끼는 관계로 발전한다. 친밀해 지기 위해서 어떻게 해야 할지 그 방안을 제시하면 다음과 같다.

### 1) 자기개방하기

사람은 종종 있는 그대로의 자기 속마음을 누군가에게 털어놓고 싶을 때가 있다. 이를 자기개방이라 한다. 자기개방은 친밀한 인간관계 형성에 중요한 역할을 한다. 하지만 나와 상대방 간에 신뢰하는 마음이 전제되어야 한다는 점을 유의해야 한다. 상대방에 대한 신뢰도가 어느 정도인지를 생각하면서 자기의 속마음을 어떤 상황에서 얼마만큼 개방해야 하는 가를 따져 보아야 한다는 것이다. 그래서 자기개방은 조금씩 점진적으로 시도하는 것이 좋다. 흔히 상대방과 공유할 수 있는 경험부터 시작하는 것이 안전하다. 예컨대, 상대방이 취업문제로 힘들어할 때 그와 유사한 자신의 경험을 이야기하는 자기개방은 상대방으로 하여금 나에 대해 친밀한 감정을 느끼게 할 것이다. 지나치게 빠르거나 과도한 자기개방은 상대방에게 부담을 주어 인간관계의 진전을 방해할 수 있다. 자기개방 대화의 단계를 제시한 다음 <표 8-3>은 인간관계의 단계라고도 한다(Adler, 1976).

〈표 8-3〉 자기개방 대화의 단계

| 일상대화 단계 | → | 사실전달 단계 | → | 의견교환 단계 | → | 감정교류 단계 |
|---|---|---|---|---|---|---|
| "안녕하세요?", "좋은 아침입니다"와 같은 일상적이고 피상적인 대화단계 | | TV에서 방영된 프로그램 내용에 대해 상대방에게 전달하는 대화단계 | | 서로 대화가 통하게 되어 드라마나 정치문제에 대해 의견을 나누는 대화단계 | | 서로 마음을 공유하고 신뢰하게 되어 감정까지 교류하는 대화단계 |

### 2) 공감해주기

공감해주기란 반영적 경청과 같다. 상대방의 입장이 되어 상대방의 내면세계, 즉 생각과 감정을 이해하고 느낀 바를 다시 전달해 주는 것을 말한다. 이를 위해 두 가지 능력, 즉 감정이입능력과 대화능력이 필요하다. 감정이입능력은 상대방의 표면적인 말이나 행동(예: 목소리, 억양, 태도 등) 이면의 생각이나 감정들의 의미를 포착하는 것을 말한다. 이를 위해 어떤 틀이나 기준, 가치판단에 얽매이지 말아야 하고, 인간의 감정에 대한 폭넓은 이해를 바탕으로 해서 상대방의 감정을 깊고 정확하게 경험하고 수용할 수 있어야 한다. 대화능력이란 공감한 바를 상대방에게 적절하게 표현할 수 있는 능력이다. 그렇다면 공감해주기를 위한 효과적인 절차를 제시해 보면 다음과 같다.

첫째, 상대방의 말을 주의 깊게 듣는다.
둘째, 상대방의 말을 상대방의 입장에서 생각과 감정을 이해하려고 노력한다.
셋째, 생각과 감정을 이해하면 이를 적절한 말로 표현하다.

예컨대, 독서능력이 다른 학생들에 비해 뒤처지고 과제물 해내는 것을 힘들어하는 학생이 "학기말 시험 언제 보나요?"라는 말을 들은 교사는 학생의 말 속에 감춰진 감정, 즉 "시험을 걱정하고 있다"로 헤아려 이해하고 이를 "시험이 곧 닥쳐 걱정이 되는 구나!"와 같이 적절한 말로 표현하면 공감해주는 것이 될 것이다. 이는 상대방 스스로도 인식하지 못하고 인정하지 못했던 자신의 모습을 수용하게 되고 변화할 수 있는 동기를 가지게 된다. 그런데 만약 교사가 "넌 아직 학기말 시험 날짜도 모르니?"와 같은 반응을 한다면 이는 학생의 마음을 이해하지 못한 비공감적인 메시지일 것이다.

공감해주기의 효과를 살펴본다면 다음과 같다(Rogers, 1975).

- 공감을 받으면 소외감을 줄여준다.
- 공감을 받으면 내 모습 있는 그대로가 가치 있다는 느낌을 가지도록 한다.
- 공감을 받으면 나에게 부여해 왔던 제한과 한계들로부터 자유로와 질 수 있다.

### 3) 직간접적인 친밀감 표현하기

어떤 사람과 친해지고 싶어 자기의 생각이나 감정을 직접 말로 표현하는 것은 멋쩍기도 하고 부담을 주지 않을까 고민하게 된다. 그래서 말 대신 우회적으로 다음과 같은 방법으로 친밀감을 표현할 수 있다.

■ 식사를 함께 하거나 생일날과 같은 적합한 때를 골라 선물이나 카드를 준다.

다소 소극적이긴 하나 만나거나 보고 싶었다거나 항상 생각하고 있었다는 마음을 자연스럽게 전달할 수 있는 흔한 방법이다.

■ 상대방이 원하는 것을 헤아려 먼저 해준다.

일반적으로 상대방이 나에게 어떻게 해주는지에 따라 내가 어떻게 할 것인가를 결정하는 경우가 많다. 이는 내가 주도적으로 친밀감을 형성하는 데는 적절한 방법이 되지 못한다. 상대방이 나에게 해주었으면 좋겠다는 것을 내가 먼저 상대방에게 해주는 존중의 마음을 가지는 것이 친밀감 형성에 절대적으로 중요하다. 이것이 바로 '다른 사람이 너에게 해주기를 바라는 것을 타인에게 해주라'는 존중의 황금률을 실천하는 것이다.

■ 서로 원하는 것을 요구하고 실행한다.

상업적 거래에서는 서로 터놓고 원하는 것을 요구하는 것을 당연한 것으로 여기나 친밀한 인간 관계형성을 위해 서로의 요구사항을 이야기하는 것은 다소 어색하고 어려울 수 있다. 인간의 감정, 생각, 행동은 서로 연결된다. 서로 기대하는 행동을 요구하고 실행해보는 것은 관계를 더 친밀하게 만들 수 있다. 행동의 결과로 친밀감이 형성될 수 있다는 것이다. 즉, 행동 → 생각 → 감정(친밀감)으로 연결된다. 적절한 시기나 상황에서 시도를 해보도록 하자. 친밀감 형성에 도움을 줄 수 있을 것이다.

## 5. 갈등의 해결

친구관계, 이성관계, 부부관계, 부모-자녀 관계 등 다양한 인간관계에서 갈등을 피하기란 어렵다. 하지만 갈등을 어떻게 다루느냐에 따라 쉽게 해결되기도 하고 심화되기도 한다. 갈등을 효과적으로 다루기 위한 일반적 원리와 번(Berne)의 의사교류이론에 따른 의사소통 방법을 살펴보기로 하자.

### 1) 효과적인 갈등 다루기

어떤 갈등도 해결하지 않으면 바람직한 인간관계를 유지하기 어렵다.

갈등을 효과적으로 다루기 위한 원리는 다음과 같다.

■ 갈등을 발생 초기에 해결한다.

갈등은 대체로 사소한 의견 차에 따른 불만에서 시작되지만 갈등을 해결하지 않은 채 미루면 그 골이 깊어지게 된다. 점점 갈등을 일으킨 사건자체보다는 감정(예: 자존심저하, 섭섭함, 실망감 등)이 개입되기 때문이다. 갈등이 처음에는 겉으로 표현되지 않다가 점차 아무렇지도 않은 척 하는 수동공격적인 태도가 나타나기도 하고, 감정을 건드리는 촉발단서가 생기면 실제로 공격 행동을 하기도 한다. 갈등을 덮어둔 채 상대방에게 그 해결을 떠넘기거나 미루기 보다는 갈등 초기에 빨리 해결책을 강구해야 심화되는 것을 막을 수 있다.

■ 나부터 갈등 제공의 원인을 밝힌다.

대체로 갈등상황에서는 그 원인을 제공한 사람은 내가 아니라 상대방이라는 사고가 지배적이다. 자신은 옳고 상대방이 틀렸다는 전제하에서 잘/잘못을 따져 비난하는데 초점을 둔다는 것이다. 그런데 갈등의 원인을 어느 한 쪽이 100%가 제공하는 경우는 드물다. 대체로 양쪽 모두에게 원인이 있는 경우가 많다. 따라서 자기가 어떤 부분에서 갈등의 원인을 제공했는지 빨리 인정하는 것이 현명하다. 그러면 상대방 역시 자신의 원인 제공 부분을 회피하기 어려울 것이다. 만약 상대방에게 모든 원인이 있다고 확신을 한다면 조심스럽게 접근해야 한다. 즉, 상대방이 수긍할 수 있도록 상대방의 마음을 헤아리는 말부터 시작하는 것이 좋다. "~의 인품으로 보나 이런 상황이 될 줄 모르셨겠지만, ~~ ". 이와 같은 말은 마음의 문을 열게 해서 갈등의 매듭을 풀 수 있을 것이다.

■ 갈등 상황에서 상대방 의도를 추측해서 판단하지 않는다.

사람은 갈등이 발생하면 상대방이 실수가 아닌 고의적인 의도에서 그 원인을 제공했다고 섣불리 짐작하는 경우가 많다. 이러한 시각은 갈등을 더욱 키우게 된다. 그런데 이러한 부정적인 생각은 추측일 가능성이 크다. 사실이 아니라 착각일 수 있다는 것이다. 상대방에게 직접 물어보는 자세가 갈등을 최소화하는데 도움이 될 것이다.

### 2) Berne의 의사교류분석의 활용

임상심리학자인 번(Berne, 1964)에 따르면, 인간의 갈등은 의사교류과정에서 표출된다. 그의 의사교류분석(Transactional Analysis)이론에서는 개인 안에 서로 다른 세 개의 자아상태, 즉 부모(Parent), 성인(Adult), 아동(Child)가 존재하여 개인의 행동이나 대화패턴을 결정한다고 본다. 번에 의하면 갈등은 어떤 자아상태에서 의사를 교류하느냐에 따라 그 여부가 결정된다고 본다.

#### (1) 세 개의 자아상태와 대화패턴

사람은 누구나 세 가지 자아, 즉 부모자아, 성인자아, 아동자아를 지닌다. '부모자아'란 어릴 적 부모가 자신에게 행한 역할을 내면화한 것으로 '양육적(nurturing) 부모자아'와 '통제적(controlling) 혹은 비판적(critical) 부모자아'로 구분된다. 양육적 부모자아는 아이의 행동을 칭찬하고 인정해주어 자녀에게 편안하고 안정감을 주는 자아인 반면, 비판적 부모자아는 사회규범에 따라 행동을 훈계, 금지, 비판하여 자녀를 불편하고 불안하게 하는 자아이다. 이러한 부모자아를 내면화 하여 지니고 있다면, 타인과의 관계에서 마치 부모처럼 느끼고 행동하고 이야기하게 된다.

'성인자아'는 현재의 상황이 어떻게 진행되고 있는지를 알고 있는 성숙하고 객관적인 자아이다. 현실의 정보를 탐색해서 이를 근거로 합리적인 결정을 내리고 이해관계를 평가한다. 이런 자아를 지니고 있으면, 타인과 관계할 때 감정에 흔들리거나 비평적이지 않고 유용한 정보를 바탕으로 성숙한 의사소통을 할 수 있게 된다.

'아동자아'는 어린 시절과 연관된 감정이나 경험에 근거한 것으로 마음 내키는 대로 말하고 행동하는 유치한 면이 있는가 하면, 솔직하고도 사랑스러운 면도 있다. 아동자아는 천진함과 사랑스러움을 특징으로 갖는 '자유로운(free) 아동자아'와 수동적인 복종과 감정의 억누름을 특징으로 갖는 '순응적(adapted) 아동자아'로 구분된다. 이러한 아동자아를 지니고 있으면, 타인과의 관계에서 마치 아동처럼 느끼고 표현하게 된다.

사람은 누구나 이들 세 가지 자아상태에서 말하고 행동한다. 그러나 상황에 따라, 혹은 사람에 따라 어느 한 가지 자아상태가 두드러지게 나타나는 경향이 있다. 대인관계를 할 때 주로 어떤 자아상태에서 대화하는지의 대화패턴을 분석해 봄으로써 대인관계에서 갈등을 줄일 수 있을 것이다.

### (2) 의사교류분석

서로 간에 갈등이 생겼다면, 어떤 자아상태의 의사교류가 이루어졌는지 분석해서 대처해야 할 것이다. 번(Berne)은 주된 의사교류 방식으로 상보적 의사교류(complementary transaction), 교차적 의사교류(crossed transaction), 이면적 의사교류(ulterior transaction) 등 세 가지를 들고 있다.

■ 상보적 의사교류는 갈등의 소지가 없다.

[그림 8-1]에서 볼 수 있듯이, 상보적 의사교류는 두 사람의 의사소통이 성인자아 ⇆ 성인자아, 혹은 부모자아 ⇆ 아동자아처럼 벡터(vector)가 평행인 자연스러운 대화이다. 이러한 의사교류는 화자가 기대하는 데로 적절하게 반응하는 것이며, 사고와 감정의 교류가 잘 이루어진 대화라 할 수 있어 갈등의 소지가 없다.

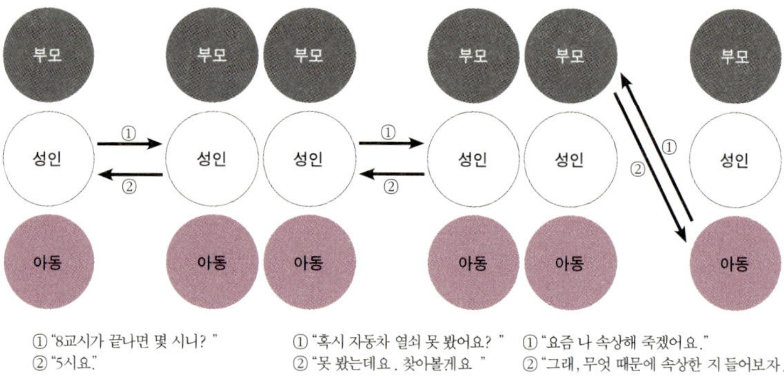


[그림 8-1] 상보적 의사교류

■ 교차적 의사교류는 마음을 상하게 하고 대화의 단절을 가져온다.

[그림 8-2]에서, 교차적 의사교류는 두 사람의 의사소통 방향이 교차되어 예상 밖의 반응이 일어난다. 오해가 발생하고 부정적인 감정을 느끼게 되어 대화의 단절로 이어진다.

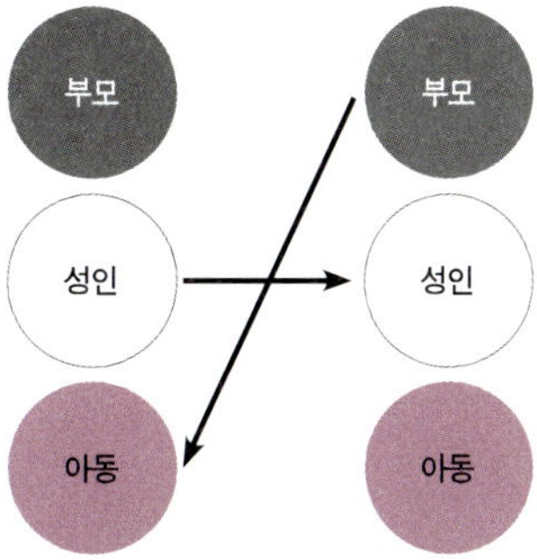


①"혹시 자동차 열쇠 못 보았나요?"
②"사용했으면 제자리에 좀 놓으세요!
매일 여기저기에 놓고 필요할 때마다 찾잖아요!"

**[그림 8-2] 교차적 의사교류**

- 이면적 의사교류는 그 속에 숨겨져 있는 의도 때문에 솔직하지 못하므로 바람직한 의사교류라 할 수 없다.

이면적 의사교류는 서로 다른 자아상태가 동시에 작용하는 경우이다. [그림 8-3]에서 볼 수 있듯이, 겉으로 드러난 표면적 메시지는 성인자아→성인자아이나, 숨겨진 심리적 메시지는 아동자아→아동자아이다. 진정으로 보내고 싶은 것은 숨어 있는 심리적 메시지 내용이라 할 수 있다. 즉, 겉으로는 점잖게 말하는 성인자아가 작용하지만 그 말 속에는 다른 의미가 포함된 자아, 즉 유치한 아동자아가 작용한다. 이러한 경우는 서로가 생각이나 감정을 솔직하게 전달하고 있지 않기 때문에 의사소통이 되지 않고 있는 상태라 볼 수 있다. 이러한 갈등을 일으킬 수 있는 대화 상황을 대처하기 위해서는 상대방의 말에 숨겨진 의도를 파악하여 이면적 교류에서 빠져나오는 것이 필요하다.

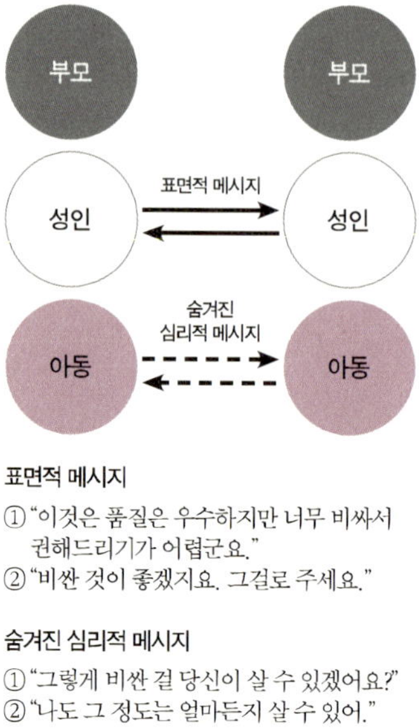


[그림 8-3] 이면적 의사교류

사람끼리의 갈등은 대부분 의사소통 문제에서 비롯된다. 이상에서 알 수 있듯이, 상보적 의사교류는 갈등 없이 대화를 계속할 수 있지만, 교차적 의사교류는 대화의 활성화를 저해하고 대화의 흐름을 멈추게 하므로 피하는 것이 좋다. 이면적 의사교류 역시 겉으로 나타나는 말보다 숨겨진 의도에 영향을 받게 되어 대인관계를 악화시킬 우려가 있다.

다음의 예를 통해 갈등을 줄이기 위한 의사교류에 대해 복습해 보도록 하자.

| 유형 | 예들 | 갈등 없는 의사교류 |
|---|---|---|
| 상보 교류 | "손톱깎이 어디에 있지?"<br>"서랍 장 둘째 칸에 있어요." | (→ 갈등 없는 상보교류) |
| 교차 교류 | "오늘은 무슨 요일이지?"<br>"맨 날 물어보지 말고 책상에 달력 하나 갖다 놔요." | "오늘 벌써 금요일이에요."<br>(→ 갈등 없는 상보교류) |
| 이면 교류 | (표면적 메시지)<br>"당신, 세탁기 열어보기나 했어?"<br>(→ 숨겨진 심리적 메시지: 며칠 전 넣었던 세탁물이 아직 그대로 있으니 할 일을 제대로 하는 거야 마는 거야?) | "내 세탁물 아직 빨지 못했나봐."<br>(→ 갈등 없는 상보교류) |
| | (표면적 메시지)<br>"당연히 열어봤지요."<br>(→ 숨겨진 심리적 메시지: 당신은 왜 나만 갖고 그래요? 바쁠 때는 당신이 세탁기 돌릴 수도 있잖아요?) | "요즘 내가 너무 바빠서 깜빡 했어요."<br>(→ 갈등 없는 상보교류) |

이상의 예에서, 교차교류(교차적 의사교류)와 이면교류(이면적 의사교류)는 갈등을 불러올 수 있는 대화이다. 이들 의사교류를 상보교류(상보적 의사교류)로 바꾸면 갈등 없는 대화를 나눌 수 있을 것이다.

## 8장의 연습과제

1) 우선 나의 대화방식을 점검하도록 하자. (점검방법은 나 자신의 대화방식을 스스로 관찰하거나 가까운 친구나 부모로부터 물어본다.)

2) 나의 대화기술을 향상시키는 방안을 제시해보자.

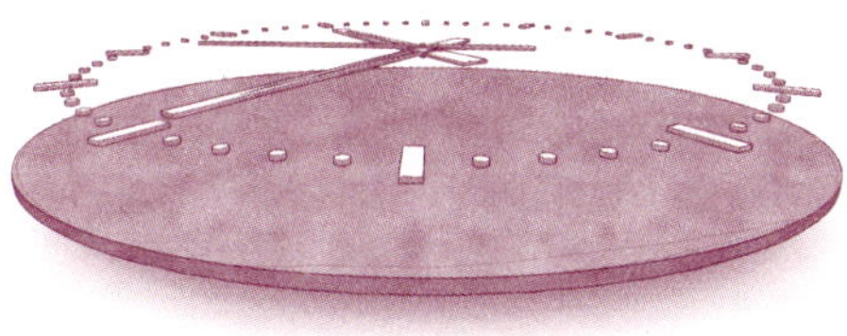

# 내 인생의 계획과 관리

급변하는 오늘날의 세계에서 미래를 예측한다는 것은 쉽지 않다. 아마도 지금의 대학생들은 100세가 되어도 일하는 사회, 더욱 진전된 지식정보화 된 사회, 더 한층 글로벌화 된 지구촌(地球村) 사회에서 살아 갈 것이다. 앞으로 이러한 미래를 살아가기 위해 이 장에서는 다음과 같은 소제목들을 통해 청년들 자신의 인생을 어떻게 계획하고 관리해야 할 것인지 살펴보고자 한다.

# 9장 내 인생의 계획과 관리

## 1. 성공적인 삶

고령화 사회에서 20대 청년들의 삶은 어떤 의미를 가질까. 인생을 달리기에 비유한다면, 이들은 장거리 마라톤을 막 출발한 시점에 있을 것이며, Levinson의 인생의 사계절(1장 참조)에서는 만물이 소생하는 봄을 막 지내고, 이제 성장의 최고를 향한 여름을 향해 발걸음을 내딛어야 하는 시점에 있을 것이다. 즉, 인생의 원대한 꿈을 계획해서 실천을 시작해야하는 시발점에 서 있다는 것이다. 우선 성공적인 삶의 의미부터 살펴보아야 할 것 같다.

### 1) 성공적인 삶의 기준

성공적인 삶이란 어떤 삶을 말하는 것일까. 물론 사람마다 다소 차이가 있겠지만 일반적인 기준을 들어보고자 한다.

### (1) 경제적 안정

경제적 안정은 돈으로 해결된다. 돈은 인간의 기본적인 의식주를 해결하는 근거가 될 뿐더러 사회적 성공을 평가하는데 중요한 잣대이기도 하다. 그래서 돈이 많을수록 인생은 저절로 행복해질 것이라 믿는다. 하지만 오히려 돈 욕심 때문에 화(禍)를 당하거나 가정이 무너지는 경우도 있다. 돈이란 일을 한 결과이지, 궁극적인 목적이 될 수 없는 것이다.

### (2) 사회적 지위

개인의 사회적 지위에는 부, 교육, 직업, 가족관계 등과 같은 요인들이 작용한다고 하나, 이들 중 직업이 결정적인 것으로 지적된다. 그러나 요즘 일을 하고 싶어도 일자리가 없어 고민하고 좌절하는 청년들이 많다. 이들은 '내 일(my job) 없이 내일(tomorrow) 없다'고 주장한다. 일의 중요성이 새삼 강조되는 세상이다.

### (3) 심신의 건강

신체 건강이 유지되지 않으면 삶의 모든 것을 다 잃게 된다. 어릴 때부터 섭식과 운동에 각별히 신경 쓰는 생활습관은 성공적인 삶의 밑거름이다. 신체건강만큼 마음의 건강도 중요하다. 심리적 건강은 어린 시기 부모의 애정 어린 양육에서 시작되고, 학업을 포함한 다양한 활동에서 성공적인 경험이 쌓여 얻어질 수 있는 것이다.

### (4) 가정의 행복

가정의 행복은 가족 간의 사랑에서 나온다. 특히 부부간의 사랑은 가족 전체의 사랑으로 확산된다. 한 인간의 성격이나 타인과의 대인관계는 어릴 때 부모로부터 받는 사랑, 인정, 존중과 같은 경험에서 비롯되므로 부모의 자애로운 양육은 무엇과도 바꿀 수 없는 소중한, 평생의 무형 자산이다.

### (5) 소중한 인간관계

인간은 본질적으로 사회적 동물이다. 사람과의 친밀하고 진실한 관계는 삶을 풍요롭게 한다. 이러한 소중한 관계의 형성은 부모로부터의 사랑이 그 기초가 되고, 상대방에 대한 관심과 헌신을 기울이는 노력을 통해 이루어진다. '슬픔을 나누면 반으로 줄고 기쁨을 나누면 배가 된다'고 했듯이 더불어 살아가는 사람과의 따뜻한 관계는 삶의 축복이 되고 부메랑이 되어 다시 자기에게 돌아온다.

### (6) 굳센 의지

어느 누구에게나 시련 없는 삶은 없다고 한다. 하지만 인간은 이를 극복하고 시련을 일시적인 것으로 만들 수 있다. 그것은 바로 굳센 의지 때문이다. '세상에 쉬운 일은 하나도 없다. 하지만 안 되는 일도 없다'는 말 역시 어떤 일이든 시련의 과정은 반드시 있지만 이를 이겨내는 최고의 원동력이라 할 수 있는 꿋꿋한 의지만 있다면 자신의 꿈을 이룰 수 있다는 것이다.

### (7) 높은 도덕성

최근 들어 '모럴 해저드(도덕성 해이)' 라는 말을 자주 들을 것이다. 매스컴을 통해 종종 공직사회의 주요인물이나 기업 경영자들의 긴 생애를 통해 쌓아두었던 지위나 명예가 하루아침에 무너지는 것을 보았을 것이다. 그 주된 원인은 도덕성의 결여이다. 도덕성을 빼놓고 인생의 다른 소중한 가치를 지킬 수는 없다.

### (8) 자기실현

인간은 자신의 욕구의 만족이나 행복을 위해 부단히 노력한다. 그런데 그 노력의 궁극적인 방향은 자기실현의 추구라고 한다. 즉, 인간 최대의 욕구는 인간에게 잠재되어 있는 가능성을 실현하는 일이라는 것이다. 그런데 사람마다 지니고 있는 관심과 흥미가 다르고, 이에 따라 잠재력을 발휘할 수 있는 분야 역시 다르다. 일찍부터 자기가 좋아하고 능력이 있는 분야를 끊임없이 찾아보는 자기관찰과 자기계발에 대한 의지가 자기실현을 위한 기반이 될 것이다.

## 2) 12가지 삶의 선물

성공적인 삶은 어디서 나올까. 그 해답은 스토벌(Stoval, 2001)이 제안한 12가지 삶의 선물들, 즉 일, 돈, 우정, 배움, 고난, 가족, 웃음, 꿈, 나눔, 감사, 하루, 사랑에서 찾을 수 있을 것이다. 그는 다음과 같은 12가지 선물들을 균형 있게 조화시키면서 최선을 다해 살아간다면 성공적인 삶을 이룰 수 있다고 보고 있다. [Box 9-1]을 참고하기 바란다.

[Box 9-1] 12가지 삶의 선물

**1. 일**

일은 다양한 차원에서 인간의 삶에 의미를 부여한다. 일을 잘 하기 위해 노력하는 과정은 인간에게 커다란 기쁨을 안겨주고, 정직하게 일한다는 것은 만족감, 자부심, 자긍심을 가져다주고, 열심히 일한다는 것은 인간 생명에

강한 힘과 잘 살 수 있다는 희망을 심어준다. 일을 사랑하고 자랑스럽게 생각하는 사람에게는 일이 결코 노동이 되지 않는다.

### 2. 돈

돈은 중요하다. 모두들 돈 많은 부자가 되고 싶어 한다. 그러나 돈에 대한 가치를 어디에 두느냐에 따라 돈은 유용하게 쓰이기도 하고, 쓸모없이 쓰이기도 하고, 심지어 화를 불러오기도 한다. 돈을 일과 연관시켜 열심히 일해서 버는 것이라고 생각하면 돈의 가치는 소중할 것이고, 자녀가 원하는 것이라면 뭐든지 해줄 수 있는 것으로 생각하면 돈의 가치는 떨어질 것이다. 수많은 폭력, 근심, 이혼, 불신, 갈등은 돈 때문에 흔히 생겨난다. 많은 사람들이 돈으로 행복을 살수 있다고 생각하는 것은 큰 실수다. 행복이란 12가지 삶의 선물인 일, 돈, 우정, 배움, 고난, 가족, 웃음, 꿈, 나눔, 감사, 하루, 사랑 등 모든 것에서 찾을 수 있다. 삶의 기쁨이 이들 속에 있다.

### 3. 우정

우정을 이해하고 키우는 일 또한 삶에 가치를 부여하는 일이다. 우정이란 상대방의 행복을 위해 배려하고 아껴주는 것이며, 우리의 삶과 함께 할 수 있는 소중한 마음이다. 이런 우정을 위해 쏟아 부은 노력은 자신과 상대방 모두에게 좋은 방향으로 나아가게 하고, 노력의 몇 배로 불어나서 자신에게 돌아온다.

### 4. 배움

배움이란 평생 동안 목적지를 바꾸면서 나와 동반해서 다니는 여행과 같다. 대학을 다니며 배우는 배움은 인생을 살아가기 위한 기본 틀과 도구에 불과하다. 진짜 배움은 대학을 졸업한 후에 시작된다. 인생을 살아가면서 배우고자 하는 열망과 갈망은 곧바로 배움으로 가는 문을 여는 열쇠가 될 수 있고, 이는 또한 지식을 사랑하는 마음을 낳게 한다. 배움에 대한 열망을 가지고 실천하는 사람이야말로 진짜 부자이다.

### 5. 고난

영원히 고난이 없는 진공상태에서 사는 인간은 없다. 인간은 고난과 문제를 극복하는 과정에서 더욱더 강해지는 법이고 마침내 인생의 승리자가 될 수 있다. 귀한 자식을 아끼고 싶은 마음에서 문제와 고난을 해결해 주게 되면 삶을 망쳐놓을 수 있다. 아무리 사소한 고난이라도 직접 부딪혀 해결해보지 않으면 더 큰 고난이 닥쳤을 때 속수무책으로 당하는 수밖에 없다. 이것을 아는 사람은 고난을 피하는 대신 이를 하나의 도전이라고 생각해 오히려 고난을 반긴다.

정리해고 당한 사람들의 이야기를 들어보면 경제적인 어려움은 컸지만 그동안 소원했던 가족관계가 좋아지고 아이들도 돈과 일의 가치를 알게 된 귀중한 경험을 했다고 한다. 삶의 즐거움은 고난을 피하거나 다른 사람이 자신의 고난을 해결해 준다고 얻어지는 것이 아니라 고난을 극복하거나 즐거운 마음으로 고난을 안고 사는 법을 알 때 생기는 것이다. "고난은 현명한 판단력이 있다면 피할 수 있다. 하지만 현명한 판단력은 고난을 경험해 봐야 한다."(p.88)는 말의 의미가 크다.

### 6. 가족

진정한 가족이란 혈연관계 외에 사랑으로 맺어지는 관계를 말한다. 사랑이 있을 때 참다운 가족이 존재한다. 어떤 사람들은 화목한 가족들 사이에서 태어나지만, 어떤 사람들은 그러한 가족을 스스로 만들어가야 한다. 진정한 가족의 성원이 되기를 바란다면, 돈으로는 따질 수 없는 사랑을 가꾸는 정성이 필요하다.

### 7. 웃음

지금 우리 세상은 심각하게 생각해야 할 문제가 너무 많다. 그래서 웃음이 더 많이 필요할지도 모른다. 웃음은 마음을 치유하는 좋은 약이다. 여기서 웃음이란 코미디언의 입담이나 코미디 영화를 보고 터뜨리는 웃음이 아니라 자신의 인생을 바라보면서 고난 속에서도 웃을 수 있는 웃음이다. 이런 사람이라면 인생의 참사랑을 느끼면서 평생 동안 내내 행복할 수 있는 사람이다. 웃음이 없는 인생이란 즐길 것도 없고 살 가치도 없는 것이다.

### 8. 꿈

꿈은 인생의 핵심이고, 가장 위대한 것이다. 꿈이 있는 사람은 삶을 지금 현재의 모습으로만 보지 않고, 앞으로 어떻게 될지 미래에 대해 생각한다. 그리고 그 꿈을 이루기 위해 다른 삶의 선물들을 어떻게든 만들어 내고, 꿈이 있는 사람들에 대해 알려고 하고 그들과 소중한 우정을 쌓으려고 노력한다. 꿈은 열정을 가지고 계속해서 키우면서 함께 성장하고 자랄 수 있는 것이지 가만히 두는 게 아니다. 꿈 자체보다 더 중요한 것은 꿈을 키우는 과정이기 때문이다. 그래서 하고 싶은 것, 되고 싶은 것의 목록을 구체적으로 만들어 보고 실천하는 과정을 즐겨야 한다.

### 9. 나눔

삶에서 큰 기쁨을 누리고 싶다면, 반드시 자신이 번 것이나 자신의 신체적 활동으로 남에게 무언가를 베풀라고 한다. 남에게 많이 나눠 줄수록 자신도 많이 가질 수 있다. 인간은 타인에게 주는 사람이 되는 것도 타인으로부터 받는 사람이 되는 것도 중요하다. 그런데 남에게 베푸는 일이 의무감이 된다면 기쁨을 얻을 수 없다. 나눔의 대가로 받는 최고의 특권이 바로 기쁨이니 말이다. 그렇다고 나누어 주는 일이 반드시 큰 것이어야 한다고 생각할 필요는 없다. 주차자리 양보하기, 헌혈하기, 힘없는 노인의 짐 들어주기, 이웃 아이 돌봐주기 등 수없이 많다.

### 10. 감사

감사란 아이러니컬한 것이다. 정말 감사해야 될 것 같은 사람들은 감사할 줄 모르고, 거의 아무것도 없는 사람들은 많은 경우 감사하면서 산다. 매일 자기 전이나 아침에 일어나서 10가지 감사 리스트를 떠올려보면 어떨까. 이러한 습관화 된 감사마음은 부모가 하는 것을 보고 모방하게 되므로 부모의 역할이 크다. 그동안 당연한 것으로 여겼던 세상의 모든 일들에 대해 감사하게 되면 그들을 사랑하게 되어 마음의 정화와 편안함을 가져다준다. 감사 항목은 그 어떤 것도 좋다. 내 삶과 내 주변의 어떠한 하찮은 것도 감사 항목에 포함될 수 있을 것이다.

### 11. 하루

인생의 절정은 바로 당신이 살고 있는 오늘이다. 심리학에서는 지금-여기(here and now)라 일컫는다. 인생은 하루하루가 모여서 된 것이니까 인생의 마지막 날처럼 하루를 최대한 보람 있게 산다면 그 인생은 결국 의미 있고 풍요로울 것이라는 뜻이다. 하지만 이러한 마음으로 사는 사람을 찾기는 힘들다. 이러한 교훈을 마음 속 깊이 새겨긴다면 그의 인생은 이전과 달라질 수 있다. 세상의 어떤 사람도 영원히 살 수 있다고 보장받은 사람은 없다. 보장받는 것은 오늘이라는 단 하루뿐이다.

### 12. 사랑

사랑은 돈으로 살 수 없는 위대한 선물이다. 그런데 사랑의 선물을 얻으려면 사랑을 나눠주어야 한다. 지금까지 언급한 삶의 선물들, 즉 일, 돈, 우정, 배움, 고난, 가족, 웃음, 꿈, 나눔, 감사, 하루 등의 밑바탕에 깔려있는 것이 사랑이고 이들을 아우르는 것 또한 사랑이다. 이들 사랑의 선물들을 나와 나누고 다른 사람들과 나누도록 하자.

인생에서 바람직한 것은 모두 사랑에 기초를 두고 있다. 주위의 모든 것들에 대한 사랑이 있을 때 인생은 꽃을 피우기 시작한다. 사랑하는 마음에서 무엇이든 나누고 나면, 받는 사람이나 주는 사람이나 처음보다 더 풍요로워진다.

## 2. 내 인생의 계획과 실천

조그만 집을 짓더라도 그 기초가 되는 설계도를 맨 먼저 그린다. 하물며 세상에 나아가 꿈을 펼칠 대학생이라면 귀중한 자기의 삶에 대한 설계도, 즉 인생의 청사진을 필히 그려야 할 것이다. 만약 인생의 청사진 없이 흘러가는 대로 그냥 살아간다면 어떻게 될까? 아마도 삶은 하루하루의 일상에 부대끼다가 결국 주변 환경의 포로가 되고 말 것이다.

### 1) 내 인생의 청사진 작성

다음 <표 9-1>은 샌듀스키와 카슨(Sanduski & Carson, 2008)이 제시하는 인생의 청사진을 작성하는 다섯 단계 과정이다. 이들에 의하면, 진정한 인생의 성공은 자신의 내면에서 들려오는 마음의 소리에 귀를 기울이고 삶의 의미와 목적을 분명히 깨달아 내 인생의 청사진을 설계하는 일에 달려있다고 본다. 좀 더 실현가능하고 구체적인 삶의 목표를 설정하여 계획적으로 삶을 산다는 자각은 개인으로서의 삶과 직업인으로서의 삶에 지대한 영향을 준다고 본다.

〈표 9-1〉 인생의 청사진 5단계에 따른 내용

| 5단계 | 내용 | 비고(예) |
|---|---|---|
| 가치 정립 하기 ⬇ | - 인간으로서 나를 결정짓는 근본적인 뿌리임. 스스로 따르려고 하는 삶의 원칙과 가치. 이는 삶의 균형을 찾고 중요한 일에 집중할 수 있도록 함. 만약 추구하는 가치가 분명하지 않으면 의사결정에서 우유부단하게 됨. 물론 시간이 흐르면서 가치가 달라질 수 있음 | - 인생에 있어 가장 가치 있는 일들의 '내 인생의 우선순위'를 정함(가족, 경제적 안정, 지식, 건강, 타인에 대한 배려 등과 같은 순서) |
| 인생의 목적 설정 하기 ⬇ | - 인생 목적은 나와 내 가족을 넘어서는 것으로 우리를 둘러싼 세상을 향해 다가가는 것임. 이것을 하기 위해 세상에 태어났다고 생각하고 싶은 것으로 자신의 재능을 발휘해 충만한 삶을 살고자 함 | - 자신의 모든 기술, 흥미, 재능 등을 투입해서 열정과 헌신을 기울일 수 있는 것이 인생의 목적이 될 수 있음 |
| 비전 만들기 ⬇ | - 인생의 목적을 달성하기 위한 전 과정에 대한 생생한 스케치임. 자신이 꿈꾸는 이상적인 삶의 모습이자 자신의 미래 모습임<br>- 평생 추구해야 할 삶의 덕목임<br>- 비전을 관리하려면 이를 세분화해야 하는데, 목표 설정시 실행 계획을 만들어야 함 | - 비전에는 인생의 완성을 위해서 하고 싶은 일, 있고 싶은 곳, 일상적인 삶, 사업 환경, 내 열정과 행동의지를 자극하는 것, 함께하고 싶은 사람, 시간을 보내는 법 등이 포함됨 |
| 사명 선언문 만들기 ⬇ | - 비전을 향해 나아갈 수 있도록 의사결정을 포함한 일상생활 지침서임(개인 사명 선언문, 직업 사명 선언문)<br>- 개인 사명 선언문(내가 되고자 하는 사람, 행동 양식, 내게 중요한 사람과 중요한 가치 등 포함)<br>- 직업 사명 선언문(내가 누구인지, 왜 존재하는지, 무엇을 위해 일하는지, 고객이 기대하는 바가 무엇인지에 관해 탐구하는 과정임. 직장인으로서 어떻게 업무수행을 할 것인지의 내용임) | - 외워서 항상 의미를 되새길 수 있도록 짧게 작성함 |

| 5단계 | 내용 | 비고(예) |
|---|---|---|
| 목표 설정 하기 ⬇ | - 5단계의 핵심임. 목표 설정을 비전과 연결되도록 하기 위해 전 단계들을 재검토함. 즉, 내가 원하는 바를 언제, 왜 원하는지를 분명히 파악하고 이를 실현하기 위한 구체적이면서 성취 가능한 행동을 보여야 함.<br>- 비전에 맞게 1년 후, 3년 후, 5년 후, 10년 후 나와 내 가족의 연령대와 그 당시의 삶을 개인목표, 가족 목표, 직업목표 등으로 나누어 그려봄. 이러한 목표를 달성하기 위해 취해야 할 가장 중요한 행동과 그 보상이 무엇인지 따져봄 | 〈분야 별 설정한 목표의 예〉<br>태도: 미래의 비전을 이루기 위해 바꿔야 할 태도나 편견<br>경력: 직업적으로 성취하고자 하는 업적<br>교육: 비전을 추구하는데 있어 필요한 추가적 지식<br>가족: 가족관계를 향상시키는 방법<br>재무: 내가 바라는 순 자산, 사업목표<br>건강: 몸무게, 운동량, 백두대간 종주와 같은 구체적인 목표<br>여가: 여가 시간 동안 하고 싶은 일<br>지역사회: 지역사회에 기여하고 싶은 일, 남기고 싶은 유산<br>영혼: 영적으로 성장하고 싶은 욕구 |

예일 대학교 졸업생을 대상으로 한 흥미로운 설문조사결과에 따르면, 이들 졸업생들에게 장래에 대한 구체적인 목표를 글로 써서 가지고 있는가라는 질문에 졸업생 중 3%만 그렇다고 했고, 나머지 97%는 구체적인 목표가 없거나, 모호한 계획을 가지고 있었다. 그런데 20년이 지난 후 이들을 대상으로 경제적인 부(富)를 조사했을 때, 구체적인 목표를 글로 써서 소지한 3%의 집단이 그렇지 않은 97%의 집단보다 훨씬 많은 재산을 가지고 있었다. 경제적인 부가 삶의 성공 척도인가는 논외로 하더라도, 장래 목표와 계획을 마음속으로 생각만하는 데 그치지 않고 이를 글로 써서 구체화시키는 것은 경제적인 부(富)에 절대적인 영향을 준다는 것을 예측할 수 있다(장홍근 외, 2007).

### 2) 장단기 목표설정

앞서 내 인생의 청사진에 포함할 다섯 단계, 즉 가치 정립하기 → 인생의 목적 설정하기 → 비전 만들기 → 사명 선언문 만들기 → 목표 설정하기를 요약해 보았다. 20대 청년기 대학생이라면 이를 참고로 해서 나의 인생 청사진을 그려 볼 수 있을 것이고, 마지막 단계인 '목표 설정하기'도 장기목표와 단기목표로 나누어 설정하면 될 것이다. 흔히 꿈이라고도 말하는 장기목표와 단기목표 설정을 위한 유의사항은 다음과 같다.

첫째, 우선 내 인생의 청사진 5단계를 작성한다.

장기목표 설정을 위해 <표 9-1>의 내 인생의 청사진 5단계, 즉 내 인생의 가치와 목적이 담긴 생생하고도 이상적인 비전과 사명 선언문을 만들어 본다. 그리고 이를 장기목표와 연결하도록 한다.

둘째, 장기목표는 합리적이고 되도록 이면 실현가능한 것이어야 한다. (그림 9-1 참조)

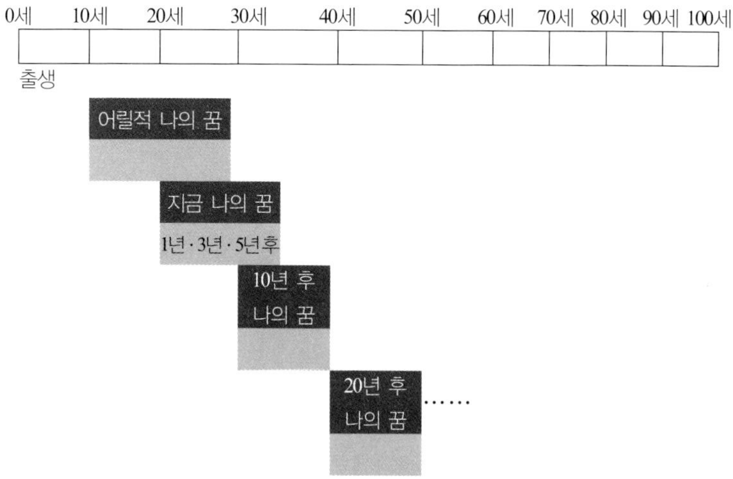


[그림 9-1] **나의 꿈(장기목표)**

셋째, 장기목표는 도달하는데 시간을 필요로 하는 다소 포괄적면서 분명한 내용을 담고 있어야 한다.

장기목표를 영역별로 나누어 본다면, 진로의 방향, 전공(주 전공, 이중전공 혹은 복수전공, 부전공), 나의 독특성 계발 및 나의발전(약점 보완/강점 강화), 나만의 취미, 아르바이트, 인턴십, 봉사활동, 친구관계 및 가족생활, 학교 안팎의 생활 등과 같은 다양한 나를 그리면서 한쪽으로 치중하지 않고 조화롭고 균형 잡힌 장래의 내 삶의 모습을 담으면 될 것이다. 이러한 꿈과 목표는 자신에게 목표의식과 의미를 부여하고, 동기와 행동기준을 제공한다. 그리고 이유가 있는 꿈과 목표는 어떤 어려움이나 고난이 닥치더라도 이를 이겨내는 힘과 에너지를 제공하게 된다.

넷째, 단기목표는 이상의 장기목표를 구체적으로 실행하기 위해 학기 단위로 설정하고, 실제 공부에 임하기 위한 공부계획은 월 단위나 주 단위로 시간배분을 하면 된다. (5장 참조)

### 3) 자기계발

위에서 제시한 장기목표의 영역들을 중심으로 해서 어떻게 자기계발을 해야 할지 간단히 살펴보자.

#### (1) 전공(주 전공, 이중전공, 부전공) 분야

우리의 기성세대는 사회적 성공을 위해 열심히 한 분야만 공부해서 직장을 구하고 평생토록 한 직장에 머물러 있는 것을 미덕으로 보았다. 최근 들어 이러한 과거의 미덕은 사라지고 있는 것 같다. 대학마다 주전공이외 이중전공이나 부전공을 개설하고 일정 학점을 요구하고 있다.

우리 주변에는 주 전공 인접 분야나 주 전공과 다른 분야에서 두각을 나타내는 사람들이 얼마든지 있다. 입학 할 때 선택한 주 전공을 중심으로 다른 이중전공, 부전공의 분야도 적성에 맞는 것을 선택 · 집중하는 것도 시대 흐름에 맞추어 나가는 일이라 할 수 있을 것이다. 전통적인 인적자본의 요소들, 즉 대학의 수준, 전공, 대학의 성적 등이 취업, 안정적인 일자리, 고임금 일자리의 획득에 가장 일관적이면서 중심적 역할을 한다(김안국 등, 2010).

### (2) 자기만의 독특성 계발 및 약점 보완 / 강점강화

요즘 취업의 문이 좁아지면서 대학 초반부터 스펙을 쌓기 위해 자격증을 따고 어학 공부도 한다. 정보가 중요한 사회이니 만큼 소그룹 형태의 스터디 그룹도 만들고, 대학마다 강조하는 튜터링 제도도 활용한다. 나의 약점을 보완하고 강점을 더욱 키워나가기 위한 대학생들의 몸부림이다. 그런데 우리나라 학생들의 대다수는 똑같은 영역에 스펙을 쌓으려고 하는데 이는 좀 생각해 볼 문제다. 김안국 등(2010)은 대졸자들이 노동시장으로 이행하는데 스펙 쌓기는 그다지 유효한 성과를 거두지 못하고 있다고 지적한다. 스펙을 쌓기 보다는 학생마다 가지고 있는 독특한 개성과 적성을 살려 나만의 독특성의 발휘하는 것은 창의력 시대인 21세기 사회가 필요로 하는 인재가 아닐까.

#### [Box 9-2] 나의 약점에 대한 태도

이 세상에 약점이 없는 사람은 없다. 그런데 어떤 사람을 그 약점이 외부로 드러날까 봐 전전긍긍하면서 걱정하고 불안해하는 반면, 어떤 사람은 "그래, 나한테는 이런 약점이 있어. 그래서 어쩔 건데?"라는 당당한 태도를 가진다. 여러분은 어디에 속하는가?

전자의 경우는 자신의 약점을 창피하게 생각하고 절대 노출하지 않으려고 애쓴다. 그 이유는 자신의 약점 때문에 남들이 자신을 싫어하거나 혹은 약점을 꼬투리 잡아 자신을 지배하고 통제하려 들지 모른다는 두려움 때문이다. 자신의 약점으로 인해 실수를 한다고 해서 누가 벌주는 것도 아니고, 하늘이 무너질 것도 아닌데 예민하게 반응할 필요가 없는데 말이다. 만약 자신의 약점에 대해 지나치게 곱씹게 되고 신경이 너무 많이 쓰여 에너지를 낭비하게 된다면, 차라리 자신의 강점을 찾아서 이를 키우는 것이 훨씬 현명할 수 있다. 강점에 집중하게 되면 자신감이 생기면서 약점에 대해 덜 민감해질 수 있기 때문이다.

후자의 경우는 오히려 자신의 약점을 "그까짓 것 내가 평소에 철저히 준비해서 보완하면 되지"하고 대수롭지 않게 생각한다. 이 세상에 아무리 잘난 사람이라도 약점이 없는 사람은 없다. 하지만 잘 난 사람은 외부로 노출되는 것을 불안해하지도 두려워하지도 않는다. 이들은 자신의 약점이 자신을 열등하게 만들지도 자신을 추락시키지도 않을 것이라고 확신한다. 그래서 이들은 약점을 없애기보다는 이해하고 보완하려고 한다. 그래서 노력하게 되고, 결국은 자기의 약점을 자기 성장의 밑거름으로 만들게 된다.

출처: 김혜남 (2009)

### (3) 나만의 취미

100세 이상의 삶도 흔해지는 시대가 다가왔다. 길어진 인생을 행복하게 살기 위해서는 나만의 취미를 갖는 것도 필요하다. 요즘 대학생들은 인터넷 채팅이나 게임에 몰입하는 시간이 많다. 이 보다는 자신만의 취미활동으로 관심을 돌리는 것도 고려해볼 만하다. 적지 않은 학생들이 대학 동아리 활동에 참여하고 있는 것은 바람직한 현상이다. 취미활동을 통한 정서적 여유로움은 학업을 열중하게 하는 밑거름이 될 수도 있다. 대학생활이 무엇인가. 학업뿐만 아니라 자신의 전반적인 삶을 어떻게 살아야 할건지 고민하는 시기이다. 나만의 취미는 길어진 인생살이를 더욱 풍요롭게 할 수 있는 자원이 되어 줄 것이다.

#### (4) 아르바이트

대개 대학생들은 등록금과 용돈 마련을 위해 아르바이트(혹은 알바)를 한다. 대학생들 중 20% 정도가 알바를 하고 있으며, 이들 중 60~70% 학생들이 '음식 서비스 관련직'과 '영업 및 판매 관련직'에서 일하는 상황이다(한국직업능력개발원, 2010a). 이렇게 단순 노동 알바를 통해 돈의 소중함이나 노동의 보람을 알 수 있는 기회를 가지지만, 이왕이면 전공 관련 직종이나 취업으로 연결될 수 있는 직종을 탐색·도전해 보는 것이 경력을 쌓는데 도움을 줄 수 있을 것이다.

#### (5) 인턴십

직업세계로 이행하기 위한 매개 역할을 하는 인턴십은 기업체와 학생 모두에게 도움이 되고 있다. 학생에게는 실제 업무와 자신의 직업 적성을 파악할 수 있는 좋은 기회가 되고, 기업 측에서는 유능한 인재를 예비적으로 확보하거나 신입사원의 기업 연수 기간을 단축시킬 수 있는 이점이 있다. 취업을 앞둔 4학년 학생들이라면 적극적으로 도전해 볼 필요가 있다. 인턴십도 학교에서 배운 이론을 실제에 적용하는 학습의 연장선이다. 따라서 일의 목표, 일의 내용, 일의 결과에 따른 영향 등에 대해 항상 메모해서 일의 세부적인 면과 전반적인 흐름 모두를 꼼꼼히 파악하는 적극적 자세가 필요하다.

#### (6) 봉사활동

최근 들어 봉사활동은 학점과 관련지어 타인과 더불어 살아갈 수 있는 사회 공동체 의식과 섬김의 리더십을 기르기 위한 전인교육 활동으로 자리매김하고 있다. 도움을 필요로 하는 타인을 도와주는 일은 자기 자신도 객관적으로 바라볼 수 있는 기회를 갖게 되어 자아정체감 확립에도 도움을 준다. 전공이나 흥미 있는 분야에서 봉사활동은 나를 성장시키는 장이 될 수 있을 것이다.

## 3. 자기관리

앞에서 성공적인 삶이 어떤 것인지, 내 인생을 어떻게 계획·실천해야 하는지를 살펴보았다. 여기서 인생의 꿈과 목표를 달성하기 위해 시간, 인터넷, 음주 등에 대한 자기 관리에 대해 몇 가지 짚어보고자 한다.

### 1) 시간관리

내 인생의 청사진을 그리고, 장단기 계획을 세우고 이를 실천하기 위해서는 시간관리가 중요하다. 우선 다음 글부터 살펴보도록 하자.

사고가 바뀌면 행동이 바뀌고,
행동이 바뀌면 습관이 바뀌고,

습관이 바뀌면 성격이 바뀌고,
성격이 바뀌면 운명이 바뀐다.

이상의 글에서 사고의 변화 → 행동의 변화 → 습관의 변화 → 성격의 변화 → 운명의 변화로 연쇄적으로 연결된다는 것을 알 수 있다. 따라서 맨 먼저 사고를 바꾸는 일, 예컨대 소극적인 사고에서 적극적인 사고로, 부정적인 사고에서 긍정적인 사고로, 비관적인 사고에서 낙관적인 사고로 변화시키는 것부터 시작해야 할 것이다. 그런데 우리 주변에는 생각만 하다가 마는 사람들이 적지 않다. 물론 신중한 것도 중요하다. 하지만 지나친 생각으로 행동으로 실천하지 못한다면 생각 자체가 소용없을 수 있어 이를 경계해야 한다. '생각이 깊어 움직이지 못하는 사람보다는 생각이 모자라도 움직이는 사람이 되라.'는 말은 생각보다 행동하는 인간이 되라는 뜻일 것이다.

습관은 제2의 천성으로 제1의 타고난 천성을 무너뜨릴 정도로 중요하다. 대학생활의 자유로움은 시간에 대한 감각을 무디게 만들 수 있다. 적지 않은 학생들이 자신의 무절제한 생활로 인한 시간 낭비를 후회하곤 하지만 지나간 시간을 되돌릴 수는 없다. 대학 4년은 긴 시간이 아니다. 할 일이 너무도 많다. 시간관리는 습관이어서 평생을 간다. 일찍부터 형성된 바람직한 시간관리 습관은 성격은 물론 운명도 충분히 바꾸어 놓을 것이다. 코비(Covey, 2003)의 『성공하는 사람들의 7가지 습관』에서 제시한 [Box 9-3]의 시간관리를 위한 4가지 활동영역을 활용하면 시간관리에 도움을 줄 것이다.

[Box 9-3] Covey의 시간관리 매트릭스

현재 내가 하고 있는 활동들을 다음 네 가지 영역으로 구분해서 모두 기입한다. 그 다음 줄여야 할 활동들은 지우고 새로 증가시켜야 할 활동들을 더 적어본다.

| | 긴급함 | 긴급하지 않음 |
|---|---|---|
| 중요함 | I 영역 | II 영역 |
| 중요하지 않음 | III 영역 | IV 영역 |

I 영역 : 현재 급히 해야 하는 중요한 일들 (예: 과제물 작성해서 제출하기)

II 영역 : 급하진 않지만 미래를 위해 준비하는 중요한 일들 (예: 자기계발하기)

III 영역 : 중요하진 않지만 급히 처리해야 하는 하찮은 일상사들 (예: 전화 연락하기)

IV 영역 : 중요하지도 급하지도 않은 기간 때우기 소일거리 (예: 게임하기)

성공하는 사람은 현재 긴급하지는 않아도 자신의 미래의 삶을 준비하는 중요한 활동에 가장 많은 시간을 투자한다는 점, 인생의 어느 시기나 가장 조화로운 삶이란 일(1/2), 여가(1/4), 자기관리(1/4)의 균형이라는 점을 유념·참고 한다. 대학생이라면 현재 자신의 대학생활에서 가장 중요한 것이 무엇인지, 즉 가치의 우선순위를 먼저 결정한 다음 시간을 배분할 필요가 있다. 다음의 유의사항이 도움이 될 것이다.

첫째, 시간관리는 목표설정과 밀접하다. 인생에서 무엇을 하고 싶은지 청사진을 그리고, 이를 장기·단기로 나누어 목표를 세운다. 그 다음 이 목표를 실천하기 위해서 학기별로 무엇을 할 것인가가 정하게 되면 시간에 대한 개념이 달라진다.

둘째, 시간관리를 위한 스케줄러를 사서 기록 습관을 갖도록 한다.

셋째, 너무 많은 욕심을 내는 것도 금물이다. 너무 욕심을 내서 많은 계획을 세운다면 실천하지 못해 모든 것을 그만 둘 수 있다. 자신을 알고 감당할 수 있을 만큼 계획을 세우고 실행해보고 그 결과에 만족하게 되면 점차 늘려가도록 한다.

시간은 누구에게나 똑같이 주어지나 그 시간을 어떻게 관리하느냐에 따라 삶의 효율성은 크게 달라진다는 점에 각별히 주의한다.

### 2) 인터넷 관리

디지털 기기를 능숙하게 다룰 줄 아는 디지털 문명 세대, 즉 N세대(net generation) 청년들에게 사이버 공간은 삶의 중심이 되고 있다. 인터넷을 통해 시공간을 초월해서 필요한 정보를 얻을 수 있지만 지나친 몰입은 인터넷 중독을 가져올 수 있다. 인터넷의 장단점을 소개하면 다음과 같다(정영숙, 2000; 황상민, 2000).

#### (1) 인터넷의 특징

인터넷을 어떻게 활용하느냐에 따라 유용할 수도 그러지 못할 수도 있다. 인터넷의 장단점을 중심으로 그 특징을 살펴보면 다음과 같다.

첫째, 사이버 공간의 익명성이 문제다.

사이버 공간의 익명성은 타인에게 해를 끼치고 자기조절에도 문제를 일으킨다. 현실공간에서는 타인과 상호작용하면서 자신의 언행을 조심하고 욕구나 충동을 억제하기도 한다. 원만한 인간관계를 위해서이다. 그러나 사이버 공간에서는 익명성으로 인해 자신의 과장된 언행(예: 비방, 질투, 무례, 적개심 등)이나 심지어 동반자살 내용이 담긴 글까지 거리낌 없이 나타낸다. 책임 의식도 없고 충동적인 욕구도 절제하지 못하는 것이다. 이러한 사이버 공간 속에서의 타인을 향한 자기조절 부족의 문제가 누적되다 보면 이는 현실세계와도 연결될 가능성이 높아질 수 있다.

둘째, 인간관계 능력의 저하를 가져올 수 있다.

현실 공간에서는 원만한 인간관계를 위해 상대방의 의도, 욕구, 감정 등을 이해하려고 노력한다. 또한 신체 언어를 통한 공감적 반응을 보이면서 상호작용하려고 하고, 이러한 반응은 상호작용하는 능력을 발달시키기도 하다. 하지만 사이버 공간에서 문자를 통한 의사소통은 상대방의 신체 언어나 내적 상태에 대한 추론을 어렵게 할 뿐만 아니라 서로를 드러내지 않고 다양한 모습으로 변형시켜 인간관계를 하게 된다. 타인의 의도나 생각, 감정을 이해하려는 노력을 하지 않게 됨에 따라 실재적인 상호작용의 능력을 약화시킬 수 있다.

셋째, 다양한 역할을 실험하고 연습하는데 도움을 줄 수 있다.

사이버 공간은 인간관계 능력의 저하를 가져올 수 있는 반면, 각 개인의 욕구에 따라 다양한 모습이나 역할을 변화시키면서 새롭게 자신을 만들어 표현할 수 있는 이점도 있다. 현실 세계에서는 자신의 감정, 사고, 행동이 통합되어 단일한 안정된 모습으로 자신을 표현하는 것이 일반적이다. 그러나 사이버 공간에서는 다양한 역할을 실험하고 연습할 수 있는 간접 경험이 가능하다. 그래서 자기정체감이 형성되지 못한 청년이나 현실 공간에서 대인관계에 만족하지 못하는 사람들에게 도움이 된다. 현실적 제약(예: 인종, 연령, 성별, 지위, 학력, 신체적 이미지 등)을 초월할 수 있기 때문이다.

### (2) 인터넷 중독

대체로 자기 조절력이나 통제력이 높은 사람은 필요에 따라 사이버 공간과 현실세계를 드나들면서 일상생활을 잘 영위하고 적응한다. 하지만 자신의 욕구를 지연시키기 어려운 사람, 자제력이 낮은 사람, 대인관계에서의 소외감을 갖는 사람은 사이버 공간에 몰입하고 집착하기 쉽다. 특히 대학생활에 적응이 쉽지 않고 깊은 마음을 나누는 친구가 없는 학생이라면 온라인과 더 친해지기 쉽고 점차 자신도 모르게 기계적으로 접속할 가능성이 높다.

인터넷 중독이란 지나친 사이버 공간 몰입과 집착으로 인해 일상생활에 심각한 신체적·정신적·경제적·직업적·사회적응적 기능 손상을 초래하는 상태를 뜻한다(박성길, 김창대, 2003). 자신이 혹시 인터넷 중독 가능성을 의심해볼 수 있는 상태가 아닌지는 우선 학교 과제도 시험공부도 뒷전이 되고 가족과는 대화가 단절되고 모든 것이 귀찮고 무기력해지면서 무의식적으로 인터넷에 접속하여 몰입하게 되는 경우이다. 그런데 만약 사이버 세계와 현실 세계와의 격차나 갈등으로 인해 실재의 것이 어떤 것인지 혼란을 겪거나, 심지어 망상이나 환상 속에서 자신이 누구인지도 모르는 착각 상태가 된다면 심각한 중독 상태라 할 수 있다.

## 3) 음주 문화의 폐해

대학생활은 술에서 시작된다는 말이 있다. 처음에는 어른 대접을 받고 싶어서 당당하게 마시게 된다. 그러다가 낯선 캠퍼스에서 사람들과 어울리고, 외롭고 공허한 마음을 달래고, 소외감이나 스트레스를 해소하기 위한 매개체가 자연스럽게 술이 되어버린다. 그러나 이는 어디까지나 대학생으로서의 의무나 책임을 저버리지 않은 한계에서 용인될 수 있을 것이다.

### (1) 음주 단계 점검

우리 조상들은 자식이 성년이 되면 함께 술을 마시면서 주도(酒道)를 가르쳤다. 술의 특성상, 예의범절(禮儀凡節)을 지키며 마셔야 자식을 지켜줄 수 있다고 믿었기 때문이다. 평소 술을 마실 때의 나의 모습이 다음의 어느 단계에 속하는 지 점검해보는 것도 적절하게 먹을 수 있는 계기가 될 것이다(김순애, 2005).

〈표 9-2〉 음주의 단계

| 음주단계 | 특 징 |
|---|---|
| 1단계 | 호기심이나 초면의 어색함에서 오는 긴장의 완화 차원에서 마심 |
| 2단계 | 가끔 여러 사람들과 어울리면 술좌석을 가지는 단계. 흔히 동아리 선후배 모임, 학회활동이나 행사 시 술자리를 가지다보면 음주량이나 빈도가 점차 증가함 |
| 3단계 | 습관적으로 술을 마시는 단계. 정신적 압박이나 스트레스를 해소하기 위해 주로 혼자 마시고 인사불성이 되도록 마실 때도 있음 |
| 4단계 | 술을 마시기 위해 사는 것처럼 수시로 강박적으로 마심. 술 제어가 안 됨 |

위 단계에서 1, 2 단계는 정상음주이며, 3, 4 단계는 비정상음주 혹은 문제성 음주라 할 수 있다. 사회적 관계에 지장을 주고 신체 건강을 해치기 때문에 문제가 된다는 것이다.

### (2) 적절한 술

일부 학생들이 술에 빠져 자신의 현 위치와 신분을 망각한 채 허우적거리는 모습을 보면 대학의 음주문화 폐해가 심각함을 알 수 있다. 수업을 포기하고, 과제를 제출하지 못하고, 신체적으로 이상한 현상이 나타나는 상황에 이르게 되면 소위 내가 술을 먹는 게 아니라 '술이 나를 먹는' 지경에 이른 것이다. <표 9-2>에서, 낮아도 3단계에 해당한다고 보아야 할 것이다. 술을 먹으려면 잘 먹어야 한다. 적절히 마시면 된다. 술을 절제하거나 제어할 수 없는 상태에 이르면 다시 찾아올 수 없는 귀중한 대학생활을 잃어버리게 되고 이를 후회한다. 20대 청년들의 삶에 가장 큰 걸림돌 중의 하나가 술 문화임을 잊지 말아야 할 것이다.

### (3) 술버릇과 가정 · 직장생활

3단계 이상의 술버릇이 형성되어 있다면 신체 건강상의 문제는 물론이고 이후의 가정 · 사회생활을 어렵게 할 수 있다. 특히 직장은 대학사회만큼 관용적이지 못한 냉혹한 사회이기 때문에 자신의 술버릇이 어떤지에 대한 인식과 더불어 적절한 조치가 반드시 필요하다.

문제성 음주는 술 남용(alcohol abuse)과 술 의존(alcohol dependence)으로 구분된다. 술 남용은 가정에서 불화나 자녀학대는 물론이고, 직장에서는 결근과 업무태만 등의 문제를 일으킨다. 술 의존은 술 남용에 내성(tolerance,), 금단현상(withdrawal symptoms), 강박적인 음주까지 첨가되어 심각한 술 중독 상태가 된다. 여기서 내성이란 점점 더 많은 양의 술을 마셔야 이전과 같은 취기를 느낄 수 있어 술 의존이 더 높아지고, 금단현상이란 술을 중단하면 경련, 발한, 구토, 신진대사 장애, 불안, 우울, 초조, 불면증 등의 신체 · 심리적 증상이 생기는 것을 말한다. 이러한 술 의존의 중독 상태가 되면 자기 의지로 술 마시는 것을 통제할 수 없게 되고 단주와 음주를 반복하면서 마치 술을 마시기 위해 사는 것 같다. 이쯤 되면 가정과 직장에서 의무나 책임을 이행할 수 없게 되는 것은 물론이고 많은 문제(예: 가정폭력, 자녀학대, 업무태만, 직장 내 갈등, 취중운전 등)를 일으키게 되어 치료가 반드시 필요하게 된다(DSM-Ⅳ, 1994).

## 4. 스트레스 관리

현대인은 스트레스와 더불어 삶을 살아간다. 인생 전반에 걸쳐 생겨날 수 있는 스트레스를 정확하게 이해하기 위해 그 개념부터 살펴볼 것이다. 그리고 스트레스에 직면했을 때 나타날 수 있는 반응, 스트레스를 효과적으로 대처하기 위한 방법 또한 제시해 볼 것이다(Cranwell-Ward, 1998).

### 1) 스트레스 개념

스트레스란 '지금 자기에게 부과되어진 요구수준과 이 요구에 부응할 수 있는 자신의 능력 간에 어떤 불 균형감을 지각할 때 일어나는 생리적 · 심리적 반응'을 말한다(Cranwell-Ward, 1998, p.22). 예를 들어, 평균 A 학점을 받아야 장학금을 받는데, 동아리 일로 시험 준비를 제대로 못한 상황에서 시험 날짜는 얼마 남지 않아 불안하고 잠이 잘 오지 않는다면 스트레스를 받고 있는 것이다.

스트레스를 받는 원인은 무엇일까. 그 원인은 각양각색이며, 스트레스를 인지하고 그 징후를 알아차리는 정도 또한 다르다. 어떤 사람은 재빨리 알아차려 적절하게 대처해서 부정적인 영향을 예방하거나 최소화할 수 있지만, 어떤 사람은 스트레스로 인해 고통 받고 있음에도 불구하고 그 사실조차 모를 수도 있다. 스트레스를 잘 대처하지 못하고 방치하면 위궤양, 고혈압, 심장병, 편두통, 암, 알레르기, 당뇨병과 같은 만성병을 일으키게 되고, 우울, 긴장, 불안, 불면, 의욕상실 등과 같은 심리적 문제도 초래할 수 있다. 그렇다고 모든 종류의 스트레스가 우리의 삶에 해로운 것은 아니다. 약간의 긴장이나 압력을 받게 되면 이에 부응하기 위해 에너지 수준이 증가하게 되어 작업수행을 증가시키고 새로운 도전도 할 수 있게 된다. 이러한 '긍정적' 스트레스는 삶의 문제를 지나친 염려 없이 현실적인 문제로 받아드리고 극복하게 되는 스트레스이다.

### 2) 스트레스에 대한 반응

스트레스 반응은 흔히 정서반응, 사고과정의 장애, 신체질병, 행동징후, 긍정적 반응 등 5가지 범주로 나누어진다.

#### (1) 정서반응

스트레스를 가졌을 때 나타나는 주된 정서반응은 짜증과 불평불만, 불안감, 우울증이다. 이러한 정서를 일으키는 문제가 무엇인가를 안다는 것은 이미 반은 해결된 것과 같다. 즉, 자신의 주된 문제를 발견하면 과다한 긴장을 약화시킬 수 있는 다음 단계를 찾게 될 것이고 이렇게 되면 덜 정서적이 될 것이다.

**① 짜증과 불평불만**

사소한 일에 대해 짜증을 내고 불만이 많다. 예를 들면, 방학이 끝나고 새 학기가 시작되면서 과제물 부과가 증가하면서 가족에 대해 짜증내는 경우가 많아지고 어머니 질문에 대해 대꾸하기 싫거나 불평을 늘어놓으면 이는 스트레스가 생겼다는 징조이다.

③ **불안감**

어느 정도의 불안은 정상적인 것이나(예: 과제 발표를 앞두거나 치과에서 치료하기 전 등), 모든 사건에 대해 과장되게 생각하여 앞으로 일어날 수 있는 재앙을 생각하면서 안절부절해지고 피곤해져서 정상적인 삶의 균형을 잃어버리면 지나친 불안감을 느낀다고 할 수 있다. 이는 상당할 정도의 스트레스를 지니고 있다는 증거이다.

③ **우울증**

오랜 동안 염세적이고, 절망적이며, 자신이 쓸모없는 부적합한 존재라는 무력감을 느끼고 있으면 우울증에 걸려 있다고 할 수 있다. 그런데 살다보면 이러한 우울감이 가끔씩 나타날 수 있는데 이것은 우울증이 아니다. 우울증이라고 할 수 있는 경우는 이런 증세가 주기적으로 나타나는 경우이다. 가령, 시시각각 변화하는 사건들을 처리해야 하는 사람임에도 불구하고 주기적으로 몹시 따분해하고 단조로운 음성으로 말하며, 잘 해나갈 수 없다고 스스로 평가하고 자신의 장래는 희망이 없을 것 같다고 말하는 사람이라면 전형적인 우울증 환자이다. 이는 스트레스가 누적되어 심화된 상태이다.

### (2) 사고과정의 장애

스트레스 경고의 신호는 사고하는 과정에서도 나타날 수 있다. 스트레스로 인한 주의집중력이나 기억력의 약화는 학습이나 업무수행을 악화시키고, 이러한 악화가 스트레스의 원인으로 작용하여 악순환을 거듭하는 결과를 가져온다. 스트레스에 의해 장애받을 수 있는 사고 과정은 정보수용, 문제해결과 의사결정, 창의성, 정보의 인출 등이다.

① **정보수용**

우리는 수많은 정보를 접하게 되는데 이러한 정보의 수용은 자신의 주의집중력과 정보에 대한 이해수준에 의해 크게 영향을 받는다. 그런데 최적의 스트레스 수준에서는 주의 집중능력이 크게 증가하여 정보수용이 용이하나, 스트레스가 심하면 주의 집중능력이 떨어지고 외계세계를 잘 지각하지 못한다. 이를 우리는 건망증이라 한다. 예컨대, 평소에 과제를 잘 준비해서 뛰어난 발표실력을 보여주던 여학생이 어느 날 발표시간에 실수하기 시작하더니 중요한 내용을 놓치고 말았다. 사실 이 학생은 사귀던 남학생과 헤어지고 심한 스트레스를 받고 있는 중이었다. 이러한 스트레스는 그녀의 주의 집중력을 손상시켰고 그런 실수를 저지르게 한 것이다.

② **문제해결과 의사결정**

우리는 어떤 문제에 주의집중을 할 수 있어야 사고과정이 원활해져서 문제해결이나 의사결정을 잘 내릴 수 있게 된다. 과다한 스트레스에 직면하면 한 가지 생각에서 또 다른 생각으로 사고가 쉽게 바뀌게 되는 현상, 즉 머리가 복잡해지는 현상 때문에 하나의 특정한 문제에 마음을 초점 화하는 집중력이 없어진다. 따라서 집중해서 문제를 해결해야 할 상황이거나 의사결정을 내려야 할 경우 무력해질 수 있다. 언제나 시간이 없다고 하는 사람들은 심한 스트레스를 느끼고 있는 사람일 가능성이 크다.

③ **창의성**

새로운 아이디어를 산출하는 창의적 능력의 발휘는 적절하게 이완하고 집중할 수 있는 사고 능력, 융통적인 사고 능력, 사고의 자유로움 등이 요구된다. 그런데 만약 지나치게 스트레스를 받고 있다면 이들 사고를 제한하고 억압하게 되어 아이디어가 잘 떠오르지 않게 된다.

④ **정보의 인출**

스트레스를 심하게 받으면 기억이 잘 되지 않는다. 예컨대, 어떤 사람을 만났는데 얼굴은 기억하지만 이름이 회상되지 않는다면 이를 건망증이라 하는데 이는 스트레스를 받고 있을 때 심하게 나타난다.

### (3) 신체질병

많은 신체 질병은 스트레스와 관련된다. 만성적인 스트레스는 질병에 대한 저항력을 약화시켜 병에 잘 걸릴 수 있는 상태를 만들기 때문이다. 스트레스와 관련 있는 질병은 치명적인 심장병부터 이빨 갈기에 이르기까지 다양한 질병이 있고, 특별히 아픈 곳은 없지만 기분이 상쾌하지 못한 경우도 있다. 대표적인 질병은 다음 <표 9-3>과 같다(Cranwell-Ward, 1998, p.91).

〈표 9-3〉 스트레스와 관련된 신체질병

| 부위 | 질병 |
| --- | --- |
| 구강 | 궤양 |
| 소화기 | 급성복통, 설사/변비, 궤양, 당뇨병 |
| 생식기 | 생리전 긴장(여), 발기부전(남), 생리장애(여) |
| 머리털 | 원형탈모증 |
| 방광 | 방광의 과민성, 뇨의를 느끼는 빈도 |
| 피부 | 습진, 건선 |
| 심장-혈관계 | 심장장애(심근경색), 심계항진, 고혈압, 협심증, 편두통, 치질 |
| 폐 | 천식, 해소, 현기증, 기절, 숨가쁨/ 호흡곤란 |
| 골격-근육체계 | 근육경련, 이빨 갈기, 요통, 견통, 긴장성 두통, 관절염 |

스트레스가 질병을 일으키는데는 스트레스의 심각한 정도 및 기간, 그리고 자신만의 스트레스 취약성과 같은 각종 요인에 의한다. 대부분의 사람들은 자신의 신체에 취약 부위가 있어 장기간에 걸쳐 스트레스가 쌓이면 이 취약 부위가 특정 질환으로 발전하게 된다.

### (4) 행동징후

스트레스를 받으면 겉으로 쉽게 관찰될 수 있는 행동상의 변화도 나타난다. 전형적인 행동징후는 다음과 같다.

#### ① 불면증

불면증은 전형적인 스트레스 징후 가운데 대표적인 것이다. 스트레스를 많이 받으면 휴식도 취하기 어렵고, 잠도 오지 않아 고통을 겪게 된다.

#### ② 과식·식욕상실·과음

스트레스가 생기면 음식을 통해 이를 해소하려는 과식형과 입맛이 자연스럽게 없어지는 식욕 상실형이 있다. 특히 스트레스를 피하기 위해 술을 마시는 경우가 많은데 이는 문제를 해결하는데 도움을 주지 못한다. 과음은 머리를 둔하게 만들어 문제를 인지하고 극복하는데 어려움을 줌으로써 일의 능률을 저하시킨다는 점에 유의해야 한다.

**③ 대인 접촉회피**

내향적인 사람이 스트레스를 받으면 대인관계를 회피하여 사회적인 접촉을 완전히 끊어버릴 수 있다.

**④ 운전행동의 변화**

스트레스를 받으면 운전스타일이 달라질 수 있다. 가령, 평소의 행동이나 성격은 얌전하고 침착하지만 운전대만 잡으면 앞차와 바짝 붙거나 과속을 내는 공격행동을 보여 교통위반에 걸리는 경우가 많다면 스트레스가 원인일 수 있다.

### (5) 긍정적 반응

앞서 열거한 정서반응, 사고과정의 장애, 신체질병, 행동징후는 스트레스에 의해 일어나는 부정적인 반응이다. 그러나 스트레스가 있되 그것이 적절한 정도라면 긍정적인 효과가 있을 수 있다. 즉, 약간의 긴장감을 주는 스트레스는 활력을 주어 평상시보다 더 많은 일을 하게 된다는 것이다. 스트레스에 대한 이러한 긍정적 방식의 반응은 긴장감을 배출하게 되는 선순환을 일으키는 효과를 갖는다.

### 3) 스트레스 극복 방안

이상의 스트레스에 대한 여러 가지 반응범주를 통해 자기의 개인적 스트레스 반응을 점검하게 되면, 그 다음 스트레스를 극복하기 위한 방안을 숙지하고 이를 실천하면 될 것이다. 스트레스 극복 방안은 정서적인 대처방안, 신체건강적인 대처방안, 정신적인 대처방안 등이 있다. 이들 가운데 상황에 따라 적절한 방법을 선택해서 사용하면 될 것이다. 대처방법은 다음과 같다.

#### (1) 정서적 안녕의 유지 방안

■ 정서적 긴장감을 표출한다.

정서적 긴장을 표현하지 않고 억눌러 참는다고 해서 사라지는 것이 아니다. 자신의 정서를 표현 못하면 정서는 내면 깊숙이 숨어들어가 정신적 고통을 야기하여 정신건강을 헤치게 된다. 예컨대, 의욕이 없어지고, 불안해지고, 우울증에 걸려 심지어 자살까지 시도할 수 있다.

■ 정서적 지지자의 도움을 받는다.

스트레스 극복은 나를 지지해주는 신뢰로운 사람으로부터 큰 도움을 받을 수 있다. 자신의 실제 모습을 수용 받고 인정받고 싶어 하는 인간의 기본욕구를 지지해 주게 되면 스트레스를 이기는 힘이 생긴다. 정신건강을 유지하기 위해 나를 잘 알고 나를 진정으로 사랑하는 정서적 지지자는 현대사회에서 필히 요구된다.

■ 스트레스를 주는 사람/상황과 정서적 거리를 유지한다.

스트레스를 주는 상황이나 사람으로부터 스스로를 보호하기 위해 초연한 입장, 즉 정서적 거리를 취함으로써 정서적 압력에서 벗어날 수 있다. 특히 스트레스를 많이 주는 매우 정서적인 사람과 관계한다면 정서적으로 반응할 가능성이 커지고 이는 또 다른 정서문제를 야기하기 때문에 뒤로 물러서서 일정한 정서적 거리를 유지하는 태도가 도움이 된다.

■ 비합리적인 신념을 바꾸어 부정적 감정을 감소시킨다.

이 방안은 사고가 감정에 영향을 미친다는 가정에 근거 둔 방안이다. 따라서 생각을 바꾸게 되면 부정적인 감정의 발생을 예방할 수 있다고 본다. 예컨대, 남들에게 평가받는 상황에서 불안을 크게 느끼는 원인은 '좋은 평가를 받지 못하면 큰일이다.'라는 생각(비합리적인 신념)을 하기 때문이라는 것이다. 그래서 불안을 치료하려면 생각을 좀 더 합리적으로 변화시켜야 한다고 본다. '좋은 평가를 받지 못할 가능성도 있지만 그렇다고 해서 그것으로 내 인생을 망치는 것은 아니다.'라는 생각으로만 바꿀 수 있어도 불안은 감소된다. 이 방안은 스트레스 상황에서 감정적인 반응이 빠른 사람이나 미래 상황을 지나치게 염려하는 사람에게 도움이 된다.

### (2) 신체적 안녕의 유지 방안

■ 적절한 음식, 운동 및 휴식을 취한다.

신체 안녕을 위해 적절한 음식, 운동 및 휴식 등 세 가지를 골고루 계획 세워 실천하게 되면 당면하고 있는 요구에 응하고 맞설 수 있는 활기찬 에너지를 제공할 수 있는 좋은 컨디션을 유지하도록 한다. 몇 가지 유의사항을 다음과 같다.

○ 규칙적으로 식사하고 간식은 삼간다.

○ 과일, 야채, 생선 그리고 살코기와 같은 신선한 음식을 가능한 많이

섭취한다.

- ○ 설탕, 탄수화물, 지방 그리고 소금 등의 섭취를 제한한다.
- ○ 스트레스를 많이 받을 때는 비타민 B를 많이 섭취한다.
- ○ 매주 최소한 3번 이상 규칙적으로 운동한다.
- ○ 당신의 체력 범위 내에서 운동하고, 과잉운동은 삼간다.
- ○ 당신이 즐겨서 할 수 있는 운동을 선택한다.
- ○ 신체의 산소 소비량을 증대하는 유산소 운동을 한다(예: 걷기, 달리기, 자전거 타기, 테니스 등)
- ○ 불면증을 다스리려면 잠이 안 오는 원인을 찾아 올바르게 대처한다. 다음 [Box 9-4]을 참고하기 바란다.

[Box 9-4] 불면증 다스리기

불면증을 다스리기 위한 방법을 제시하면 다음과 같다.

1) 잠을 잘 자기 위해 일반적인 고려사항에 주의한다.

자기 전에 카페인, 술, 담배, 식사 등을 피하고, 낮에는 운동을 하고 낮잠을 자지 않도록 한다. 또한 정해진 시간에 규칙적으로 잠자리에 들고, 잠자기 전이나 잘 때 걱정거리에 집중하지 않도록 한다.

2) 억지로 자려고 애쓰지 않는다.

잠은 자율신경계를 통해 일어나기 때문에 잠을 자고 싶다고 오고 안 자고 싶다고 안 오는 것이 아니다. 따라서 잠을 자려고 애쓰고 집착하는 것은 오히려 긴장감을 불러오고 신경을 곤두서게 만들어 수면을 어렵게 할 수 있다. 위에서 언급했듯이, 잠이란 잠 오는 조건이 될 때 찾아온다. 혹시 잠이 안 오는 경우라도 동요 없이 편안한 마음으로 누워서 밤을 보내면 아침에 그다지 힘들지 않을 수 있다.

3) 떠오르는 생각을 따라가지 않는다.

눈을 감고 눕게 되면 여러 가지 과거와 미래에 대한 생각이 떠오른다. 이때 생각의 구체적인 내용을 떠 올리지 말고 그냥 '생각이 났구나.'하고 생각난 것을 알아차리면 그 생각은 사라지게 된다. 그러다가 또 생각이 떠오르면 구체적인 내용은 생각하지 않고 '또 생각이 났구나.' 하고 알아차린다. 편안한 마음으로 계속 이렇게 시간을 보내면 잠이 잘 오게 된다.

출처: 전현수(2010)

■ 균형 갖춘 신체를 위한 전통적 방법을 활용한다.

동양의 전통적인 침술, 뜸, 지압, 마사지 등의 치료법이 최근 과학적으로 그 효능이 입증되고 있다. 이런 치료법들은 신체의 전기적, 화학적 구성 요소에 영향을 미쳐 치유력을 높이고, 영양을 제고해 주고, 활성을 도와준다. 과도한 스트레스를 받게 되면 신체 내의 시스템들이 에너지를 받지 못하게 되는데 침이나 뜸, 지압은 이러한 에너지의 흐름을 도와 신체의 균형을 회복시켜 주도록 하는 요법들이다. 신체 마사지도 근육의 긴장을 풀어주고 에너지 흐름을 회복시킬 뿐만 아니라 혈액 순환을 돕고 유독 물질의 방출을 촉진시켜 준다.

■ 이완한다.

이완은 긴장 수준과 스트레스 수준을 낮추어 삶의 균형을 회복시켜 준다. 만약 심한 스트레스적인 삶을 살거나 쉽사리 긴장하고 불안해하는 사람, 고혈압이나 심장장애 그리고 두통이나 편두통을 가진 사람이라면 이 방법이 크게 도움이 된다. 이완을 할 수 있는 방법으로는 요가법, 목욕, 취미생활, 이완법 등이 있다. 요가법이란 인도에서 나온 전통적 심신 수련법의 하나로 신체, 마음 그리고 감정을 이완시키는 방법이고, 목욕은 근육에 긴장이 심한 사람에게 이완의 효과가 있고, 취미생활에 몰두하게 하는 것도 이완을 얻는데 상당히 효과가 있는 것으로 알려져 있다. [Box 9-5]는 스트레스 해소를 위한 호흡이완법의 절차이다.

[Box 9-5] 호흡이완법

우리는 태어나서 죽는 순간까지 호흡을 하지만, 호흡곤란이 일어나지 않는 한, 호흡에 주의를 기울이는 적이 거의 없다. 그런데 호흡을 통한 이완이야말로 스트레스 해소를 위한 최적의 쉬운 방법이 될 수 있다. 그 이유는 첫째, 호흡이라는 생명의 기본리듬에 의식을 집중하면 주의를 모을 수 있다. 둘째, 호흡에 주의를 모으면 '지금(now) 여기(here)'의 알아차림을 할 수 있어 과거나 미래에 대한 오만가지 잡념, 즉 스트레스를 주는 생각으로부터 해방될 수 있다. 호흡이완법의 절차는 다음과 같다.

첫째, 가부좌나 반가부좌 자세로 편안하게 땅바닥에 앉아 두 눈을 지그시 감는다. (침대에 눕거나 의자에 앉아서도 가능하다.)

둘째, 호흡에 관심을 쏟는다. 들어 마시는 숨(들숨)과 내쉬는 숨(날숨)을 쉴 때마다 하나, 둘, 셋하고 센다. 즉, 들숨에서 하나, 둘, 셋(5초 내외)하고, 날숨에서 하나, 둘, 셋(5초 내외)하고 센다. 호흡은 깊고 편안하고 자연스럽게 한다. 이러한 방식으로 호흡에 관심을 두는 것을 호흡법이라 한다. (익숙하면 복식호흡, 즉 아랫배가 부풀거나 줄어드는 호흡을 권한다.)

셋째, 근육에 관심을 기울인다. 처음에는 몸 전체 근육을 힘껏 조였다가 서서히 발가락에서 머리까지 차례차례 이완시켜 나간다. 즉, 다리근육(왼발의 발가락 → 발바닥 → 발꿈치 → 발등 → 발목 → 장딴지 → 관절 → 허벅지

→골반→오른 발의 발가락.......골반), 몸통(허리→배→등과 가슴→어깨), 양팔 근육(양손의 손가락 끝→양팔→양어깨), 얼굴과 머리(목과 목구멍→얼굴의 모든 부분→후두부→정수리)까지 이완시킨다.

넷째, 몸 전체가 이완되었으면 이완상태를 지속하면서 10~20분 동안 깊은 호흡을 계속한다.

다섯째, 눈을 뜨고 몇 분간 조용히 앉았다가 일어선다.

이때 주의할 점은 소화활동에 장애가 생기지 않는 식사 2시간 후, 가능한 방해받지 않는 조용한 환경에서 실시하되, 이완상태에 신경 쓰지 않는 수동적 자세를 취하도록 한다.

출처: Kabat-Zinn(2010)

### (3) 정신적 안녕의 유지 방안

이는 내적인 힘을 길러 스트레스에 대응하려 하는 방안들, 즉 삶에 대해 긍정적 자세 취하기, 현실적인 기대감 가지기, 자기관리 등이 포함된다. 이들을 소개하면 다음과 같다.

■ 삶에 대해 긍정적 자세를 취한다.

현재의 삶에 대한 자세를 우선 평가하고 긍정적 자세가 되는 방법을 개발하게 되면 삶을 개선하고 자신을 충만 시켜 보다 큰 만족감을 얻도록 해 준다. 이 방법은 삶을 부정적으로 보는 사람들에게 특히 효과가 있다. 그 절차는 <표 9-4>에 제시되어 있듯이, 1 → 6의 순서로 진행한다.

〈표 9-4〉 현재 삶의 자세 평가 및 긍정적 자세 개발의 절차

| | 현재 삶의 자세 평가 | 예 |
|---|---|---|
| 1 | 재발을 막아야 할 필요가 있는 과거의 부정적인 사건(예: 인간관계, 학업, 꿈 등)을 열거한다. | 지난 학기 평점이 C이다. 학과 친구, 동아리 선후배와의 술좌석이 너무 잦아 공부할 시간이 별로 없었다. |
| 2 | 과거 그 당시 취했던 태도, 생각 그리고 감정을 확인하면서 현재의 삶에 대한 자세를 평가한다. | 대학의 낭만이 술자리에 참석해서 떠들고 노는 것이라 생각했는데 막상 너무 낮은 평점을 받고 보니 너무 놀랐고, 창피했고, 자존심 상했다. 술을 자제하려고 노력하고 있는데 아직 극복되지 못하고 있다. |
| | **긍정적 자세 개발** | **예** |
| 3 | 현재의 삶에 대한 자세를 긍정적 메시지로 대체한다. | 꼭 필요한 경우가 아니라면 술자리에 참가하는 대신 도서관에 갈 것이다. |
| 4 | 자신의 긍정적 자세를 확장하기 위해 다른 사람에 대해서도 긍정적 입장을 취한다. 이는 상대방도 자신을 긍정적으로 보게 되어 관계가 개선된다. | 그동안 연락이 없던 친구에게 전화하고, 부모님께도 핸드폰 메시지를 넣어본다. |
| 5 | 현재에 집중한다. 미래의 목표를 향해 나아가지만 현재 일에 집중하여 신체와 감정 간에 균형감을 유지하도록 한다. 이는 현재 삶에 대한 긍정적 자세를 가지게 한다. | 훌륭한 선생님이 되는 것이 나의 미래 꿈인데, 꿈의 실현은 현재 내가 해야 하는 일에 충실함으로써 가능하다. 다음 주 과제물 제출이지만 미리 완성해 놓고 더욱 다듬어 제출한다면 더 좋은 성적을 받을 것이다. 기분도 좋고 성취감을 가지게 될 것이다. |
| 6 | 독립심을 키운다. 남에 대해 어떤 기대를 할 수는 있겠지만, 보다 독립적이 되면 좌절감을 줄여줄 것이다. 이 또한 현재 삶에 대해 긍정적 자세를 가지는데 도움을 줄 것이다. | 과제물이 소집단 과제물이지만 전반적 계획을 내가 세우고, 혹시 집단 성원에게 문제가 생기더라도 과제물 제출 날짜에 어기지 않도록 내 나름의 준비를 해둘 것이다. |

■ 현실적인 기대감을 가진다.

스트레스 극복을 위해 자기 자신의 능력, 학업, 꿈과 진로 그리고 주변 사람들에 대해 현실적인 기대감을 가질 필요가 있다. 대학생의 꿈이

나 욕구는 삶을 발전시켜 나가는 기본적인 방향이 되지만 생애의 여러 단계에서 꿈이나 욕구는 재평가하여 보다 현실적인 기대감을 가질 수 있도록 해야 한다. 예컨대, 성악가가 되고 싶은 꿈을 가졌지만 도저히 음감을 따라 갈 수 없다면 자신의 다른 적성으로 꿈을 돌려야 한다는 것이다. 꿈이나 욕구가 현실과 적절한 정도의 불균형은 동기유발을 가져오지만 지나치게 크면 좌절감, 분노 등을 낳을 수 있다.

■ 공부(혹은 일)와 휴식이 조화를 이루도록 시간관리를 한다.

앞서 언급되었지만, 성공적으로 자기를 관리하는 사람은 시간의 귀중함을 알고 공부하는 시간(혹은 일하는 시간)과 여가 시간을 잘 구분하여 삶을 균형 있게 살아가도록 노력한다.

## 9장의 연습과제

1) 내 인생을 계획하도록 하자. 우선 내 인생의 청사진을 작성한 뒤, 장기목표를 설정하고, 그리고 장기목표에 따른 학기별 단기목표를 세우도록 한다.

2) 현재 나의 생활을 살펴보면서 나의 인생 계획, 즉 나의 꿈을 실천하는데 걸림돌이 될 수 있는 나의 습관이 무엇인가? 그리고 이를 해결하기 위한 나의 결심과 실천 방안을 제시해보도록 하자.

3) 나는 지금 스트레스 해소를 위해 어떤 방법을 활용하고 있는가? 그 방법의 적절성을 검토하고 보다 나은 방법을 계획하도록 하자.

# 참고문헌


강혜영 (2002). 대학생 진로개인상담 모델: 서울대 대학생활문화원을 중심으로. **학생생활연구, 36**(1), 55-66.

곽금주 (2010). **흔들리는 20대**. 서울대학교 출판문화원.

권석만 (1997). **인간관계의 심리학**. 학지사.

권혜자 (2010). 청년층 일자리 변화와 연령세대별 고용정책, 2010년 한국고용정보원 심포지엄 자료집 - 청년층 취업 활성화 방안. 한국고용정보원.

김계현 (1995). **상담 심리학.** 학지사.

김계현, 김동일, 김봉환, 김창대, 김혜숙, 남상인, 천성문 (2009). **학교상담과 생활지도**. 학지사.

김도환, 정태연 (2002). **청년기의 자기탐색**. 동인.

김무곤 (2003). **NQ로 살아라**. 김영사.

김안국, 이영대, 한상근, 유한구, 장수명 (2010). **대졸자의 노동시장 이행 연구.** 한국직업능력개발원.

김애순 (2005). **청년기 갈등과 자기이해**. 시그마프레스.

김애순 (2010). **혼돈의 20대, 자신을 말하다**. 시그마북스.

김혜남 (2009). **심리학이 서른 살에게 답하다**. 걷는 나무.

김혜숙, 박승민, 구혜영, 남상인 (1995). **청소년 상담모형 개발연구1**. 청소년 대화의 광장.

남청 (2008). **인간관계론.** 배재대학교 출판부.

박동열, 김대영 (2006). 대학생의 직업의식에 관한 실태. **직업교육연구, 26**(1), 1-32.

박성길, 김창대 (2003). 청소년 인터넷 과다사용의 위험요소 분석. **청소년상담연구, 11**(1). 84-95.

박용헌 (1977). **성취동기 육성의 교수방안.** 교육출판사.

손애리, 천성수 (2006). 전국 대학생의 성의식, 첫 성경험 및 성 행동에 대한 성차. **보건과 사회과학, 18**, 73-100.

연문희, 이정윤, 이은경 (1997). 연세대학교 재학생의 사랑과 결혼에 대한 의식 및 태도연구. **연세상담연구, 13**, 91-125.

이권오 (2004). 부모-청소년 자녀 간의 갈등과 대처행동에 관한 연구. 인하대학교 석사학위논문.

이명조 (2008). 대학사회 성희롱·성폭력 예방을 위한 대책 방안. **학생생활연구, 11**, 1-11.

이명조, 김소아 (2009). **교육심리학**. 교문사.

이상길 (2006). 대학생의 진로정체감: 인구통계학적 변인 및 진로결정의 현재, 미래, 과거적 변인을 중심으로, **진로교육연구, 19**(1), 141-153.

이상준, 김미란 (2010). 인턴제 근로자의 노동시장 이행에 관한 연구-비정규직 근로형태로 서의 인턴제를 중심으로. **직업능력개발연구 13**(1), 1-25.

이태연, 이인수, 정기수, 최명구 (2006). **인간관계의 이해**. 도서출판 신정.

장경문 (2005). 대학생의 진로결정수준과 학업적 자기효능감이 대학생활적응에 미치는 영향. **상담학 연구, 6**(1), 186-196.

장선철 (2004). 대학생의 진로결정 유형 분석. **한국심리학회지: 상담 및 심리치료. 16(**3), 533-551.

장혜정 (2010). 이공계 직업, 일자리 확대 직업, 신생직업. '10년 후 한국의 직업전망 세미나' 자료집. 한국직업능력개발원.

장홍근, 오영훈, 최지희, 이동임, 정윤경, 서우석, 이기홍 (2007). **한국인의 직업의식과 직업윤리-국제비교 맥락에서 본 한국인의 직업의식.** 한국직업능력개발원.

장휘숙 (2000). 애착과 대학생의 정체감 발달(1). **한국심리학회지: 발달, 13**(2), 115-130.

장휘숙 (2002a). 애착과 사랑양식 및 관련변인들의 관계. **한국심리학회지: 발달**, 15(4), 93-111.

장휘숙 (2002b). 청년후기의 부모에 대한 애착, 분리-개별화 및 심리사회적 적응. **한국심리학회지: 발달, 15**(1), 101-121.

전현수 (2010). **정신과 의사가 붓다에게 배운 마음 치료 이야기.** 불광출판사.

정연순 (2010). 공무원 채용 시험 준비생의 진로 선택 경험에 대한 질적 연구. **직업능력개발연구, 13**(3), 2010, 123-146.

정영숙 (2000). N세대의 친 사회도덕 발달: 관련변인의 탐색 및 증진방안의 모색. **한국심리학회지: 발달, 13**(3), 21-42.

정옥분, 정순화, 황현주 (2009). **애착과 발달.** 학지사.

조용개, 손연아, 이석열, 이은화, 이은화, 이희원, 장상필 (2010). **대학생활을 위한 학습전략 포트폴리오.** 학지사.

중앙일보. (2009. 9. 22.). 국민 49% '나는 불안한 중산층'.

통계청 (2009). 경제활동인구 부가조사(청년층·고년층).

통계청 (2011a). 2010년 남녀 평균 초혼연령추이.

통계청 (2011b). 2011년 8월 경제활동 인구조사 근로형태별 및 비임금 근로 부가조사 결과.

통계청 (2012). 한국의 사회동향 2011.

한국가정법률상담소 (2010). 2009년도 이혼상담통계.

한국고용정보원 (2010). 대학생 직업 및 취업 인식조사.

한국고용정보원 (2011, 2. 21). 워크 & 라이프: 2011 취업 트랜드. YouTube.

한국직업능력개발원 (2010a). **한국교육고용패널 기초분석보고서 (2009) - 5년차(2008)년도 자료 분석 -.**

한국직업능력개발원 (2010b). **Krivet Brief. 겨울호,** p. 24.

한상근 (2010). 10년 후 직업세계의 전망. '10년 후 한국의 직업전망 세미나' 자료집. 한국직업능력개발원.

홍대식 (1996). 한국대학생의 사랑스타일과 이성상대 선택준거. **한국심리학회지: 사회 및 성격, 10**(2), 81-111.

황매향, 박혜영 (2005). 대학생의 진로발달과 학교적응도와의 관계. **직업능력개발연구, 8**(2), 157-176.

황상민 (2000). **사이버 공간에 또 다른 내가 있다**. 김영사.

Adler, M. J. (1976). *Some Questions about Language*. LaSalle, IL., Open Court.

Alain de Botton (2007). **왜 나는 너를 사랑하는가**[*Essays in Love*] (정영목 역) 청미래.

Aleinikov, A. G, Kackmeister, S., & Koenig, R. (2000 Eds.). *101 Definitions: Creativity*. Midland, Michigan: Alden B. Dow Creativity Center Press.

Anderman, E. M., Eccles, J. S., Yoon, K. S., Roeser, R., Wigfield, A., & Blumenfeld, P. (2001). Learning to value mathematics and reading: Relations to mastery and performance-oriented instructional practices. *Contemporary Educational Psychology, 26*(1), 76–95.

Armsden, G. C., & Greenberg, M. T. (1987). The Inventory of parent and peer attachment: Individual differences and their relationships to psychological well-being in adolescence. *Journal of Youth and Adolescence, 16*. 427-453.

Arnett, J. J. (2007). *Adolescence and Emerging Adulthood: A Cultural Approach* (3rd ed). NJ: Pearson Higher Education.

Atkinson, J. W. (1964). *An introduction to motivation.* Princeton, NJ: Van Nostrand.

Bandura, A. (1986). *Social foundations of thought and action: A social cognitive theory.* Englewood Cliffs, NJ: Prentice Hall.

Baumrind, D. (1971). Harmonious parents and their preschool children. *Developmental Psychology, 4*(1), 99-102.

Baumrind, D. (1991). Effective parenting during the early adolescent transition. In P. A. Cowan & E. M. Hetherington (Eds.), *Advances in family research, 2*. Hillsdale, New Jersey: Erlbaum.

Benight, C. C., & Bendura, A. (2004). Social and cognitive theory of posttraumatic recovery: The role of perceived self-efficacy. *Behaviour Research and Therapy, 42,* 1129-1148.

Bereiter, C. (1995). A dispositional view of transfer. In A. Mckeough, J. Lupart, & A. Marini (Eds.). *Teaching for mastery: Fostering generalization in learning* (pp. 21-34). Mahwah, NJ: Lawrence.

Berne, E. (1964). *Games People Play: The Psychology of Human Relationships.*

Bower, S. A., & Bower, G. H. (1991). *Asserting Yourself: A Practical Guide for Positive Change.* Perseus Books.

Bowlby, J. (1969). *Attachment and Loss* (Vol. 1). New York: Basic Books.

Bowlby, J. (1988). *A secure base: Parent-Child Attachment and Healthy Human Development.* London: Routledge; New York: Basic Books.

Bransford, J. D., Brown, A. L., & Cocking, R. R. (2000). *How people learn: Brain, mind, experience, and school.* Washington, DC: National Academy Press.

Bretherton, I. (1990). Open communication and internal working models: Their role in the development of attachment relationships. In R. A. Thompson (Ed.), Socioemotional development. *Nebraska Symposium on Motivation, 36.* Lincoln: University of Nebraska Press.

Brizendine, L. (2007). **여자의 뇌, 여자의 발견**[*The Female Brain*] (임옥희

역). 리더스북.

Brizendine, L. (2010). **남자의 뇌, 남자의 발견**[*The Male Brain*] (황혜숙 역). 리더스북.

Cattell, R. B. (1963). Theory of fluid and crystallized intelligence: A critical experiment. *Journal of Educational Psychology, 54*.

Charles, C. M. (2002). *Essential Elements of Effective Discipline.* Boston: Allyn and Bacon.

Clark, A. E. (1998). Measures of job satisfaction - What makes a good job? Evidence from OECD countries, Labour Market and Social Policy - Occasional Paper No. 34, OECD, Paris.

Covey, S. R. (2003). **성공하는 사람들의 7가지 습관**[*The 7Habits of Highly Effective People*](김경섭 역). 김영사.

Cranwell-Ward, J. (1998). **현대인의 스트레스 관리**[*Thriving on Stress*](장현갑, 강성군 역]. 학지사.

DSM-IV (1994). **정신장애의 진단 및 통계 편람** (4판)[*Diagnostic and Statistical Manual of Mental Disorders* (4th ed.)] (이근후 외 번역). 하나의학사.

Erikson. E. H. (1963). *Childhood and Society.* (2nd ed). New York, NY: W. W. Norton.

Fisher, H. (2005). **왜 우리는 사랑에 빠지는가?** [*Why We love: The Nature and Chemistry of Romantic Love.*] (정명진 역). 생각의 나무.

Fromm, E. (2006). **사랑의 기술**[*The Art of Loving*] (황문수 역). 문예출판사.

Gardner, H. (1982). *Developmental psychology* (2nd ed.). Boston: Little, Brown.

Gardner, H. (1993). **다중지능의 이론과 실제**[*Frames of mind : the theory of multiple intelligences.*] (김명희, 이경희 역). 양서원.

Gordon, T. (2003). **교사역할훈련**[*Teacher Effectiveness Training].* (김홍옥 옮김). 양철북.

Gray, J. (2004). **화성에서 온 남자, 금성에서 온 여자**[*Men Are from Mars, Women Are from Venus*] (홍승우, 김경숙 역). 친구미디어.

Guilford, J. P. (1988). Some changes in the structure-of-intellect model. *Educational and Psychological Measurement, 48,* 1-4.

Higgins, E. T. (1987). Self-discrepancy: A theory relating self and affect. *Psychological Review, 94,* 319-340.

Holland, J. H. (1985). *Making Vocational Choices: A Theory of Vocational Personalities and Work Environments.* NY: Prentice-Hall.

Hooker, K. (1999). Possible selves in adulthood: Incorporating teleonomic relevance into studies of the self. In T. M. Hess & F. Blanchard-Fields (Eds.), *Social Cognition and Aging.* San Diego, CA: Academic Press.

Jones. L. K., & Chenery, M. F. (1980). Multiple subtypes among vocationally undecided college student: A Model and assessment instrument. *Journal of Counseling Psychology, 27*, 469-477.

Kabat-Zinn, J. (2010). **마음챙김 명상과 자기치유 (상)** [*Full Catastrophe Living*] (장현갑, 김교헌, 김정호 역). 학지사.

Kail, R. V., & Cavanaugh, J. C. (2004). *Human Development: A Lifespan View* (3rd ed). Belmont, CA: Wadsworth.

KBS1TV (2010. 3. 15). 생로병사의 비밀.

Kenny, M. E., & Rice, K. G. (1995). Attachment to parents and adjustment in late adolescent college students: Current status, application, and future consideration. *The Counseling Psychologist, 23*(3), 433-456.

Lancaster, L. C., & Stillman, D. (2010). **밀레니얼 제너레이션**[*The M-Factor: How the Millennial Generation Is Rocking the Workplace*] (양유신 역). 더숲.

Lee, J. A. (1973). *The Colors of Love: An Exploration of the Ways of Loving*. Don Mills, Ontario, Canada: New Press.

Levinson, D. J. (1978). *The Season's of a Man's Life*. New York, NY: Knopf.

Luft, J., & Ingham, H. (1969). *Human interaction.* Palo Alto, CA: National Press Book.

Main, M., Kaplan, N., & Cassidy, J. (1985). Security in infancy, childhood and adulthood: A move to the level of representation. In I. Bretherton & E. Waters (Eds.), *Growing Points of Attachment Theory and Research*. Chicago, IL: University of Chicago Press.

Marcia, J. E. (1996). *Unpublished Review of J. W. Santrock's Adoloscence* (7th ed.). Dubuque, IA: Brown & Benchmark.

Marcia, J. E. (1980). Identity in adolescence. In J. Adelson (Ed.), *Handbook of Adolescent Psychology.* New York, NY: Wiley.

Maslow, A. H. (1970). *Motivation and personality* (2nd ed.). New York: Harper.

Mayer, R. E., & Wittrock, M. C. (1996). Problem-solving transfer. In D. Berliner & R. Calfee (Eds.), *Handbook of educational psychology* (pp. 47-62). New York: Macmillan.

Pines, A. M. (1998). A prospective study of personality and gender differences in romantic attraction. *Personality and Individual Differences, 25*(1), 147-157.

Pintrich, P. (2000). Multiple goals, multiple pathways: The role of goal orientation in learning and achievement. *Journal of Educational Psychology, 92*(3), 544-555.

Renzulli, J. S. (1986). The three-ring concept of giftedness: A developmental model for creative productivity. In R. J. Sternberg & J. E. Davidson (Eds.), *Conceptions of giftedness*(pp. 53-92) Cambridge University Press.

Ritter, J. A., & Anker, R. (2002), Good jobs, bad jobs: Workers' evaluations in five countries. *International Labour Review, 141*(4), 331-358.

Rogers, C. R. (1975). Empathy: An unappreciated way of being. *The Counseling Psychologist, 5*(2), 2-10.

Rosenberg, M. (2004). **비폭력대화**[*Nonviolent Communication: A Language of Life*]. (캐서린 한 역). 바오출판사.

Rossiman, T., & Horn, J. (1971). Cognitive, motivational and temperamental indicants of creativity and intelligence. *Journal of Educational Measurement, 9,* 265-286.

Salovey, P. (1996). **새로운 지능의 개념: 감성지능**[*Emotional intelligence: Another way to be smart?*] (피터 샐로비교수 초청 강연회). 서울: 삼성생명 사회정신건강연구소·서울대학교 교육연구소 공동 주최.

Sanduski, S., & Carson, R (2008). **블루 프린팅**[*Avalanche*] 한국FP협회 & 권오열 옮김. 리베르.

Santrock, J. W. (1999). *Life-span Development*(7th ed.). New York, NY: McGraw-Hill.

Schunk, D. H. (1990). Introduction to the special section on motivation and efficacy. *Educational Psychology, 82*, 3-6.

Schunk, D. H. (1996). Goal and self-evaluative influences during children's cognitive skill learning. *American Educational Research Journal,*

*33*(2), 359–382.

Schunk, D. H. (2004). *Learning theories: An educational perspective* (4th ed.). Columbus, OH: Merrill/Prentice-Hall.

Simmons, R. G., & Blyth, D. A. (1987). *Moving into Adolescence: The Impact of Pubertal Change and School Context.* Hawthorn, NY: Aldine de Gruyler.

Slavin, R. E. (2004). **교육심리학-이론과 실제**[*Educational psychology* (7th ed.)] (강갑원, 김정희, 김종백, 박희순, 이경화, 장인실 역). 시그마프레스.

Solomon, J., & George, C. (1991). *Working models of attachment of children classified as controlling at age six: Disorganization at the level of representation*. Paper presented at the biennial meeting of the Society for Research in Child Development. Seattle.

Spearman, C. (1927). *The abilities of man: Their nature and measurement.* New York: Macmillan.

Sternberg, R. J. (1986). A triangular theory of love. *Psychological Review, 93*(2), 119-135.

Sternberg, R. J. (1997). *Successful intelligence*. New York: Plume.

Stoval, J. (2001). **'최고의 유산' 상속받기**[*The Ultimate Gift*] (정지운 역). 예지.

Suskind, P. (2006). **사랑을 생각하다**[*Uber Liebe und Tod*] (강명순 역). 열린책들.

Thomas, A., & Chess, S. (1980). *The Dynamics of Psychological Development.* New York: Brunner/Mazel.

Thurstone, L. L. (1938). Primary mental abilities. *Psychometric Monograph, No. 1.*

Udry, R. (1971). *The Social Context of Marriage.* Philadelphia: Lippincott Co.

Weiner, B. (1986). *An attributional theory of motivation and emotion.* New York: Springer.

Weiner, B. (1992). *Human motivation: Metaphors, theories, and research.* Newbury Park, CA: Sage.

Weiner, B. (1994). Integrating social and personal theories of achievement striving. *Review of Educational Research, 64*, 557–573.

Weiner, B. (2000). Intrapersonal and interpersonal theories of motivation from an attributional perspective. *Educational Psychology Review, 12*(1), 1-14.

Wigfield, A., Eccles, J. S., & Rodriguez, D. (1998). The development of children's motivation in school contexts. In P. D. Pearson & A. Iran-Nejad (Eds.), *Review of research in education* (pp. 73-118). Washington, DC: American Educational Research Association.

Woolfolk, A. E. (2007). 교육심리학[*Educational Psychology* (10th ed.)] (김아영, 백화정, 정명숙 역). 박학사.

Zimmerman, B. J. (2000). Self-efficacy: An essential motive to learn. *Contemporary Educational Psychology, 25*(1), 82-91.

Zimmerman, B. J. (2002). Becoming a self-regulated learner: An overview. *Theory into Practice, 41,* 64-70.

# 찾아보기

## ㄱ



## ㄴ



## ㄷ

## ㅅ

## ㅇ



## ㅈ

## ㅊ

## M



## N



## W

청년심리학:

일과 사랑

**초판 인쇄** 2012년 2월 10일
**초판 발행** 2012년 2월 20일

**지 은 이** 이명조
**발 행 인** 박 철
**기 획** 권원순 Director, University Press
**편 집** 탁경구 Executive Knowledge Contents Creator
**편집진행1** 신선호 Chief e-Contents Creator
**편집진행2** 정재원 Chief Contents Creator
**마 케 팅** 김태문 Chief Marketing Creator
**재무관리** 김혜영 Chief Managing Creator
**발 행 처** 한국외국어대학교 출판부
130-791 서울특별시 동대문구 이문동 270
전화 02)2173-2495~7
FAX 02)2173-3363
홈페이지 http://press.hufs.ac.kr
전자우편 press@hufs.ac.kr
출판등록 제6-6호(1969. 4. 30)
**편집·디자인** 디자인 퍼브 02)2254-4301
**인쇄·제본** SM C&P 02)468-6100

ISBN 978-89-7464-713-1 03180 정가 14,000원

* 잘못된 책은 교환하여 드립니다.